임동석중국사상100

서경잡기
西京雜記

劉歆 撰·葛洪 輯 / 林東錫 譯註

〈伏生授經圖〉唐, 王維(그림) 일본 오사카시립미술관 소장

"상아, 물소 뿔, 진주, 옥. 진괴한 이런 물건들은 사람의 이목은 즐겁게 하지만 쓰임에는 적절하지 않다. 그런가 하면 금석이나 초목, 실, 삼베, 오곡, 육재는 쓰임에는 적절하나 이를 사용하면 닳아지고 취하면 고갈된다. 그렇다면 사람의 이목을 즐겁게 하면서 이를 사용하기에도 적절하며, 써도 닳지 아니하고 취하여도 고갈되지 않고, 똑똑한 자나 불초한 자라도 그를 통해 얻는 바가 각기 그 자신의 재능에 따라주고, 어진 사람이나 지혜로운 사람이나 그를 통해 보는 바가 각기 그 자신의 분수에 따라주되 무엇이든지 구하여 얻지 못할 것이 없는 것은 오직 책뿐이로다!"

《소동파전집》(34) 〈이씨산방장서기〉에서 구당(丘堂) 여원구(呂元九) 선생의 글씨

책 머 리 에

　인간은 생각하기 때문에 존재하는 단계를 넘어 기록記錄하기 때문에 그 정체성의 연결고리를 이루고 있는지도 모른다. 기록이 없는 문화는 마치 격화소양隔靴搔癢과 같고 간단間斷의 반복이 그 유형으로 나타나고 만다.

　일상의 자질구레한 일들에 대한 기록은 그 당시에는 아무것도 아닌 것 같지만 세월이 흐르고 삶의 방법이 달라진 이후에는 실로 엄청난 기록가치를 발휘하게 되며, 그러한 기록을 통해 우리는 인류 문화의 영속성永續性에 대하여 믿음을 가지고 미래를 대비할 수 있게 되는 것이다.

　여기 이 《서경잡기》도 그 내용은 거대한 역사의 흐름이나 대사건大事件의 본말本末을 기사화한 것이 아니라 그저 당시의 일상쇄사日常鎖事라 할 잡다한 이야기를 기록한 것에 불과하다. 그럼에도 중국 학술사學術史는 물론 중국문학中國文學·제도制度·전장典章·속문학俗文學의 연구에 그토록 중요한 자료로 평가받는 이유도 바로 이러한 점에서일 것이다.

　이 《서경잡기》는 중국의 서한(西漢, 前漢) 시대(B.C.202~A.D.8년)의 수도였던 장안(長安, 오늘날의 陝西省 西安市 부근)을 그 배경으로 하고 있다. 서한이 왕망王莽에 의해 일단락을 고하고, 다시 유수(劉秀; 東漢의 첫 황제, 25~57년 재위)가 나라를 세워 낙읍(洛邑, 지금의 河南省 洛陽市)에 도읍을 정해 동한(東漢, 後漢) 시대(25~220년)에 이르자 한인漢人들은 자신들의 옛 서울인 장안을 서경西京이라 불렀다. 따라서 《서경잡기》는 지역의 의미보다는 전한시대의 잡다한 기록이라는 의미를 담고 있으며 특히 스스로 잡기雜記란 이름을 택하여 기록의 채집 범위에 제한을 두지 않았던 필기 형식의 편한 기록체 문장인 셈이다. 그 때문에 문자의 다소에도 구애됨이 없이 10여 자에서 길어야 1천여자 를 넘지 않은 단편적인 기술로 되어 있다. 그러나 내용에 있어서는 제왕帝王·장상將相과 왕공王公·대신 大臣·비빈妃嬪·궁녀宮女·문인文人·학사學士는 물론, 공인工人과 시정市井의 평민까지 두루 그 대상으로 하였으며, 사물事物도 궁정의 일사逸事, 전장제도典章 制度, 풍속과 절일節日의 유래, 원유苑囿, 건축, 진기한 보물, 기인奇人의 절기絶技, 무덤의 도굴 등 다양하기 그지없다.

특히 탁문군卓文君의 고사와 조비연趙飛燕·합덕合德 자매의 사치와 음란했던 사건은 정사正史에서 다루기 어려운 표현까지 구사하였으며, 추호秋胡의 이야기는 '추호희처秋胡戲妻'의 최초 기록이기도 하다. 그밖에 희곡 연구의 중요한 전고 典故가 실려 있으며 문학사 연구의 중요한 일목인 '한부漢賦'에 대하여 창작 과정과 그 작품이 직접 실려 있어 이 방면의 연구에 귀중한 전거典據를 제공해 주고 있다. 그런가 하면 당唐나라에 이르러 이선李善의 《문선주文選注》와 서견徐堅의 《초학기初學記》에 이 《서경잡기》의 내용이 대량으로 채록되어 용전 방법用典方法에 큰 영향을 미치기도 한 대본이다.

그러나 이러한 중요한 기록의 찬집자撰集者에 대하여는 오히려 지금까지도 구체적으로 알 수가 없다. 기록에 따라서는 서한 말 유향劉向의 아들인 유흠劉歆이 찬撰한 것이라고도 하고, 혹은 진晉나라 때 《포박자抱朴子》로 유명한 갈홍葛洪이 집초輯抄한 것이라고도 하며 또는 양梁나라 때 인물 오균吳均이 찬한 것이라는 주장도 있다. 이에 우선 여기서는 《사고전서四庫全書》본에 근거하여 "劉歆(撰)· 葛洪(輯)"으로 하였으나 이는 후인의 연구를 기다리는 의미일 뿐임을 밝히며 자세한 것은 책 말미의 해제 및 부록 연구 기록들을 참고하기 바란다.

이제 우리는 외국, 특히 중국의 문학과 문화, 학술에 대하여 좀더 넓은 시각으로 접근하지 않으면 안 된다. 최근까지만 해도 책이름이라도 널리 알려져 야만 겨우 단편적인 방법으로 국내에 소개되는 정도였으나 지금은 보편적

가치를 지닌 동양의 고전이라면 적극적으로 번역·역주 과정을 거쳐 수요를 창출해야 할 것이다. 이것이 곧 이제껏 "쪽박으로 바닷물 측량하기나 대롱으로 하늘 쳐다보기"(以蠡測海, 以管窺天)식의 남의 문화 엿보기로 큰 고통에 빠지고만 오늘날의 오류를 반성하고 해결하는 방법이기도 하다. 몇몇 알려진 문적文籍이 곧 그들 문화의 전부인 양 여겨 그것만 천착하면 곧 그들 문화를 이해한 것으로 만족하거나 착각해서는 안 된다. 있는 사실 그대로를 펼쳐 보여 다양한 정보와 필요한 요소를 적출, 오늘의 우리에게 맞게 활용할 수 있는 장을 마련해 주어야 할 것이다.

그러한 면에서 이 《서경잡기》는 비록 많지 않은 양에다가 더욱이 정통의 근간根幹 기록이 아니지만 도리어 고대 중국인의 의식 이면을 들여다볼 수 있는 아주 훌륭한 자료라고 여기며 문세問世에 만시지감晚時之憾까지 느낀다.

茁浦 林東錫 적음

일러두기

1. 본《서경잡기西京雜記》는 문연각文淵閣〈사고전서본四庫全書本〉(子部十二, 小說家類一, 雜事之屬)을 대본臺本으로하여 역주譯註하였다.
2. 노문초盧文弨의《포경당총서본抱經堂叢書本》과《서경잡기교주西京雜記 校註》를 바탕으로 한 백화본白話本의《신역서경잡기전역新譯西京雜記全譯》 (曹海東 注譯, 三民書局, 1995, 臺灣)과《서경잡기전역西京雜記全譯》(成林, 程章燦 역주, 貴州人民出版社, 1993, 貴陽)은 좋은 참고 자료가 되었다.
3. 매장의 제목은 노문초의 제어題語를 따르되 일부〈사고전서본四庫全書本〉을 근거로 고친 것도 있다.
4. 매장마다 전체 일련번호와 권내의 번호를 넣었으며 역문譯文을 먼저 싣고 이어 원문, 주석註釋, 참고사항參考事項을 실었다.
5. 참고란에는 본《서경잡기》의 문장이 전재轉載된 다른 기록은 물론, 관련된 기사를 역주자가 직접 일일이 찾아 실어 가능한 한 충분한 참고자료로 활용할 수 있도록 하였다.
6. 부록으로는《서경잡기》연구에 도움이 되는 자료로 서발序跋, 연대표年代表, 역대 이래의 저록著錄과 논거論據 등을 실었다.
7. 본《서경잡기》에 대한 책이름과 체제, 작자(찬집자撰輯者), 내용 등 해제를 실어 필요한 연구자의 도움이 될 수 있게 하였다.
8. 작자(찬집자)는 아직껏 미상未詳이나 표제에는 우선〈사고본四庫本〉에 따라 유흠劉歆(撰) 갈홍葛洪(輯)으로 하여 후인의 연구를 기다린다.
9. 문자의 이체자異體字 등은〈사고본四庫本〉을 근거로 교정, 확정하였다.
10. 원문참조를 위하여〈사고전서〉(문연각)본《서경잡기》를 부록으로 실어 연구에 도움이 되도록 하였다.
11. 본《서경잡기》역주에 참고한 주요 서적은 다음과 같다.

● 참고문헌

1. 《西京雜記》四庫本(文淵閣)

2. 《新譯西京雜記》三民書局, 1995. 臺北

3. 《西京雜記全譯》貴州人民出版社, 1993. 貴陽

4. 宋, 李昉(등)《太平廣記》中華書局, 활자본 1994. 北京

5. 宋, 李昉(등)《太平御覽》中華書局, 영인본 1995. 北京

6. 宋, 樂史《太平寰宇記》文海出版社 1980, 臺北

7. 宋, 郭茂倩《樂府詩集》中華書局, 활자본 1979. 北京

8. 徐陵《玉臺新詠》影印本, 光文圖書, 1972 臺北

9. 唐, 歐陽詢등《藝文類聚》활자본, 西南書局, 1977 臺北

10. 唐, 虞世南《北堂書鈔》영인본, 中國書店, 1989 北京

11. 唐, 徐堅(等)《初學記》활자본, 鼎文書局, 1976 臺北

12. 晋, 張華《博物志》中華書局, 영인본, 四部備要本

13. 後魏, 酈道元《水經注》世界書局, 활자본 1983

14. 晋, 干寶《搜神記》林東錫 譯註本, 東文選, 1997, 서울

15. 《琱玉集》古逸叢書本 (《藝文類聚》附 殘本)

16. 唐, 張彦元《歷代名畫記》(四庫本)

17. 唐, 段成式《酉陽雜俎》(四庫本)

18. 司馬遷《史記》鼎文書局 活字本

19. 班固《漢書》鼎文書局 活字本

20. 范曄《後漢書》鼎文書局 活字本

21. 漢, 趙曄《吳越春秋》四部備要本 臺灣商務印書局印本 1974 臺北

22. 晉, 崔豹《古今注》四部備要本 臺灣商務印書局印本 1974 대북

23. 後唐, 馬縞(附撰)《中華古今注》

24. 漢, 揚雄《揚子法言》諸子集成本 世界書局 1978 臺北

25. 晉, 葛洪《抱朴子》

26. 張純一 校注《晏子春秋》

27. 秦, 呂不韋《呂氏春秋》

28. 漢, 劉安《淮南子》

29. 漢, 王充《論衡》

30. 漢, 揚雄찬, 晉 范望주《太玄經》四庫全書(文淵閣) 子部 術數篇

31. 梁, 孝元皇帝《金樓子》四庫全書 子部 雜家類

32. 唐, 李瀚찬 宋, 徐子光주《蒙求集註》四庫全書 類書類

33. 晉, 王嘉《拾遺記》

34. 宋, 李石《續博物志》

35. 梁, 任昉《述異記》

36. 宋, 晁公武《郡齋讀書志》上海古籍出版社 活字校證本 1990 上海

37. 漢, 劉向《列女傳》四部備要本 臺灣中華書局 영인 1978, 臺北

38. 漢, 應劭《風俗通義》諸子百家叢書本 上海古籍出版社 影印 1995, 上海

39. 淸, 富察敦崇《燕京歲時記》廣文書局 영인본 1981, 臺北

40. 晉, 宗懍《荊楚歲時記》四部備要本 臺灣中華書局 영인 1974, 臺北

41. 梁, 蕭統(編), 唐, 李善(注),《文選》上海古籍出版社 활자본 1992, 上海

42. 周, 關尹喜《關尹子》四庫全書 子部 道家類

43. 晉, 陶潛《搜神後記》四庫全書 小說家類

44. 晉, 皇甫謐《高士傳》史部 傳記類

45. 五代, 王定保《唐摭言》子部 小說家類

46. 晉, 葛洪《神仙傳》子部 道家類

47. 漢, 董仲舒《春秋繁露》經部 春秋類

48. 漢, 戴德 《大戴禮記》 經部 禮類

49. 周, 辛鈃 《文子》 子部 道家類

50. 唐, 釋道世 《法苑珠林》 四庫全書 子部 釋家類

51. 梁, 陶弘景 《眞誥》 四庫全書 子部 道家類

52. 唐, 張志和 《玄眞子》

53. 南唐, 沈汾 《續仙傳》

54. 漢, 東方朔 《神異經》

55. 漢, 東方朔 《海內十洲記》

56. 漢, 班固 《漢武故事》

57. 漢, 班固 《漢武帝內傳》

58. 漢, 郭憲 《洞冥記》

59. 晉, 郭璞 《山海經》 藝文印書館 印本 1977 臺北

60. 漢, 劉向 《說苑》 四庫全書 儒家類

61. 漢, 劉向 《新序》

62. 漢, 韓嬰 《韓詩外傳》

63. 周, 左丘明 《左傳》 十三經注疏本

64. 《詩經全譯》 貴州出版社 全譯本

65. 《史通全譯》 貴州出版社 全譯本

66. 《列子全譯》 貴州出版社 全譯本

67. 《莊子全譯》 貴州出版社 全譯本

68. 《楚辭全譯》 貴州出版社 全譯本

69. 《抱朴子內篇全譯》 貴州出版社 全譯本

70. 《吳越春秋全譯》 貴州出版社 全譯本

71. 《抱朴子內篇校釋》 中華書局 1988년

72. 魏, 王蕭 《孔子家語》 中州古籍出版社 1991년

73. 淸, 孫星衍 《孔子集語》 上海古籍出版社 1993년

74. 《鹽鐵論譯註》 王貞珉 吉林文史出版社 1995년

75. 《水經注疏》 楊守敬(등) 上海古籍出版社 1989년

76. 《太玄經校注》 劉韶軍 華中師範大學出版社 1996년

77. 《列仙傳今譯, 神仙傳今譯》 邱鶴亭 中國社會科學硏究所 1996년

78. 《中國神話硏究》 玄珠

79. 《歲華紀麗》 秘冊彙函 影印本 藝文類聚(附)

80. 漢, 陸賈 《新語》 百家總書本 印本 上海古籍出版社 1990 上海

81. 東漢, 王符 《潛夫論》

82. 周, 左丘明 《國語》

83. 漢, 許愼. 淸, 段玉裁주 《說文解字注》 漢京文化出版社 影印本 1980 臺北

84. 《中國上古神話》 劉城淮 上海文藝出版社 1988년

85. 《中國神話傳說》 袁珂(저) 전인초·김선자(역) 民音社 1992년

86. 《中國方術大辭典》 陳永正 中山大學出版社 1991 廣州

87. 《經學辭典》 黃開國 四川人民出版社 1993 重慶

88. 《中國大百科全書》(民族, 文學, 哲學, 歷史)

기타 공구서 생략

해 제

Ⅰ. 책이름 및 체제

《서경잡기》의 「서경」은 장안(長安. 지금의 陝西省 西安 부근)을 가리킨다. 이곳은 서한시대(B.C.202~A.D.8)의 수도였다. 그 뒤 광무제光武帝 유수劉秀가 동한(東漢: A.D.25~220)을 세워 그 수도를 낙양(洛陽, 洛邑)으로 옮겨 동한 시대에는 옛 서한시대의 서울인 장안을 서경西京이라 불렀으며 낙읍은 동도東都, 혹은 동경東京이라 불렀다. 그리고 '잡기雜記'는 '정기正記'의 상대되는 말로 이름 그대로 잡다한 기록을 모았다는 뜻이다. 따라서 《서경잡기》란 서한시대 수도 장안을 중심으로 있었던 잡다한 이야기의 기록이라는 뜻이다. 그러나 내용이 다양하여 자못 일사軼事에 대한 것이 많아 그 분류 또한 일정하지가 않다.

이 때문에 《사고전서四庫全書》에서는 "子部子部 小說家類 雜事之屬"으로 분류하였으며 결국 필기, 역사소설집이라 볼 수 있다. 그리고 《수서隋書》 경적지經籍志에는 2권, 《직재서록해제直齋書錄解題》에는 6권으로 되어 있어 그 원책은 알 수 없으나 지금은 6권으로 되어 있다. 한편 문장의 편수章도 구분이 정확하지 않아 129장(簡明中國古籍辭典), 또는 121장(《中國大百科全書》中國文學篇)으로 그 분장이 학자에 따라 다르다. 게다가 《서경잡기》의 문장을 전재한 《태평광기太平廣記》 등에도 경우에 따라 지금은 분리된 장이 하나의 장으로 연결된 것이 있어(예, 李夫人 관련 사항) 사실 명확히 나누기란 어렵다고 볼 수 있다. 그러나 지금은 거의가 노문초(盧文弨: 1717~1796)의 《포경당총서본抱經堂叢書本》에 의해 132장(부속 7장 포함)으로 나누고 있다.

그러나 이것이 원본의 모습 그대로인지는 의심스러운 면도 없지 않다. 이를테면 당唐 서견徐堅의 《초학기初學記》(卷1) 운운에 "西京雜記: 曰瑞雲, 曰慶雲, 曰景雲.

慶雲或曰卿雲. 雲外赤內靑謂之喬雲, 雨雲曰油雲. 雪雲曰同雲. 雲師曰屛翳, 雲將亦雲之師"라는 인용문이 있으나 지금의 《서경잡기》에는 이 구절이 없다.

한편 현재는 명明 가정嘉靖 공천윤孔天胤의 판본을 영인한 《사부비요본四部備要本》과 노문초의 《포경당총서본抱經堂叢書本》, 그리고 《사고전서본四庫全書本》(子部, 小說家), 《중화서국교점배인본中華書局校點排印本》이 통행되고 있다.

II. 작자作者(撰輯者)

《서경잡기》의 작자(찬집자)가 누구인지는 아직 밝혀지지 않고 있다. 중국의 문학, 사학에 있어서 이 책의 지명도나 인용 빈도가 그 어느 책에 못지않게 아주 높으면서도 작자에 대한 문제점과 의문은 한두 가지가 아니다.

우선 《수서隋書》 경적지經籍志에는 2권이 저록되어 있으면서 작자가 누구인지를 밝히지 않았고, 《구당서舊唐書》 경적지經籍志에는 찬자撰者를 '갈홍葛洪'이라 못박았으며, 송대宋代 조공무晁公武의 《군재독서지郡齋讀書志》에는 '강좌東晉 사람이나 혹은 오균吳均이 의탁해서 쓴 것'(江左人或以爲吳均依托爲之)이라 하였다.

그런가 하면 진진손陳振孫(남송)의 《직재서록해제直齋書錄解題》에는 6권의 저록과 함께 후인이 나누어 쓴 것으로 여기면서 그 권말의 후서後序에 오히려 "유흠劉歆의 한서漢書 자료를 갈홍이 초집鈔輯해서 쓴 것이며 유흠의 필세筆勢 냄새가 난다"고 하였다. 그러자 청淸나라 때에 《사고전서총목四庫全書總目》에서는 소설가小說家의 잡사지속雜事之屬에 넣고 "漢 劉歆撰·晉 葛洪輯"이라고 역할을 분담해 놓았다.

한편 갈홍의 〈서경잡기발西京雜記跋〉에서는 스스로 유흠이 지은 것이라고 밝히고 있다.(부록의 원문 참조) 그러나 《서경잡기西京雜記》의 원문 중에 구체적으로

'나'라고 언급된 곳을 아무리 뜯어 보아도 누구인지를 알 길이 없다. 다만 이 《서경잡기》의 문장을 뒷사람들이 인용하거나 전재한 곳에는 이 '나'에 해당하는 부분을 유향劉向(유흠의 아버지), 혹은 갈홍이라고 밝힌 것이 있으나 그것조차도 각각 달라 갈피를 잡을 수 없게 되어 있다. 즉《태평어람太平御覽》,《태평광기太平廣記》,《예문류취藝文類聚》,《초학기初學記》,《북당서초北堂書鈔》,《유양잡조酉陽雜俎》,《역대명화기歷代名畫記》등이 그 예이다. 본 역주서의 매장 참고란을 중심으로 보더라도 유흠의 아버지인 유향을 거론한 것이 있다. 즉 051(2-20)에서는 본문의 '가군家君'에 해당하는 내용을《세설신어世說新語》및《태평광기太平廣記》에서 유향으로 보았다. 그리고 123(5-1)의《수신기搜神記》에 인용된 같은 내용도 역시 유향의 거론한 것으로 보았으며 125(6-2)의 광천왕廣川王 무덤 발굴 사건도 《태평광기太平廣記》에 유향의 일로 적고 있다. 이는 모두 찬자를 유흠으로 보고 그 아버지 유향을 구체적으로 거론한 것이다.

다음으로 028(1-28)에《유양잡조》의 인용문에 "갈치천葛稚川"(稚川은 갈홍의 字)이라 하였고, 032(2-1)의《역대명화기歷代名畫記》에 같은 내용을 인용하면서 끝에 "見葛洪西京雜記"라 하였으며, 059(2-28)의《사기史記》장수절張守節 정의 正義에 인용된《괄지지括地志》에 "葛洪西京雜記云"이라 하였다. 그리고 063(3-1)의《태평광기》전재문轉載文에 '갈홍운葛洪云'이라 하여 그 이름을 구체적으로 밝히고 있다.

그러한 이유 때문에《수서隋書》경적지經籍志에는 찬자가 누구인지를 구체적으로 밝히지 않았고《사고전서四庫全書》에서는 두 사람의 이름을 동시에 적어 절충안을 택한 것이 아닌가 한다.

이처럼 분분한 작자, 혹 찬자 문제를 간추려 보면 대체로 다섯 가지 정도로 요약해 볼 수 있다.

1. 西漢 때 劉歆이라는 설 : 葛洪〈西京雜記跋〉
2. 晉나라 때 葛洪이라는 설 : 唐 劉知幾《史通》雜術篇, 唐 段成式《酉陽
   雜俎》권16, 唐 張彦遠《歷代明畫記》, 宋 程大昌《演繁露》권12, 淸 張金吾
   《愛日精廬藏書志》, 淸 丁丙《善本書室藏書志》, 沈德壽《抱經樓藏書志》,
   傅增湘《藏園群書經眼錄》등.
3. 南朝 때의 吳均이라는 설 : 唐 段成式《酉陽雜俎》言資篇, 晁公武《郡齋讀
   書志》권2.
4. 南朝 때의 蕭賁이라는 설 : 南宋 王應麟《困學紀聞》권12.
5. 無名氏, 혹은 佚名氏라는 설 : 아예 작자가 누구인지 알 수 없다는 설.
   《隋書》經籍志,《漢書》匡衡傳의 顔師古 注.

이상으로 보아 본《서경잡기》의 작자(찬집자)는 실로 정확하게 밝혀지기가
어렵게 되어 있다. 이에 본 역주서에서는 표제에 우선《사고전서》를 따라 "漢
劉歆(撰), 晉 葛洪(輯)"으로 하여 후인의 연구 몫으로 미루어 놓을 수밖에 없게
되었다.

Ⅲ. 내용

《서경잡기》의 내용은 그리 많지 않을 뿐 아니라 문장도 길지 않다. 그럼에도
불구하고 역대 이래 중국문학은 물론 사학, 민속학, 주석학, 박물학 등에 아주
널리 인용되어 왔다. 이는 잡기류 특징의 현실적이고 이면적인 내용을 많이
담고 있기 때문일 것이다.

특히 서한시대 궁중비사宮中秘事와 여인들의 생활에 대한 사실적인 기술은 정사正史나 기타 정통적 기록에서는 찾아볼 수 없는 것이 대부분이다.

이를테면 "춘래불사춘春來不似春"의 고사를 낳은 왕소군王昭君의 이야기는 여기서 비롯되었고, 탁문군卓文君의 〈백두음白頭吟〉, 조비연趙飛燕과 합덕合德의 사치와 음사淫事, 그리고 장안의 궁실, 원유苑囿, 영신佞臣의 횡포, 여후呂后의 조왕趙王 독살 등은 사실적이고 구체적으로 묘사되어 있다.

그런가 하면 중양절重陽節의 수유꽃, 국화주, 개금루開襟樓의 바늘 꿰기 습속, 각저희角抵戱의 기원, 황제 출행의 대열 상황에 대한 기록들은 민속과 희곡 연구에 아주 중요한 자료가 되고 있다.

그 외에도 사마상여司馬相如와 한부漢賦에 대한 당시의 풍조, 칠륜선七輪扇의 제작, 신풍新豐 건설, 미앙궁未央宮, 상림원上林苑, 곤명지昆明池에 대한 규모와 사실적인 내용 등은 추상적인 기록에만 능하였던 중국인의 기록 습관과 전혀 다른 일면을 보여주고 있다. 그밖에 무덤 도굴과 그 무덤 속의 정황을 아주 생생히 묘사한 내용은 지금 보아도 기록의 정밀성에 놀랄 정도이다.

그러나 일부 기록은 정사의 기록과 달라 많은 의문점을 제시하기도 한다. 이를테면 사마천司馬遷과 《사기史記》 저작의 관계가 좋은 예이다. 그러나 본 《서경잡기》는 기록의 양에 비해 학술적 인증자료로 지대한 영향을 끼쳐온 점은 조금도 간과할 수가 없는 귀중한 자료임에는 두말할 나위가 없다.

Ⅳ. 찬집자

1) 유흠(劉歆 ?~AD.23)

서한 말의 경학가이며 학술사학자. 목록학자로 자는 자준子駿이며 한나라 종실이다. 당대 최고의 학자인 유향劉向의 셋째아들로 본《서경잡기》의 저술에 직접 관련된 것으로 알려져 있으며《좌전》과《모시》,《일례逸禮》,《고문상서古文尚書》를 학관學官에 열입해야 한다는 건의를 하였다가 배척을 받아 결국 왕망王莽의 편에 서게 되었다. 그러나 다시 적미군赤眉軍, 녹림군綠林軍의 반기로 인해 왕망 정권이 흔들리자 도리어 왕망 제거 모의에 가담하였다가 사전 누설로 자살을 강요받아 죽고 말았다.

그는 학문면에 있어서 아버지의 업을 이어 비부秘府의 장서를 정리하여《칠략七略》을 지었다. 이는《한서》예문지의 기초가 되었으며 내용은 집략輯略, 육예략六藝略, 제자략諸子略, 시부략詩賦略, 병서략兵書略, 술수략術數略, 방기략方技略으로 되어 있다.(《한서》예문지 서 참조) 이로써 중국학술의 계통과 학문분류의 대강을 세워 중국학술 체계에 기초가 되었다. 그의 전은 요지인姚之駟 집본輯本의《동관한기東觀漢記》권10에 실려 있다.

2) 갈홍(葛洪 238~363)

진晉나라 때 도교학자로 자는 치천稚川이며 호는 포박자抱朴子이다. 단양丹陽 구용(句容, 지금의 江蘇省) 출신으로 병부도위將兵都尉, 복파장군伏波將軍 등을 지냈으며 진晉 원제元帝에 의해 관내후關內侯에 봉해지기도 하였으나 그는 끝내 나부산羅浮山에 은거하여 연단煉丹과 저술로 생을 마쳤다.

그의 저술로는 《포박자抱朴子》 내편 20권, 외편 50권, 《신선전神仙傳》 10권, 《금궤방약金匱方藥》 100권, 《주후구졸방肘後救卒方》 3권, 《비송시부碑頌詩賦》 10권 등이 있으며 그 중 《포박자》는 도가학설의 총체로 지금까지도 그 영향이 널리 미치고 있다. 《진서晉書》 권72 및 《구가구진서九家舊晉書》 집본輯本에 전전傳이 있다.

西京雜記卷一

漢　劉歆　撰

晉　葛洪　輯

武帝作昆明池欲伐昆吾夷教習水戰因而於上游戲

漢高帝七年蕭相國營未央宮因龍首山製前殿建北
闕未央宮周回二十二里九十五步五尺街道周迴
七十里臺殿四十三其三十二在外其十一在後宮
池十三山六池一山一亦在後宮門闥凡九十五

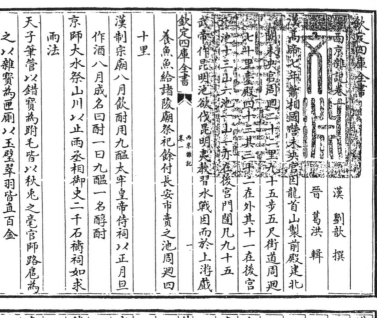

養魚魚給諸陵廟祭祀餘付長安市賣之池周迴四
十里

漢制宗廟八月飲酎用九醞太牢皇帝侍祠以正月旦
作酒八月成名曰酎一日九醞一名醇酎

京師大水祭山川以止兩丞相御史二千石禱祠如求
雨法

天子筆管以錯寶為跗毛皆以秋兔之毫官師路扈為
之以雜寶為匣廁以玉璧翠羽皆直百金

漢制天子玉几冬則加綈錦其上謂之綈几以象牙為
火籠籠上皆散華文後宮則五色綾文以酒為書滴
取其不冰以玉為硯亦取其不冰夏設羽扇冬設繒
扇公侯皆以竹木為几冬則以細罽為橐以憑之不
得加綈錦

武帝時西域獻吉光裘入水不濡上時服此裘以聽朝

高帝戚夫人善鼓瑟擊筑帝常擁夫人倚瑟而絃歌畢
每泣下流連夫人善為翹袖折腰之舞歌出塞入塞

望歸之曲侍婢數百皆習之後宮齊首高唱聲入雲
霄

戚姬以百鍊金為彄環照見指骨上惡之以賜侍兒鳴
玉耀光等各四枚

趙王如意年幼未能親外傅戚姬使舊趙王內傅趙媼
傅之號其室曰養德宮後改為魚藻宮

惠帝嘗與趙王同寢處呂后欲殺之而未得後帝早獵
王不能鳳與呂后命力士於被中縊殺之及死呂后

《西京雜記》四庫全書(文淵閣) 子部 小說家類 雜事之屬

〈劉向〉본 책 저자 유흠(劉歆)의 아버지이며 漢代 目錄學者

暢玄第一

晉　葛洪　撰

欽定四庫全書

抱朴子曰玄者自然之始祖而萬殊之大宗也眇眛乎
其深也故稱微焉綿邈乎其遠也故稱妙焉其高則冠
蓋乎九霄其曠則籠罩乎八隅光乎日月迅乎電馳或
倐爍而景逝或飄滭而星流或混汒而淵澄或雰霏而
雲浮因兆類而為有託潜寂而為無淪大幽而下沉凌
辰極而上遊金石不能比其剛湛露不能等其柔方而
不矩圓而不規來焉莫見往焉莫追乾以之高坤以之
卑雲以之行雨以之施胞胎元一範鑄兩儀吐嘘大始
鼓冶億類醖釀四七匠成草昧轡策靈機吹嘘咀吸幽
括冲默舒闡淟濁揚清斟酌河渭增之不溢挹之
不匱與之不榮奪之不痒故玄之所在其樂不窮玄之
所去器弊神逝夫五聲八音清商流徵損聰者也鮮華

欽定四庫全書

艷采輝煌炳爛傷明者也宴安逸豫清醪芳醴亂性者
也冶容媚姿鉛華素質伐命者也其知玄道者可與為
永不知玄道者難為存顧盻為殺生之神器眉為
興亡之關鍵綺榭俯臨乎雲漢藻室華樓以參差組疊
霧合羣僑鄭舞紛紜以蝡蚭哀蕭鳴於凌霞羽蓋浮於
瞀以舂唱離乎毛陳於閑房金鶴華於交馳清絃則
連浙擬芳華於蘭林之圃朱紅韜於積珠之池登峻則
望遠以忘百憂臨深則俯覽以遺朝饌八宴千門之焜
煜出驅朱輪之華煥然樂極則哀集至盈必有虧故曲
終則嘆發醲罷則心悲也實理勢之攸召猶影響之相
歸也豈假借而非真哉物往若有遺也夫玄道者得之
者內失之者外用之者神忘之者器此玄道之要言也
得之者貴不待黃鉞之威體之者富不須難得之貨高
不可登深不可測乘流光策逝景凌六虛貫涵溶出乎
無上入乎無下經乎汗漫之門遊乎窈眇之野逍遙恍
惚之中倘佯彷彿之表咽九華於雲端咀六氣於丹霞

葛洪의 《抱朴子》(乾隆御覽 四庫全書薈要). 본 《서경잡기》를 집록한 晉나라 때 갈홍의 저술

〈漢武帝 劉徹〉(B.C.156~B.C.87년, B.C.147~B.C.87년 재위) 서한의 유명한 황제

차 례

◈ 책머리에

◈ 일러두기

◈ 해제

    1. 책이름 및 체제

    2. 작자(찬집자)

    3. 내용

    4. 찬집자

      1) 유흠(劉歆 ? ～A.D.23)

      2) 갈홍(葛洪 238～363)

〈卷一〉

001(1-1)　　蕭何營未央宮 소하가 미앙궁을 짓다 ································ 34

002(1-2)　　昆明池養魚 곤명지에 기르는 고기 ···························· 36

003(1-3)　　八月飮酎 팔월에 마시는 순주醇酎 ···························· 38

004(1-4)　　止雨如禱雨 지우止雨는 기우祈雨와 같다 ················ 39

005(1-5)　　天子筆 천자의 붓 ·· 40

006(1-6)　　几被以錦 궤를 비단으로 덮다 ·································· 42

007(1-7)　　吉光裘 길광吉光가죽으로 만든 외투 ···················· 44

008(1-8)　　戚夫人歌舞 척부인의 가무 ·································· 45

009(1-9)　　煉金爲環 금을 녹여 만든 가락지 ···················· 47

010(1-10)　　魚藻宮 어조궁 ·· 48

011(1-11)　　縊殺如意 여의如意를 목 졸라 죽이다 ················ 50

012(1-12)　　樂遊苑 낙유원 ··· 52

013(1-13)　太液池 태액지 …………………………………… 54

014(1-14)　終南山華蓋樹 종남산의 화개수 ………………… 56

015(1-15)　劍光射人 칼 빛이 사람을 쏘다 ………………… 58

016(1-16)　七夕穿針開襟樓 칠석날 개금루에서 바늘귀 꿰기 … 60

017(1-17)　身毒國寶鏡 연독국의 보물거울 ………………… 61

018(1-18)　霍顯爲淳于衍起第贈金 곽현이 순우연에게 저택을 지을 금을 주다 … 64

019(1-19)　旌旗飛天墮井 깃발이 날려 우물에 떨어지다 ……… 67

020(1-20)　弘成子文石 홍성자의 무늬 돌 …………………… 69

021(2-21)　黃鵠歌 황곡가 …………………………………… 71

022(1-22)　送葬用珠襦玉匣 주유옥갑으로 장례를 치르다 … 73

023(1-23)　三雲殿 삼운전 …………………………………… 75

024(1-24)　掖庭 액정 ………………………………………… 76

025(1-25)　昭陽殿 소양전 …………………………………… 77

026(1-26)　珊瑚高丈二 산호의 높이가 두 길이나 되다 …… 80

027(1-27)　玉魚動蕩 옥으로 만든 물고기가 동탕하다 …… 82

028(1-28)　上林名果異木 상림원의 명과이목 ……………… 83

029(1-29)　常滿燈・被中香爐 상만등과 피중향로 ………… 91

030(1-30)　飛燕昭儀贈遺之侈 조비연에게 준 소의의 사치로운 선물들 …… 93

031(1-31)　寵擅後宮 후궁의 총애를 독차지하다 …………… 98

〈卷二〉

032(2-1) 畫工棄市 화공이 기시를 당하다 ······ 102

033(2-2) 東方朔設奇救乳母 동방삭이 기지를 써서 유모를 구하다 ···· 106

034(2-3) 五侯鯖 오후정 ······ 108

035(2-4) 公孫弘粟飯布被 공손홍이 속반포피로 검소히 살다 ······ 110

036(2-5) 文帝良馬九乘 문제의 양마 아홉 필 ······ 113

037(2-6) 武帝馬飾之盛 무제의 말 장식 ······ 115

038(2-7) 茂陵寶劍 무릉의 보검 ······ 118

039(2-8) 相如死渴 사마상여가 소갈병으로 죽다 ······ 119

040(2-9) 趙后淫亂 조비연의 음란한 궁중 생활 ······ 124

041(2-10) 作新豐移舊社 신풍을 건설하고 옛 사직단을 옮기다 ······ 126

042(2-11) 陵寢風簾 능침의 풍렴 ······ 129

043(2-12) 揚雄夢鳳作《太玄》 양웅이 봉황 꿈을 꾸고 태현경을 짓다 ······ 130

044(2-13) 百日成賦 백일만에 완성한 부 작품 ······ 132

045(2-14) 仲舒夢龍作《繁露》 동중서가 용꿈을 꾸고 춘추번로를 짓다 ······ 135

046(2-15) 讀千賦乃能作賦 천 편의 부를 읽으면 능히 부를 지을 수 있다 ··· 137

047(2-16) 聞《詩》解頤 시경 해석을 듣고 턱이 벌어지다 ······ 138

048(2-17) 惠生嘆息 혜장의 탄식 ······ 141

049(2-18) 搔頭用玉 소두를 옥으로 만들다 ······ 143

050(2-19) 精弈棋裨聖教 바둑에 정통하면 성인의 가르침을 보비할 수 있다 ·· 144

051(2-20) 彈棋代蹴踘 탄기 놀이로 축국을 대신하다 ······ 145

052(2-21) 雪深五尺 눈이 다섯 자나 오다 ······ 147

053(2-22)　四寶宮 사보궁 ···································· 148

054(2-23)　河決龍蛇噴沫 제방이 터지자 용이 나타나 분말을 일으키다 ··· 149

055(2-24)　百日雨 백일우 ···································· 150

056(2-25)　五日子欲不擧 5월 5일에 태어난 아이를 기르지 않으려 하다 ···· 151

057(2-26)　雷火燃木得蛟龍骨 번갯불이 나무를 태운 후 용골을 얻다 ··· 153

058(2-27)　酒脯之應 술과 포를 갖추어 놓다 ···················· 154

059(2-28)　梁孝王宮囿 양 효왕의 궁과 놀이터 ···················· 156

060(2-29)　魯恭王禽鬥 노 공왕의 새싸움 놀이 ···················· 158

061(2-30)　流黃簟 유황점 ···································· 160

062(2-31)　買臣假歸 주매신이 고향에 나타나다 ···················· 161

＜卷三＞

063(3-1)　籙術制蛇御虎 녹술로 뱀과 호랑이를 제어하다 ·················· 164

064(3-2)　淮南與方士俱去 회남왕이 방사들과 함께 사라지다 ············· 166

065(3-3)　揚子雲載輶軒作《方言》 양자운이 각지를 답사하며 《방언》을 짓다 ···· 168

066(3-4)　鄧通錢文侔天子 등통의 동전이 천자의 것과 같았다 ··········· 170

067(3-5)　儉葬反奢 검소한 장례로 사치를 거부하다 ··················· 172

068(3-6)　介子棄觚 부개자가 고를 버리다 ······················ 175

069(3-7)　曹敞收葬 조창이 장례를 치러주다 ······················ 177

070(3-8)　文帝思賢館 문제의 사현관 ·························· 179

071(3-9)　廣陵死力 광릉왕이 용력 때문에 죽다 ···················· 180

072(3-10) 辨《爾雅》 이아에 대한 변석 ······················ 181

073(3-11) 袁廣漢園林之侈 원광한의 원림에 대한 사치 ··················· 184

074(3-12) 五柞宮石麒麟 오작궁의 석기린 ······················ 186

075(3-13) 咸陽宮異物 함양궁에 보관된 기이한 물건들 ··················· 188

076(3-14) 鮫魚荔枝 교어와 여지 ······················ 192

077(3-15) 戚夫人侍兒言宮中樂事 척부인의 시녀가 궁중의 즐거웠던 일을 들려주다 ·· 193

078(3-16) 何武葬北邙 하무가 북망산에 묻힌 곳 ······················ 197

079(3-17) 生作葬文 살아서 장례문을 쓰다 ······················ 198

080(3-18) 淮南《鴻烈》 회남자의 홍렬 ······················ 200

081(3-19) 《公孫子》 공손자 ······················ 202

082(3-20) 長卿賦有天才 사마장경은 부에 대해 천재성이 있었다 ········ 203

083(3-21) 賦假相如 부 작품을 사마상여에게 가탁하다 ··················· 205

084(3-22) 〈大人賦〉 대인부 ······················ 206

085(3-23) 〈白頭吟〉 백두음 ······················ 208

086(3-24) 樊噲問瑞應 번쾌가 서응에 대하여 묻다 ··················· 210

087(3-25) 霍妻雙生 곽광의 처가 쌍둥이를 낳다 ··················· 212

088(3-26) 文章遲速 문장을 짓는 속도의 효용 ··················· 214

<卷四>

089(4-1) 眞算知死 숭진이 자신이 죽을 날짜를 계산하여 알다 ·········· 218

090(4-2) 曹算窮物 조원리가 모든 물건을 다 계산하다 ··················· 220

091(4-3) 因獻命名 바쳐온 물건에 의해 아이 이름을 짓다 ······ 224
092(4-4) 董賢寵遇過盛 동현이 분에 넘치는 총애를 받다 ······ 225
093(4-5) 三館待賓 관사 세 개를 지어 놓고 빈객을 모시다 ······ 227
094(4-6) 閩越鷴蜜 민월왕이 바친 한조와 석밀 ······ 229
095(4-7) 滕公葬地 등공의 장지 ······ 230
096(4-8) 韓嫣金彈 한언의 황금 탄환 ······ 232
097(4-9) 司馬良史 훌륭한 역사가 사마천 ······ 234
098(4-10) 梁孝王忘憂館時豪七賦
양효왕의 망우관에서 당시 호걸들이 지은 일곱 편의 부 ······ 236
(1) 枚乘〈柳賦〉 매승의 유부 ······ 237
(2) 路喬如〈鶴賦〉 노교여의 학부 ······ 239
(3) 公孫詭〈文鹿賦〉 공손궤의 문록부 ······ 240
(4) 鄒陽〈酒賦〉 추양의 주부 ······ 241
(5) 公孫乘〈月賦〉 공손승의 월부 ······ 244
(6) 羊勝〈屛風賦〉 양승의 병풍부 ······ 245
(7) 韓安國〈几賦〉 한안국의 궤부 ······ 246
099(4-11) 五侯進王 오후가 모두 왕으로 진급하다 ······ 248
100(4-12) 河間王客館 하간왕의 객관 ······ 250
101(4-13) 年少未可冠婚 나이가 어려 아직 관혼의 예를 치를 수 없다 ·· 251
102(4-14) 勁超高屛 병풍을 뛰어 넘는 높이뛰기 재주 ······ 254
103(4-15) 元后燕石文兆 제비가 원후에게 물어온 무늬 돌의 징조 ······ 255
104(4-16) 玉虎子 옥호자 ······ 257

105(4-17) 紫泥 자니 ……………………………………………… 258

106(4-18) 日射百雉 하루에 꿩 백 마리씩 잡다 ………………… 259

107(4-19) 鷹犬起名 매와 사냥개의 이름들 …………………… 261

108(4-20) 長鳴雞 장명계 ……………………………………… 263

109(4-21) 陸博術 육박술 ……………………………………… 264

110(4-22) 戰假將軍名 전투에서 내세운 거짓 장군의 이름들 ……… 266

111(4-23) 東方生 동방생 ……………………………………… 268

112(4-24) 古生雜術 고생의 잡술 …………………………… 269

113(4-25) 婁敬不易旃衣 누경이 거친 털옷을 갈아입지 않다 ………… 271

〈卷五〉

114(5-1) 母嗜雕胡 어머니가 조호를 좋아하시다 ………………… 274

115(5-2) 琴彈〈單鵠寡鳧〉단곡과부의 연주 …………………… 276

116(5-3) 趙后寶琴 조후의 보금 ………………………………… 277

117(5-4) 鄒長倩贈遺有道 추장천이 도를 선물로 주다 ………… 278

118(5-5) 大駕騎乘數 황제 출행의 대가 기승의 수 …………… 282

119(5-6) 董仲舒天象 동중서의 기상 변화에 대한 견해 ………… 289

120(5-7) 郭舍人投壺 곽사인의 투호 놀이 …………………… 297

121(5-8) 象牙簟 상아로 만든 자리 …………………………… 299

122(5-9) 賈誼〈鵩鳥賦〉가의의 복조부 …………………… 300

123(5-10) 金石感偏 금석의 감응에 편차가 있다 ……………… 302

〈卷六〉

124(6-1)　〈文木賦〉 문목부 ································· 308

125(6-2)　廣川王發古冢 광천왕의 고분 파헤치기 ················· 311

    (1)　魏襄王冢 위양왕 무덤 ··················· 312

    (2)　哀王冢 애왕 무덤 ····················· 313

    (3)　魏王子且渠冢 위왕자 저거 무덤 ············ 315

    (4)　袁盎冢 원앙의 무덤 ··················· 317

    (5)　晉靈公冢 진영공의 무덤 ················ 317

    (6)　幽王冢 유왕의 무덤 ··················· 318

    (7)　欒書冢 난서의 무덤 ··················· 320

126(6-3)　太液池五舟 태액지의 다섯 척 배 ··············· 322

127(6-4)　孤樹池 고수지 ······················· 323

128(6-5)　昆明池舟數百 곤명지의 수백 척 배 ············ 324

129(6-6)　玳瑁床 대모로 만든 침상 ················· 325

130(6-7)　書太史公事 태사공 사마천에 관련된 사건을 적음 ········ 326

131(6-8)　皇太子官 황태자의 관직 ················· 329

132(6-9)　兩秋胡曾參毛遂 동명이인의 추호와 증삼, 그리고 모수 ······ 330

附錄

I. 西漢時代 世系表 ································· 339

II. 《西京雜記》 序·題·跋 ······················· 340

  (1) 〈西京雜記跋〉 晉, 葛洪

  (2) 〈西京雜記序〉 明, 黃省曾

  (3) 〈刻西京雜記序〉 明, 孔天胤

  (4) 〈西京雜記序〉 明, 柯茂竹

  (5) 〈西京雜記跋〉 明, 毛晉

  (6) 〈新雕西京雜記緣起〉 淸, 盧文弨

III. 《西京雜記》 歷代 著錄 ······················· 343

  (1) 《隋書》經籍志

  (2) 《舊唐書》經籍志

  (3) 《新唐書》藝文志

  (4) 《郡齋讀書志》宋, 晁公武

  (5) 《直齋書錄解題》宋, 陳振孫

  (6) 《宋史》藝文志

  (7) 《四庫全書總目提要》淸, 紀昀

(8) 《愛日精廬藏書志》清, 張金吾

(9) 《善本書室藏書志》清, 丁丙

(10) 《抱經樓藏書志》清, 沈德壽

(11) 《皕宋樓藏書志》清, 陸心源

(12) 《藏園群書經眼錄》傅增湘

(13) 《四庫提要辨證》余嘉錫

Ⅳ. 〈四庫全書〉《西京雜記》 ············ 판본(뒤에서부터) ············ 355

서경잡기

西京雜記

卷一〈001-031〉

〈朱雀燈〉〈西漢시대〉 山西省 출토

001(1-1) 蕭何營未央宮
소하가 미앙궁을 짓다

　한漢 고제高帝 7년에 소하蕭何가 미앙궁未央宮을 건축하였다. 용수산龍首山의 산세를 근거로 전전前殿을 짓고 북궐北闕을 지었다. 미앙궁의 둘레는 2십 2리里 9십 5보步 5척尺, 가도街道 길이는 7십 리나 되었다. 누대樓臺와 전각殿閣은 마흔 세 개나 되었는데 그 중 서른 두 개는 밖에 있었고 열 하나는 후궁後宮에 있었다. 연못이 열 셋, 흙으로 쌓은 동산이 여섯이었다. 그 중 연못 하나와 동산 하나는 역시 후궁에 있었다. 궁궐 안의 작은 문은 모두 9십 5개였다.

　漢高帝七年, 蕭何營未央宮, 因龍首山製前殿, 建北闕, 未央宮周迴二十二里九十五步五尺, 街道周迴七十里. 臺殿四十三; 其三十二在外, 其十一在後宮. 池十三, 山六. 池一·山一, 亦在後宮. 門闥凡九十五.

【漢高帝】 漢 高祖 劉邦을 말함. 漢 高帝 7년은 B.C.200. 고제의 紀年은 유방이 漢王에 封해진 때로부터 시작함.

【蕭相國】 蕭何(?~B.C.193). 소하는 沛縣(현재는 江蘇省內에 있음) 사람으로 秦 말기에 劉邦을 도와 병사를 일으켜 공을 세움. 후에 유방은 漢王이 되고 소하는 丞相이 되었으며 高帝 11년에 승상을 相國으로 개칭함. 《史記》 卷53 蕭相國世家 참조.

【未央宮】 漢나라 초기의 궁전. 옛터는 지금의 陝西省 西安市 西北 長安故城의 서남쪽에 있음. 西漢 말에 戰禍를 입은 후, 東漢·隋·唐 각 朝代에 걸쳐 여러 차례 개축하였으나 唐末에 다시 훼손됨.

【龍首山】 산 이름. 龍首原이라고도 함. 渭水 남쪽 기슭 長安故城에서 시작하여
樊川에서 끝남. 漢代의 長安은 그 북쪽 기슭에 위치하고 있었음. 총 길이는
약 60여 리라 함.

【北闕】 궁궐의 북쪽에 지은 門樓. 대신들이 알현을 기다리거나 上奏하던 곳.
《漢書》顔師古 注에 "未央宮雖南嚮, 而上書奏事謁見之徒, 皆詣北闕. 公車司馬亦
在北焉. 是則以北闕爲正門"이라 함.

【周迴】 주위.

【里·步】 漢나라 때의 길이를 재는 단위로 지금과는 다름.《西京雜記校注》에는
미앙궁의 동서 담장 길이는 2,150m, 남북은 2,250m, 주위는 8,800m라 하였음.

【後宮】 古代 妃嬪들이 기거하던 宮室.

【臺殿】 樓臺와 宮殿

【闥】 宮中의 작은 문.

참고 및 관련 자료

1. 본 장에서는 未央宮의 건축 연대, 규모, 구조 등에 대해 서술하고 있음. 호화스럽고
웅장하게 지어진 미앙궁을 통해 당시 기세를 떨치던 漢 王朝의 위용을 알 수
있음.

2. 《史記》卷8 高祖本紀

八年, …… 蕭丞相營作未央宮. 立東闕, 北闕, 前殿, 武庫, 太倉. 高祖還, 見宮闕
壯甚, 怒, 謂蕭何曰:「天下匈匈, 苦戰數歲, 成敗未可知, 是何治宮室過度也?」
蕭何曰:「天下方未定, 故可因遂就宮室. 且夫天子以四海爲家. 非壯麗無以重威,
且無令後世有以加也.」 高祖乃說.

3. 《漢書》卷1(下) 高帝紀(下)

二月, 至長安. 蕭何治未央宮, 立東闕, 北闕, 前殿, 武庫, 大倉. 上見其壯麗,
甚怒, 謂何曰:「天下匈匈, 勞苦數歲, 成敗未可知, 是何治宮室過度也!」 何曰:
「天下方未定, 故可因以就宮室. 且夫天子以四海爲家, 非令壯麗亡以重威, 且亡令
後世有以加也.」 上說. 自櫟陽徙都長安. 置宗正宮以序九族. 夏四月, 行如雒陽.

002(1-2) 昆明池養魚
곤명지에 기르는 고기

한漢 무제武帝가 곤명지昆明池를 축조하였다. 곤명이昆明夷를 토벌하는데 이 연못에서 수전水戰을 훈련토록 하기 위함이었다. 그러나 우선 곤명지의 물을 유락遊樂 장소로 이용하면서 물고기도 길러 여기서 기른 물고기를 여러 능묘陵廟의 제사에 공급하였으며 나머지 물고기는 장안長安 시장에 내다 팔았다. 곤명지의 둘레는 4십 리였다.

武帝作昆明池, 欲伐昆明夷, 教習水戰. 因而於上游戲養魚, 魚給諸陵廟祭祀, 餘付長安市賣之. 池周迴四十里.

【武帝】漢 武帝. 이름은 劉徹. 재위 기간은 B.C.140~B.C.87년.
【昆明池】지금의 陝西省 西安市 서남 쪽 豊水와 흉수(滈水) 사이에 있는 못. 수군을 훈련하기 위해 元狩 3년(B.C.120)에 조성함. 후에 연못의 물이 고갈되자 宋 이후 이를 메워 전답으로 바꾸었다함.
【昆明夷】漢나라 때의 소수민족. 지금의 雲南省 境內에 살았음.
【長安市】長安城 안에서 열리는 시장. 長安은 西漢의 수도. 市는 集市, 시장.

1. 漢 武帝때 축조된 昆明池는 軍事的인 목적에 의한 것임을 밝히고, 또 이
목적 외의 부수적인 效用도 기록하고 있음.

2.《漢書》卷6 武帝紀 元狩三年「發謫史穿昆明池」臣瓚

西南夷傳有越雟, 昆明國, 有滇池, 方三百里, 漢使求身毒國而爲昆明所閉, 今欲
伐之, 以習水戰. 在長安西南, 周回四十里. 食貨志又曰時越欲與漢用船戰, 遂乃
大修昆明池也.

3.《藝文類聚》卷96에 인용된《三輔故事》

武帝作昆明池, 學水戰法. 帝崩, 昭帝少, 不能征討, 於池中養魚, 以給諸陵祠,
餘給長安市, 市魚乃賤.

〈陶鶴〉(東漢) 明器. 四川 成都 출토

003(1-3) 八月飮酎
팔월에 마시는 순주醇酎

한漢나라 제도에 종묘에서는 매년 팔월에 '순주醇酒'를 마련하여 조상에게 제사지낸다. 이 때에는 '구온九醞'과 '태뢰太牢'를 갖추어 사용하고 황제가 제사를 주관한다. 정월 초하루에 술을 담가 팔월에 술이 익는데 이름을 '주酎'라 한다. 이 주酎를 일설에 '구온'이라고도 하고, 혹은 '순주醇酎'라고도 한다.

漢制: 宗廟八月飮酎, 用九醞太牢, 皇帝侍祠. 以正月旦作酒, 八月成, 名曰酎, 一曰「九醞」, 一名「醇酎」.

【宗廟】 天子, 諸侯가 조상에게 제사를 지내던 곳.
【酎】 여러 차례 빚은 딴 것을 섞지 않은 순수한 술. 醇酒.
【九醞】 술 이름. 여러 차례 빚어 만든 것이라 하여 '구온'이라 함.
【太牢】 제사에 바치는 소, 양, 돼지의 犧牲을 말함. '牢'는 희생을 담는 그릇. 후에는 소만을 지칭하여 '牢', 羊만을 지칭하여 '小牢'라 함.
【正月旦】 정월 초하루.

참고 및 관련 자료
1. 漢代 종묘 제사에 관한 제도와 이 제사에 쓰이는 祭需에 대해 설명함.

004(1-4) 止雨如禱雨
지우止雨는 기우祈雨와 같다

　　서울에 큰 물난리가 나자 산천에 제사를 올려 비를 멈추게 하고자
하였다. 승상丞相과 어사御史, 그리고 2천 석石의 봉록을 받는 관리가
기도를 올려 제사를 지내며, 그 방법은 비가 오기를 구할 때와 똑
같았다.

　　京師大水, 祭山川以止雨. 丞相·御史·二千石禱祠, 如求雨法.

【京師】西漢의 수도 長安.
【丞相】官名. 天子를 보좌하는 大臣. 政丞, 宰相.
【御史】관직 이름. 한대에는 御史大夫라 불렸음. 百官의 監察을 맡은 벼슬로서
　　上卿에 속함.
【二千石】漢代에는 九卿·郎·將, 郡守·尉 등의 俸祿이 二千石이었음. 여기서의
　　'二千石'은 이들 관리를 지칭함.

　参고 및 관련 자료

1. 漢나라 때 自然神에 제사지내 비를 그치게 하는 풍속에 대해 서술함.
2. 《漢書》 卷56 董仲舒傳
仲舒治國, 以春秋災異之變, 推陰陽所以錯行, 故祈雨, 閉諸陽, 縱諸陰, 其止雨
反是.

005(1-5) 天子筆
천자의 붓

    황제가 사용하는 붓대는 보물들을 예쁘게 장식하여 붓의 부跗 부위를 만들었고, 붓 털은 모두 가을철의 토끼털을 사용하였다. 이는 관사官師인 노호路扈가 직접 만든다. 붓의 함도 각종의 보석으로 장식하여 만들었으며 여기다 또 옥과 비취 색 깃털 등의 장식을 더하였다. 이는 모두 황금 백 근 값이나 된다.

    天子筆管, 以錯寶爲跗, 毛皆以秋兔之毫, 官師路扈爲之. 以雜寶爲匣, 廁以玉璧·翠羽, 皆直百金.

【天子】 古代에 임금은 하늘의 뜻을 받아 백성을 다스린다고 여겼으므로 천자라 칭함.

【管】 붓대.

【錯寶】 '錯'은 '아로새기다, 꾸미다'의 뜻. '錯寶'는 보석 위에 金銀 등의 가는 조각을 끼워 넣어 장식한 것.

【跗】 본의는 '발등'. 여기서는 붓대 아래 쪽 붓 털을 끼우는 부분.

【毫】 털.

【官師】 官吏의 우두머리. 여기서는 工人의 우두머리.

【路扈】 인명. 生平 未詳.

【雜寶】 각종의 보석.

【廁】 '섞어 넣다'의 뜻.

【直】 '値'와 같음. '값나가다. 가치가 있다'의 뜻.

1. 호화롭고 사치스러운 皇帝의 붓과 붓 만듦을 묘사함.

〈女人圖〉 明, 仇英(그림) 臺北故宮博物館 소장

006(1-6) 几被以錦
궤를 비단으로 덮다

한漢나라 제도에 황제의 옥궤玉几는 겨울이면 그 위를 제금綈錦이라는 비단으로 덮는다. 그래서 이를 '제궤綈几'라 한다. 또, 화롱火籠은 상아로 만들며 그 위는 온갖 무늬로 장식한다. 그러나 후궁의 비빈이 사용하는 화롱은 오색 무늬만 새겨 넣는다. 황제는 먹을 갈 때 물대신 술을 사용하는데 이는 술이 겨울에도 얼지 않기 때문이다. 또 벼루는 옥으로 만들었는데 이 역시 옥이 얼지 않는다는 이유 때문이다. 여름에는 새의 깃털로 만든 부채를 사용하고 겨울에는 비단으로 만든 부채를 사용한다. 왕공王公과 제후는 모두 죽목竹木으로 궤几를 만들어 쓰고 겨울이면 얇은 모직물로 자루를 만들어 궤에 씌워 기대는데 사용하며 제금이라는 비단은 사용할 수 없게 되어 있었다.

漢制: 天子玉几, 冬則加綈錦其上, 謂之綈几. 以象牙爲火籠, 籠上皆散華文, 後宮則五色綾文. 以酒爲書滴, 取其不冰; 以玉爲硯, 亦取其不冰. 夏設羽扇, 冬設繒扇. 公侯皆以竹木爲几, 冬則以細罽爲橐以憑之, 不得加綈錦.

【几】 낮고 작은 탁자. 여기에 물건을 올려놓거나 기대어 앉는 가구의 일종.
【綈錦】 「綈」는 올이 굵고 거친 명주. '錦'은 여러 색깔을 섞어 짠 무늬 있는 비단. 합하여 올이 굵고 거칠며 광택이 있고 여러 빛깔로 짠 무늬 있는 비단.
【火籠】 화로에 씌워 놓고 옷 등을 말리는 기구.
【華文】 花紋. 장식용의 도안이나 무늬.

【綾】무늬가 있는 비단.

【書滴】먹을 갈 때 사용하는 물. 혹은 硯滴.

【冰】얼다. 結氷.

【羽扇】새의 깃털로 만든 부채. 궁중에서 儀仗用으로 쓰임.

【繒扇】'繒'은 견직물의 총칭. '繒扇'은 견직물로 만든 의장용의 자루가 긴 부채.

【罽】모직물의 일종.

【橐】밑바닥이 없는 자루.

참고 및 관련 자료

1. 封建社會에서 신분에 따라 사용하는 器物의 재질이나 장식을 엄격하게 제한하고 있음을 알 수 있음.

〈伏羲女媧圖〉 畫像磚 山東 嘉祥縣 武梁祠

007(1-7) 吉光裘
길광吉光가죽으로 만든 외투

한漢 무제武帝 때에 서역西域에서 신령스런 동물인 '길광吉光'의 가죽으로
만든 갖옷을 헌납해왔다. 이는 물에 넣어도 젖지 않는 것이었다. 황제는
때때로 이 갖옷을 입고 입조하여 정사政事를 처리하였다.

武帝時, 西域獻吉光裘, 入水不濡, 上時服此裘以聽朝.

【西域】漢代에 玉門關 서쪽, 지금의 중앙아시아 일대.
【吉光】고대 전설 속의 神獸. 神馬.
【上】황제. 즉 漢 武帝를 가리킴.
【聽朝】帝王이 朝會를 주관하여 정치에 관해 신하가 아뢰는 말을 들음.

참고 및 관련 자료

1. 漢 武帝가 입었던 吉光裘의 유래와 길광구를 아끼는 황제의 마음을 기록함.
2. 《海內十洲記》
武帝天漢三年, 西國王獻吉光裘, 色黃白, 蓋神馬之類也. 裘入水數日不沈, 入火
不焦.
3. 《文選》卷2 張衡〈東京賦〉「擾澤馬與騰黃」의 薛綜 주에 인용된 《瑞應圖》騰黃,
神馬, 一名吉光.
4. 《太平廣記》卷229
漢武帝時, 西成獻吉光裘. 入水數日不濡, 入火不焦. 元鳳 不道之, 時服此裘,
以視朝焉.

008(1-8) 戚夫人歌舞
척부인의 가무

한漢 고조高祖 유방劉邦의 애첩 척부인戚夫人은 슬瑟과 축筑의 연주에
뛰어났다. 고조는 늘 그녀를 안고서 슬瑟 소리에 따라 노래를 불렀다.
노래가 끝나면 늘 눈물을 줄줄 흘릴 정도였다. 척부인은 또 '교수절요
翹袖折腰'라는 춤을 잘 추었으며,〈출새出塞〉·〈입새入塞〉·〈망귀望歸〉
등의 곡목도 잘 불렀다. 시비侍婢 수백 명이 모두 이를 따라 배웠으며
그 후궁後宮들은 목소리도 가지런히 소리 높여 불렀는데 이 소리가
하늘까지 울려 퍼졌다.

高帝戚夫人, 善鼓瑟擊筑. 帝常擁夫人倚瑟而絃歌. 畢, 每泣下
流漣. 夫人善爲翹袖折腰之舞, 歌出塞·入塞·望歸之曲. 侍婦
數百皆習之. 後宮齊首高唱, 聲入雲霄.

【戚夫人】漢 高祖 劉邦의 寵姬. 趙王 如意를 낳음. 황후인 呂后와 太子 옹립을
　　둘러싸고 다툰 바 있으며 고조가 죽은 후 여후에 의해 살해됨.
【鼓】악기를 뜯거나 두드림.
【瑟】현악기의 일종. 모양은 거문고 같으나 크며 25개의 弦이 있음.
【筑】악기의 일종으로 箏과 비슷함. 秦·漢 사람들은 흔히 筑을 치며 노래불렀음.
【絃歌】琴瑟의 소리에 맞추어 노래부름.
【流漣】눈물이 흐르는 모양. 雙聲連綿語.
【翹袖】'翹'는 '위로 올리다, 들어올리다'의 뜻. '翹袖'는 소매를 들어올림.
【折腰】허리를 굽힘.

【出塞·入塞·望歸】 모두 악곡 이름.

【齊首】 '일제히, 다 같이'의 뜻.

참고 및 관련 자료

1. 漢 高祖 유방의 총희 戚夫人의 예술적인 재능에 대해 서술함.

2.《史記》卷9 呂后本紀 및《漢書》外戚傳 참조

3.《史記》卷96 張丞相列傳

周昌嘗燕時入奏事, 高帝方擁戚姬.

4.《太平廣記》卷204

漢戚夫人善爲翹袖折腰之舞. 歌出塞入塞望歸之曲, 侍婢數百人皆爲之. 後宮齊唱, 常入雲霄.

5.《晉書》樂志(下)

鼓角橫吹曲, ……漢武帝時李延年因胡曲更迭新聲二十八解, 乘輿以爲武樂, ……魏晉以來二十八解, 不復具存, 用者有……出塞, 入塞, ……望行人十曲.

〈甲第建築紋〉 漢代 畫像磚 四川 德陽 黃滸鎭 출토.

009(1-9) 煉金爲環
금을 녹여 만든 가락지

척부인戚姬은 백련금百煉金으로 가락지를 만들었는데 손가락의 뼈까지도 비쳐 보일 정도였다. 황제가 이 반지를 싫어하자 척부인은 시녀 명옥鳴玉·요광耀光 등에게 각기 네 개씩 하사해 버리고 말았다.

戚姬以百煉金爲弧環, 照見指骨. 上惡之, 以賜侍兒鳴玉·耀光等各四枚.

【百煉金】 오래 精煉한 金.
【弧環】 고리 모양의 장식품.

참고 및 관련 자료

1. 高祖 劉邦의 寵姬 戚夫人이 조그마한 일로 황제의 미움을 사 총애를 잃을까 두려워하는 모습을 묘사함.
2. 《漢書》 高帝紀 참조.

010(1-10) 魚藻宮
어조궁

조왕趙王 여의如意는 나이가 어려 아직 외부外傅의 가르침을 받아들일 수 없었다. 이에 척희戚姬는 그 전 조왕의 내부內傅인 조趙씨 성의 할머니로 하여금 여의를 돌보게 하였다. 척부인은 여의가 거처하는 곳을 '양덕궁養德宮'이라 하였다가 뒤에 다시 '어조궁魚藻宮'이라고 고쳐 불렀다.

趙王如意年幼, 未能親外傅, 戚姬使舊趙王內傅趙媼傳之, 號其室曰養德宮,後改爲魚藻宮.

【趙王如意】戚姬의 아들. 漢 高帝 9년 趙王에 봉해짐. 유방이 如意를 사랑하여 태자로 삼고자 하였기 때문에 呂后의 시기를 받게 되었으며 고조가 죽은 후 여태후에 의해 죽음을 당함. 다음 장 참조.
【外傅】고대에 스승은 '外傅', 保姆는 '內傅'라 불렸음.
【舊趙王】漢 高帝 4년 張耳를 趙王으로 봉하였는데 그 이듬해인 5년에 그의 아들 敖가 뒤를 이었고, 그 삼년 후인 8년에는 폐위되어 宣平侯가 되었음. 舊趙王은 張敖를 가리키는 듯함.《史記》漢興以來諸侯王年表 참조.
【養德宮】甘泉宮 안에 있는 궁궐 이름.
【魚藻宮】'魚藻'는《詩經》小雅의 篇名으로 周王이 鎬京에서 飮酒로 낙을 삼던 일을 싣고 있음. 일설에 幽王이 荒淫無道하여 나라를 그르친 것을 풍자한 것이라고도 함.

1. 戚夫人이 자신의 아들 如意의 보모를 맞아들이고 如意의 거처도 勸戒하는
의미가 들어 있는 養德, 魚藻라 하는 등 자식의 교육을 위해 온 마음을 쏟는
어머니의 마음이 드러나 있음.
2.《漢書》卷38 高五王傳 참조.

〈鹿紋〉漢代 瓦當

011(1-11) 縊殺如意
여의如意를 목 졸라 죽이다

혜제惠帝 유영劉盈은 조왕趙王 여의如意와 침실과 거처를 함께 하였다. 여후呂后가 여의를 죽이고자 하였으나 둘이 함께 있으므로 해서 뜻을 이루기가 어려웠다. 그 뒤 어느 날 마침 혜제가 일찍 사냥을 나가고 조왕 여의가 아침 일찍 일어나지 않게 되자 여후는 한 역사力士에게 명하여 이불 속에서 여의를 교살絞殺하도록 하였다.

이리하여 여의가 죽었으나 여후는 이 사실을 확신하지 못하였다. 그러자 역사는 녹색 자루에 여의의 머리를 담아 작은 병거軒車에 싣고 궁 안으로 들어가 여후에게 보여 확인시켜 주었다. 그제야 여후는 역사에게 후하게 상을 내렸다. 이 역사는 동곽문東郭門 밖 관청의 노비奴婢였다. 뒤에 혜제는 이 사실을 알고 역사의 허리를 베어 버렸다. 여후는 이를 알지 못하였다.

惠帝嘗與趙王同寢處, 呂后欲殺之而未得. 後帝早獵, 王不能夙興, 呂后命力士於被中縊殺之及死, 呂后不之信. 以綠囊盛之, 載以小軒車入見, 乃厚賜力士. 力士是東郭門外官奴. 帝後知, 腰斬之. 后不知也.

【惠帝】漢 高祖 劉邦의 아들 劉盈을 말함. 呂后의 소생인 유영은 태자가 된 후 기원전 194년에 즉위하였고 B.C.188년에 未央宮에서 23세에 죽음.
【呂后】이름은 雉. 생졸년은 B.C.241~B.C.180. 한 고조 유방의 황후로 아들 유영이 황제에 즉위하였으나 실권은 여후가 쥐고 있었음. 혜제가 죽은 후 조정에서 섭정하여 모두 16년간 정권을 장악하였음.

【力士】 힘이 센 사람.

【縊殺】 絞殺함. 목 졸라 죽임.

【軿】 고대에 부녀자가 타던 덮개가 있는 수레.

【東郭門】 한나라 장안성을 동쪽으로 나와 북쪽에 있는 첫 번째 문인 宣平門. 민간에서 東郭門이라고도 하였다 함.

【官奴】 죄를 범하였거나 죄에 연루되어 官府에 소속된 노예.

참고 및 관련 자료

1. 劉邦이 죽은 후 高祖 유방의 황후 呂后는 戚夫人의 아들 如意를 살해함. 음험하고 독살스러운 呂后의 모습과 이러한 어머니에게 어쩌지 못하는 惠帝의 유약하고도 인자한 모습이 잘 표현됨.

2. 《漢書》 卷38 高五王傳

趙隱王如意, 九年立. 四年, 高祖崩, 呂太后徵王到長安, 鴆殺之, 無子, 絶.

012(1-12) 樂遊苑
낙유원

　　낙유원樂遊苑에 장미가 자생하고 있었는데 나무 아래 개자리首蓿라는 풀이 많이 있었다. 이 개자리라는 풀은 '회풍懷風'이라고도 하며 혹 어떤 사람들은 '광풍光風'이라고도 불렀다. 바람이 개자리 속으로 불어 오면 개자리는 늘 소소蕭蕭하게 흔들리고 햇빛이 그 꽃에 비춰면 개자리는 광채가 난다. 그래서 개자리를 회풍이라 이름하는 것이다. 그런가 하면 무릉茂陵사람들은 개자리를 '연지초連枝草'라 부르기도 한다.

　　樂遊苑自生玫瑰樹, 樹下多首蓿. 首蓿一名懷風, 時人或謂之光風. 風在其間常蕭蕭然, 日照其花有光彩, 故名首蓿爲懷風. 茂陵人謂之連枝草.

【樂遊苑】苑名. 옛터는 지금의 陝西城 西安市 郊外에 있음. 漢 宣帝 神爵 3년 (B.C.59)에 세움. 이에 앞서 宣帝는 曲江 북쪽에 樂遊廟를 세웠는데, 이 원유가 樂遊廟에서 가까웠으므로 樂遊苑이라고 이름하게 되었다 함. 원래 '苑'은 禽獸를 기르거나 樹木을 심어 놓은 곳인데 후에 와서 帝王이 行樂하고 狩獵하는 곳을 지칭하게 됨.

【玫瑰】장미의 일종. 疊韻 聯綿語의 物名.

【首蓿】개자리. 콩과에 속하는 일년초로 牛馬의 사료 또는 비료로 쓰이며 연한 줄기는 식용으로 씀. 大粟·牧宿·懷風·光風草·連枝草 등으로도 불리며 원산지가 西域, 漢 武帝 때에 들어왔다 함.

【蕭蕭然】나뭇잎이 떨어지는 소리, 바람이 부는 소리, 쓸쓸한 모양.
【茂陵】지명. 지금의 陜西省 興平縣. 漢初에는 茂鄕이라 하였고 槐里縣에 속하였으며 후에 漢 武帝가 여기 묻힌 후 '茂陵'이라 개칭하고 縣으로 승격됨.

참고 및 관련 자료

1. 漢나라 때 풀이름인 苜蓿(개자리)의 異稱과 그 유래에 대해 설명함.

〈建築紋〉漢代 畫像磚 江蘇 徐州 출토.

013(1-13) 太液池
태액지

　태액지太液池 주변에는 거의 조호彫胡·자탁紫籜·녹절綠節 등의 풀이 나있다. 줄풀菰에 쌀알처럼 생긴 열매가 달리는데 장안長安 사람들은 이것을 '조호'라 부른다. 그리고 갈대 중에 잎이 아직 퍼지지 않은 것을 '자탁'이라 부르며, 줄풀 중에 머리가 있는 것을 '녹절'이라 부른다. 이들 풀 속에는 물오리·어린 기러기들이 가득 차 몰려있으며 자줏빛 거북이·녹색 자라들도 많이 살고 있다. 태액지 주변엔 평평하게 깔린 모래가 많이 펼쳐져 있는데 모래 위에는 제호鵜鶘·자고鷓鴣·교청鵁鶄·홍역鴻鷁 등의 물새가 움직일 때면 문득 큰 무리를 이루곤 한다.

　太液池邊, 皆是彫胡·紫籜·綠節之類, 菰之有米者, 長安人謂之彫胡; 葭蘆之未解葉者, 謂之紫籜; 菰之有首者, 謂之綠節. 其間鳧雛·雁子, 布滿充積. 又多紫龜·綠鼈. 池邊多平沙, 沙上鵜鶘·鷓鴣·鵁鶄·鴻鷁, 動輒成群.

【太液池】 지금의 陝西省 西安市 서북부에 있는 못 이름. 漢 武帝 때에 조성하였으며 규모가 커서 '태액지'라 이름함. 넓이는 40頃, 못 가운데에 瀛洲·蓬萊·方丈의 三神山을 상징하는 세 개의 인공섬이 있으며 金石으로 조각한 魚·龍·奇禽·異獸 등이 있음.
【彫胡】 菰米. 즉 줄의 열매. '菰'는 다년생의 水草인 줄풀. 잎은 자리를 만들고 열매와 어린 싹은 식용으로 씀. 속칭 '茭白'. 114(5-1) 참조.

【紫蕚】 '紫'는 자줏빛. '蕚'은 묵어 떨어진 껍질. 잎이 아직 퍼지지 않은 갈대로 겉껍질이 자갈색을 띰.

【綠節】 줄풀의 별칭.

【葭蘆】 갈대.

【鳧雛】 물오리와 새 새끼.

【紫龜】 자줏빛 거북이.

【綠鼈】 녹색 자라.

【鵜鶘】 사다새과에 속하는 큰 물새. 무리 지어 날기를 좋아하고 물에 잠기어 물고기를 잡아먹음.

【鶬鴰】 꿩과에 속하는 새. 메추라기 비슷함.

【鴰鶬】 백로과에 속하는 새. 백로보다 약간 크며 연못이나 물가에서 서식함.

【鴻鴰】 물새 명. 몸집이 비교적 크다 함.

참고 및 관련 자료

1. 太液池 주변에 서식하는 각종 식물과 동물에 대해 묘사하고 있음.

014(1-14) 終南山華蓋樹
종남산의 화개수

종남산終南山에는 이합초離合草가 많다. 이합초의 잎은 강리江蘺와 같으나 붉은 색, 초록색이 서로 섞여 있다. 줄기는 보랏빛이며 냄새는 나륵蘿勒과 같다. 종남산에 있는 나무 중에 백 척이나 높이 곧게 뻗어 있으나 곁가지가 없는 것이 있다. 나무 꼭대기는 가지가 빽빽하게 얽혀 있어 마치 수레 덮개 같은 모습이고, 나뭇잎은 푸른 색, 붉은 색이 반반으로, 쳐다보면 알록달록 빛이 섞인 것이 마치 비단에 수를 놓은 듯하다. 장안長安 사람들은 이를 단청丹青나무라고도 하고 화개華蓋나무라고도 한다. 이러한 나무는 웅이산熊耳山에도 있다.

終南山多離合草, 葉似江蘺而紅綠相雜. 莖皆紫色, 氣如蘿勒. 有樹直上, 百尺無枝. 上結藂條如車蓋, 葉有一青一赤, 望之斑駁如錦繡. 長安謂之丹青樹, 亦云華蓋樹, 亦生熊耳山.

【終南山】 秦嶺山 봉우리 중 하나. 陝西省 西安市 남쪽에 있으며 南山이라고도 함.
【離合草】 식물 이름.
【江蘺】 香草의 한 가지로 蘪蕪라고도 함. 미무는 어린 芎藭이.
【蘿勒】 식물명. 香菜.
【車蓋】 비나 햇빛을 막기 위해 수레 위에 받치는 비단으로 만든 덮개.
【丹青樹】 나뭇잎 양면의 색깔이 한쪽은 붉은 색, 한쪽은 푸른색인 것을 취하여 이름한 것.
【華蓋樹】 帝王이 타던 수레의 덮개를 華蓋라 하며, 여기서는 이 나무의 가지가 무성한 것이 마치 수레 덮개와 같아서 이름한 것.

【熊耳山】 산이름. 이 산에 대해 두 가지 說이 있음. 하나는 지금의 河南城 西部 秦嶺山 東段의 지맥으로서, 그 두 봉우리가 우뚝 서있는 것이 마치 곰의 귀 같다 하여 이렇게 이름하였다는 것이고, 다른 하나는 지금의 湖南 耒陽·益陽 두 縣의 東北에 있음.

참고 및 관련 자료

1. 終南山에 서식하고 있는 기이한 離合草와 丹靑樹를 마치 눈으로 보듯 묘사하고 있음.

〈鹿紋〉 漢代 瓦當

015(1-15) 劍光射人
칼 빛이 사람을 쏘다

한漢나라 황제는 진秦나라 왕 자영子嬰이 바친 백옥 옥새玉璽와 고조高祖
유방劉邦이 백사白蛇를 참살한 칼을 대대로 전해 오고 있었다. 그 칼은
일곱 가지 색깔의 구슬과 아홉 가지 좋은 옥으로 장식하고 갖가지
유리琉璃로써 칼을 넣는 상자를 만들었다. 그 칼은 칼집 속에서는 빛이
찬연하여 그 광채가 바깥까지 비추어 칼집에서 뺐을 때와 다르지
않을 정도였다. 그리고 십이 년에 한번 갈아 칼날은 늘 서리나 눈과
같이 차게 빛난다. 상자를 열고 칼을 뺐들면 문득 칼바람이 일어 그
광채가 사람을 조사照射할 정도이다.

漢帝相傳, 以秦王子嬰所奉白玉璽, 高祖斬白蛇劍. 劍上有
七彩珠·九華玉以爲飾, 雜廁五色琉璃爲劍匣. 劍在室中, 光景
猶照於外, 與挺劍不殊. 十二年一加磨瑩, 刃上常若霜雪. 開匣
拔鞘, 輒有風氣, 光彩射人.

【秦王子嬰】(?~B.C.206) 秦始皇의 손자이며 二世 胡亥의 아들. 이세 3년에 趙高가
　이세를 죽이고 子嬰을 왕으로 세웠으나 46일만에 劉邦에게 투항하여 진나라가
　망함. 뒤에 項羽에게 죽음.《史記》秦始皇本紀 참조.
【白玉璽】원래 秦始皇의 옥새. 뒤에 황제의 도장을 玉璽, 國璽라 함.
【斬白蛇劍】漢高祖 劉邦이 白帝를 상징하는 白蛇를 죽인 일.
【七彩珠】일곱 가지 색깔의 훌륭한 구슬.
【九華玉】아홉 가지 색깔의 옥.
【雜廁】뒤섞임. 쌍성연면어. 王充의《論衡》齊世에 "古有無義之人, 今有建節之人.

善惡雜厠, 何世無有?"라 함.

【室】검초(劍鞘). 칼집. 《方言》에 "劍削, 自河而北, 燕趙之間, 謂之室"이라 함.

【光景】光芒. 햇살, 빛살.

【挺】뽑아냄. 《戰國策》魏策(四)에 "挺劍而起"라 함.

【磨瑩】잘 갈고 닦음.

참고 및 관련 자료

1. 본 장에서는 高祖 劉邦이 白蛇를 벨 때 사용한 칼의 비범함을 과장된 필치로 묘사하고 있음.

2. 《史記》 卷8 高祖本紀

高祖被酒, 夜徑澤中, 令一人行前. 行前者還報曰:「前有大蛇當徑, 願還.」高祖醉, 曰:「壯士行, 何畏!」乃前, 拔劍擊斬蛇. 蛇遂分爲兩, 徑開. 行數里, 醉, 因臥. 後人來至蛇所, 有一老嫗夜哭. 人問何哭, 嫗曰:「人殺吾子, 故哭之.」人曰:「嫗子何爲見殺?」嫗曰:「吾子, 白帝子也, 化爲蛇, 當道, 今爲赤帝子斬之, 故哭.」人乃以嫗爲不誠, 欲告之, 嫗因忽不見. 後人至, 高祖覺. 後人告高祖, 高祖乃心獨喜, 自負. 諸從者日益畏之.

3. 《漢書》 卷1(上) 高帝紀(上)

高祖被酒, 夜徑澤中, 令一人行前. 行前者還報曰: 前有大蛇當徑, 願還.」高祖醉, 曰:「壯士行, 何畏!」乃前, 拔劍擊斬蛇. 蛇分爲兩, 道開. 行數里, 醉, 困臥. 後人來至蛇所, 有一老嫗夜哭. 人問嫗何哭, 嫗曰:「人殺吾子.」人曰:「嫗子何爲見殺?」嫗曰:「吾子, 白帝子也, 化爲蛇, 當道, 今者赤帝子斬之, 故哭.」人乃以嫗爲不誠, 欲苦之, 嫗因忽不見. 後人至, 高祖覺. 告高祖, 高祖乃心獨喜, 自負. 諸從者日益畏之.

4. 《北堂書鈔》 卷122

高祖斬白蛇劍, 劍上有七采珠, 九華玉以爲飾, 五色瑠璃爲匣.

5. 《太平廣記》 卷229

漢帝相傳以秦王子嬰所奉白玉璽. 高祖斬白蛇劍. 劍上皆用七綵珠, 九華玉以爲飾. 雜厠五色琉璃爲劍匣. 劍在室中, 其光景猶照於外. 與挺劍不殊. 十二年一加磨龍. 刃上常若霜雪. 開匣板鞘, 輒有風氣, 光彩射人.

6. 《太平御覽》 卷344 및 段成式 《酉陽雜俎》에도 실려 있음.

016(1-16) 七夕穿針開襟樓
칠석날 개금루에서 바늘귀 꿰기

한漢나라 채녀彩女들은 매년 칠월 칠일에 개금루開襟樓에서 칠공침七孔針에 실을 꿰는 행사를 하였다. 이런 일이 모두에게 퍼져 습속이 되었다.

漢彩女常以七月七日穿七孔針於開襟樓, 俱以習之.

【彩女】宮女. 采女로도 씀.《後漢書》後宮紀에 의하면 東漢 때에는 후궁에 "置美人, 宮人, 采女三等"이라 하였음.
【七月七日】민간 전설에 牽牛와 織女가 만나는 날.
【七孔針】바늘 이름.
【開襟樓】漢代 掖庭 樓閣의 이름. 未央宮 안에 있었음.

참고 및 관련 자료

1. 음력 七月 七夕 날 바늘에 실을 꿰어 바느질을 잘하게 해달라고 織女星에게 빌던 중국의 고대 풍속이 이미 漢나라 때에 있었음을 알 수 있음.
2.《太平廣記》卷229
漢綵女常以七月七日夜, 穿七針於開襟樓, 俱以習之.
3.《太平御覽》卷31에도 실려 있음.

017(1-17) 身毒國寶鏡
연독국의 보물거울

선제宣帝가 체포되어 군저옥郡邸獄에 갇히게 되었다. 그런데 그의 팔뚝에는 여전히 조모祖母 사량제史良娣가 짠 채색의 고운 끈을 지니고 있었다. 그 끈에는 연독국身毒國에서 보내온 보경寶鏡이 하나 묶여 있었는데 이는 팔주전八銖錢보다 큰 크기였다. 이 거울은 옛날부터 요괴·마귀를 비춰볼 수 있고 이것을 몸에 지닌 사람은 하늘로부터 복을 받을 수 있다고 전해 오는 것이었다. 선제가 이 거울 덕택에 위험에서 구원을 받게 된 것이다.

선제는 황위皇位의 자리에 이르자 늘 이 거울을 들여다보며 장시간을 감탄하고 흐느껴 울었다. 선제는 항상 호박琥珀으로 장식한 대바구니에 이 거울을 보관하면서 척리戚里에서 생산한 직성금織成錦, 일명 사문금斜文錦이라는 비단으로 이 대바구니를 싸두었다. 선제가 붕어崩御하고 나서는 이 거울의 소재를 알 수 없게 되었다.

宣帝被收繫郡邸獄, 臂上猶帶史良娣合彩婉轉絲繩, 繫身毒國寶鏡一枚, 大如八銖錢. 舊傳此鏡照見妖魅, 得佩之者爲天神所福, 故宣帝從危獲濟. 及卽大位, 每持此鏡, 感咽移辰. 常以琥珀笥盛之, 緘以戚里織成錦, 一曰斜文錦. 帝崩, 不知所在.

【宣帝】 西漢 제 7대 황제인 劉詢(B.C.91~B.C.49). B.C.74~B.C.49년 재위하였음. 戾太子의 손자이며 武帝말에 여태자 劉據와 무제 사이에 알력으로 巫蠱之禍 때 유순은 태어난 지 5개월 밖에 되지 않았지만 이 일로 옥에 갇힘.

【郡邸獄】漢代 郡國의 府邸에 설치되어 있던 감옥. 혹은 天下大亂을 일으킨 자를 가두는 감옥이라고도 함.

【史良娣】戾太子의 첩. 宣帝의 조모. 良娣는 女官의 명칭.

【合彩】아름다운 무늬의 도안.

【身毒國】옛 '인도'의 音譯. 《史記》 大宛列傳에 "大夏, ……其東南有身毒國"이라 하고 〈索隱〉에 孟康의 말을 인용하여 "卽天竺也. 所謂浮圖胡也"라 함. 《漢書》 권96에는 '捐毒國'으로 표기되어 있으며 '身', '捐'은 모두 '연'으로 읽음.

【八銖錢】漢代의 화폐 이름. 呂后 때 만든 동전.

【從危獲濟】《漢書》 宣帝紀에 의하면 선제가 갇혔을 때 廷尉인 邴吉의 도움으로 안전하게 지내다가 뒤에 昭帝가 後嗣없이 죽자 대장군 霍光이 이 유순을 영입하여 제위에 올라 선제가 됨.

【大位】皇位, 帝位.

【移辰】시간이 장구함을 말함.

【常】嘗과 같음. '일찍이'의 뜻.

【琥珀】송진이 땅에 묻혀 굳은 화석으로 보석과 장식으로 쓰임.

【戚里】한대 제왕의 인척들이 살던 구역으로 長安城 안에 있었음.

【織成錦】비단의 일종.

【文】紋과 같음. 무늬.

참고 및 관련 자료

1. 宣帝가 인도에서 온 신기한 거울의 힘으로 옥에 갇힌 죄인의 처지에서 벗어나 皇帝라는 존귀한 자리에 올랐고, 또 선제가 이 거울을 심히 아꼈음을 서술하고 있음.

2. 《漢書》 卷8 宣帝紀

孝宣皇帝, 武帝曾孫, 戾太子孫也. 太子納史良娣, 生史皇孫. 皇孫納王夫人, 生宣帝, 號曰皇曾孫. 生數月, 遭巫蠱事, 太子, 良娣, 皇孫, 王夫人皆遇害. 語在太子傳. 曾孫雖在襁褓. 猶坐收繫郡邸獄. 而邴吉爲廷尉監, 治巫蠱於郡邸, 憐曾孫之亡辜, 使女徒復作淮陽趙徵卿, 渭城胡組更乳養, 私給衣食, 視遇甚有恩.

3.《太平廣記》卷229.

宣帝被收, 繫郡邸獄. 臂上猶帶史良娣合采宛轉絲繩. 係身毒國寶鏡一枚. 大如八銖錢. 舊傳此鏡照見妖魅, 得佩之者, 爲天神所福. 故宣帝從危獲濟. 及卽大位, 每持此鏡, 感咽移辰, 常以琥珀笥盛之. 緘以戚里織成. 一曰斜紋織成. 宣帝崩, 不知所在.

漢代 瓦當 위〈龍紋〉

018(1-18) 霍顯爲淳于衍起第贈金
곽현이 순우연에게 저택을 지을 금을 주다

곽광霍光의 부인 곽현霍顯이 순우연淳于衍에게 포도무늬 비단 스물네 필과 꽃무늬 비단 스무 다섯 필을 보냈다. 이 비단은 거록鉅鹿에 사는 진보광陳寶光의 집에서 짠 것으로 진보광의 부인만이 그 비단을 짜는 법을 전수받았던 것이다. 곽현은 진보광의 부인을 자신의 집으로 불러들여 비단을 짜게 하였다. 직기織機는 백 이십 개의 발판이 있는 것이었으며, 육십 일에 한 필을 짜냈고 한 필은 만전萬錢이나 나가는 대단한 것이었다.

또 곽현은 순우연에게 주주走珠 열 배琲, 녹릉綠綾 백 단端, 돈 백만, 황금 백 량을 주어 큰 저택까지 짓도록 해 주었으며 집안의 노비는 그 수를 헤아릴 수 없을 정도로 많이 주었다. 그런데도 순우연은 곽현을 이렇게 원망하였다.

"내가 부인을 위해 어떠한 공을 세웠는데 내게 겨우 이정도로 보답한단 말인가!"

霍光妻遺淳于衍蒲桃錦二十四匹, 散花綾二十五匹. 綾出鉅鹿陳寶光家, 寶光妻傳其法. 霍顯召入其第, 使作之. 機用一百二十鑷. 六十日成一匹, 匹直萬錢. 又與走珠一琲, 綠綾百端, 錢百萬, 黃金百兩, 爲起第宅, 奴婢不可勝數. 衍猶怨曰:「吾爲爾成何功, 而報我若是哉!」

【霍光】자는 子孟, 河東 平陽人. 霍去病의 異腹 동생. 武帝 때 奉車都尉를 지냈으며 昭帝 때 大司馬大將軍이 됨.《漢書》권68에 傳이 있음.

【妻】霍顯, 곽광의 續弦(후처).

【淳于衍】宮中 女醫로 자는 少夫, 곽현의 지시에 따라 許皇后가 병이 들어 이를 치료하는 사이 독살하고 곽광의 딸(곽현 소생) 成君이 황후가 되도록 일을 꾸밈.《漢書》外戚傳 참조.

【蒲桃錦】포도무늬를 넣어 짠 비단. ‘蒲桃’는 ‘葡萄’의 당시 異表記.

【散花綾】꽃을 흩뿌리는 모양의 도안을 넣어 짠 비단.

【鉅鹿】한나라 때의 郡. 治所는 지금의 河北省 平鄕縣.

【陳寶光】인명. 그 처가 비단을 잘 짰다 함.

【第】집, 저택.

【鑷】織絲機, 織組機.

【走珠】구슬의 일종. 南朝 宋 沈懷遠의《南越志》에 “珠有九品, 大五分以上至一寸八分. 分爲八品, 有光彩一邊小平似履釜者, 名璫珠. 璫珠之次爲走珠. 走珠之次爲滑珠”라 함.

【琲】구슬을 꿰는 것. 그 단위.《文選》吳都賦 “金鎰磊珂, 珠琲闌干”의 劉逵 주에 “琲, 貫也, 珠十貫爲一琲”라 함.

【百端】단은 옷감을 재는 단위. 絹은 匹, 布는 端이라 함. 絹은 四丈을 一匹, 布는 六丈을 一端이라 함.

참고 및 관련 자료

1. 霍顯이 宮中 女醫 淳于衍에게 자신의 딸 成君을 皇后가 되게 도와준 대가로 많은 예물과 금전을 주었으나 순우연은 만족하지 않음. 이 장을 통해 당시 궁중 안의 검은 거래와 인간의 끝없는 탐심을 알 수 있음.

2.《漢書》卷97(上) 外戚傳 孝宣霍皇后

霍光夫人顯欲貴其小女, 道無從. 明年, 許皇后當娠, 病. 女醫淳于衍者, 霍氏所愛, 嘗入宮侍皇后疾. (略) 孝宣霍皇后, 大司馬大將軍博陸侯光女也. 母顯, 旣使淳于衍陰殺許侯, 顯因爲成君衣補, 治入宮具, 勸光內之, 果立爲皇后.

3. 《太平廣記》卷236

漢霍光妻遺淳于衍蒲桃錦二十四匹, 散花綾二十五匹. 綾出鉅鹿陳寶光, 妻傳其法. 霍顯召入第, 使作之. 機用一百二十躡. 六十日成一匹, 直萬錢. 又與越珠一斛琲, 綠綾七百端, 直錢百萬, 黃金百兩, 又爲起第宅, 奴婢不可勝數. 衍猶怨薄曰:「吾爲若何成功, 而報我若是哉!」

〈人物圖〉(宋) 畫像磚

019(1-19) 旌旗飛天墮井
깃발이 날려 우물에 떨어지다

제북왕濟北王 유흥劉興이 모반의 뜻을 품고 막 병사를 일으켰을 때, 동쪽으로부터 큰바람이 불어와 그의 군기軍旗를 곧바로 날렸다. 깃발이 하늘로 날아올라 구름 속까지 들어갔다가 성城 서쪽 우물 속으로 떨어지는 것이었다.

이에 모든 말들은 모두 비명을 지르며 앞으로 나가려하지 않는 것이었다. 제북왕의 측근 이곽李廓 등이 철회할 것을 간언하였으나 북왕은 듣지 않았다. 그 뒤 북왕은 마침내 자살하는 지경에 이르고 말았다.

濟北王興居反, 始擧兵, 大風從東來, 直吹其旌旗, 飛上天入雲, 而墮城西井中; 馬皆悲鳴不進. 左右李廓等諫, 不聽. 後卒自殺.

【濟北王】 劉興居. 漢 高祖의 장자 劉肥(齊悼惠王)의 아들. 呂氏 일가의 횡포를 막고 文帝를 옹립한 공로로 濟北王에 봉해졌으나 자신의 공을 믿고 반란을 꾀하다가 실패하고 자살함. 《漢書》에 傳이 있음. 盧文弨 본 외에는 '濟陰王'으로 되어 있으나 《西京雜記校注》에 "濟北王, 除盧本外各本皆作濟陰王, 今據盧本及 史記, 漢書改"라 함.
【左右】 신변 가까이의 근신.
【李廓】 인명. 제북왕의 侍從.

1. 濟나라 北王이 모반을 일으키려 할 때, 불길한 징조가 나타난 사실과 아직 迷信的이었던 당시 사람들의 사상이 드러나 있음.

2. 《漢書》卷38 高五王傳 濟北王

濟北王興居初以東牟侯與大臣共立文帝於代邸, 曰:「誅呂氏, 臣無功, 請與太僕滕公俱入淸宮.」遂將少帝出, 迎皇帝入宮. 始誅諸呂時, 朱虛侯章功尤大, 大臣許盡以趙地王章, 盡以梁地王興居. 及文帝立, 聞朱虛, 東牟之初欲立齊王, 故黜其功. 二年, 王諸子, 乃割齊二郡以王章, 興居. 章, 興居意自以失職奪功. 歲餘, 章薨, 而匈奴大入邊, 漢多發兵, 丞相灌嬰將擊之, 文帝親幸太原. 興居以爲天子自擊胡, 遂發兵反. 上聞之, 罷兵歸長安, 使棘蒲侯柴將軍擊破, 虜濟北王. 王自殺, 國除.

〈交戰圖〉漢代 畫像磚 山東 沂南 門額에 그려진 문양

020(1-20) 弘成子文石
홍성자의 무늬 돌

오록충종五鹿充宗은 홍성자弘成子의 제자였다. 홍성자가 어렸을 때, 일찍이 어떤 사람이 그를 찾아와 무늬가 있는 돌을 하나 주었는데 크기는 제비 알만한 정도였다. 성자는 이를 삼키고 드디어 크게 명오明悟해져서 천하의 통유通儒가 되었다.

뒤에 성자가 병이 들자 이 돌을 토해내어 충종充宗에게 주었으며 충종도 역시 대학자碩儒가 되었다고 한다.

　　五鹿充宗受學於弘成子. 成子少時, 嘗有人過之, 授以文石, 大如鷰卵. 成子吞之, 遂大明悟, 爲天下通儒. 成子後病, 吐出此石, 以授充宗, 充宗又爲碩學也.

【五鹿充宗】五鹿은 複姓. 자는 君孟. 梁丘賀의《易》과《齊論語》를 전수한 인물. 玄菟郡守를 지냈으며《周易略說》3편의 저술이 있었으나 지금은 전하지 않음. 朱雲과 학문적인 논쟁을 벌인 일로 유명함.
【弘成子】서한 때의 유학자. 자세한 내용은 알 수 없음.
【過】'찾아가다. 방문하다'의 뜻.
【文石】무늬가 있는 돌. '文'은 '紋'과 같음.

1. 漢나라 때의 五鹿充宗과 弘成子가 무늬가 있는 돌을 삼킨 후 大學者가 되었다는
전설을 서술하고 있음.

2. 본《西京雜記》卷2. 048(2-17) 참조.

3.《漢書》百官公卿表, 藝文志, 朱雲傳, 佞幸傳, 京房傳 등 참조.

4.《太平廣記》卷137

漢五鹿充宗受學于弘成子. 成子少時, 嘗有人過己, 授以文石, 大如燕卵. 成子呑之,
遂大明悟, 爲天下通儒. 成子後病, 吐出此石, 以授充宗, 又爲名學也.

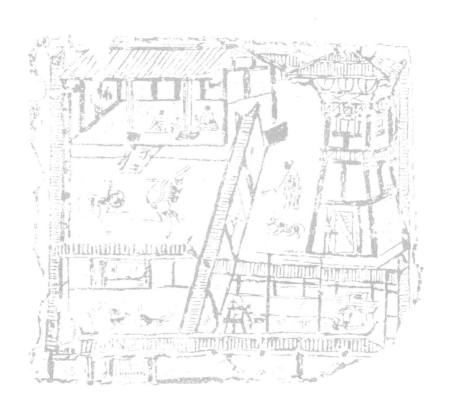

021(1-21) 黃鵠歌
황곡가

시원始元 원년元年에 황곡黃鵠이 태액지太液池에 내려와 앉았다. 이를
두고 소제昭帝가 이렇게 노래를 읊었다.

"황곡이 날아와 건장궁에 앉았네.　　　　　　黃鵠飛兮下建章

깃은 퍼덕퍼덕, 그 행동 춤추는 듯,　　　　　羽肅肅兮行蹡蹡

저고리는 황금색, 치마는 국화색　　　　　　金爲衣兮菊爲裳

연꽃 헤치며 먹는 소리 쩝쩝　　　　　　　　唼喋荷荇

자유로이 갈대 숲을 헤치며 다니네.　　　　　出入蒹葭

내 자신을 보건대 아무 재주 없건만　　　　　自顧菲薄

그대의 가상에 부끄러울 뿐일세."　　　　　　愧爾嘉祥

始元元年, 黃鵠下太液池. 上爲歌曰:

「黃鵠飛兮下建章,

　羽肅肅兮行蹡蹡,

　金爲衣兮菊爲裳;

　唼喋荷荇, 出入蒹葭,

　自顧菲薄, 愧爾嘉祥.」

【始元】 始元은 漢 昭帝 劉弗陵의 연호(B.C.86~B.C.81년). 원년은 B.C.86년.
【黃鵠】 고니. 天鵝라고도 함.
【上】 漢 昭帝를 가리킴. 재위는 B.C.86~B.C.74년.

【建章】 한나라의 궁궐, 漢 武帝 太初 원년(B.C.104)에 세웠으며 未央宮 서쪽에
  있음. 지금의 陝西省 長安縣 서쪽, 太液池는 건장궁 안의 서북쪽에 있음.
【肅肅】 象聲詞, 새가 날개를 퍼덕이는 소리.
【蹌蹌】 새가 날아오르는 모습을 나타낸 것.
【金爲衣兮菊爲裳】 황금색의 웃옷에 국화 색의 치마. 고니의 색깔을 표현한 것.
【噅喋】 무리를 지는 물고기나 새들이 먹이를 먹는 소리.
【荷荇】 연꽃과 행채. 荇은 水中植物로 흰 줄기에 붉은 잎이며 식용으로 씀.
【蒹葭】 갈대. 雙聲 聯綿語의 物名.
【非薄】 微薄하고 淺陋함. 쌍성연면어.
【爾】 대명사로 '너'.

참고 및 관련 자료

1. 漢 昭帝가 建章宮 太液池에 내려온 고니를 보고 지은 〈黃鵠歌〉에는 그의
홍분되고 기뻐하는 마음이 잘 드러나 있음.
2. 《漢書》 卷7 昭帝紀
始元元年春二月, 黃鵠下建章宮太液池中. 公卿上壽. 賜諸侯王, 列侯, 宗室金錢
各有差.

〈車馬紋〉 漢代 畫像磚 貴州 赫章縣 출토

022(1-22) 送葬用珠襦玉匣
주유옥갑으로 장례를 치르다

한漢나라 황제皇帝는 장례를 치를 때, 모두 주옥으로 장식한 옥으로 된 수의壽衣를 사용한다. 수의의 모양은 갑옷과 같은데 조각 조각의 이음새를 금실로 엮었다. 무제武帝의 옥의玉衣에는 교룡·용·난새·봉황·거북이·기린 등의 형상을 새겨 넣었다. 세상 사람들이 이 옥의를 '교룡옥갑蛟龍玉匣'이라 불렀다.

漢帝送死, 皆珠襦玉匣. 匣形如鎧甲, 連以金縷. 武帝匣上, 皆鏤爲蛟·龍·鸞·鳳·龜·麟之象, 世謂爲蛟龍玉匣.

【送死】 장례를 치름.
【珠襦玉匣】 원래 한대 帝王의 殮衣. 구슬로 엮고 옥으로 만듦.
【鎧甲】 갑옷, 철릭, 철갑.
【金縷】 금실, 금으로 실을 만든 것.
【鏤】 새김. 刻과 같음.
【蛟龍鸞鳳龜麟】 모두 고대 상서로운 짐승들.

참고 및 관련 자료

1. 한나라 황제가 死後에 입었던 화려한 壽衣에 대해 묘사하고 있다. 실제로 1968년에 河北省 滿城의 漢나라 中山王 劉勝 부부의 묘에서 발굴된 두 사람의 시신은 黃金玉衣를 입고 있었다. 황금수의는 각각 정교하게 다듬어진 이천여개의 직사각형 玉片을 네 귀퉁이에 작은 구멍을 뚫어 金실로 이어 붙여 만들었다.

또 이 수의는 시신에 입히기 좋게 얼굴부분, 목 부분, 손목, 앞가슴 등의 식으로
열 세 부분으로 분리되며 이 열세 부분의 테두리는 비단 천으로 마감되어 있음.

2. 《北堂書鈔》卷94

西京雜記: 帝及侯王送死, 皆珠襦玉匣.

〈職貢圖〉 蕭繹(그림) 페르시아 사신

023(1-23) 三雲殿
삼운전

성제成帝는 감천궁甘泉宮 자전紫殿에 운장雲帳·운악雲幄·운막雲幕을
세웠다. 세상 사람들은 이를 '삼운전三雲殿'이라 불렀다.

成帝設雲帳·雲幄·雲幕於甘泉紫殿, 世謂三雲殿.

【成帝】 西漢 제9대 황제 劉驁. 재위는 B.C.32～B.C.8년. 사치와 향락에 빠져
　정권이 외척에 의해 농단됨.《漢書》成帝紀 및 外戚傳 참조.
【雲帳·雲幄·雲幕】 구름 도안을 넣은 장막. 휘장들.
【甘泉】 궁궐 이름. 진시황 때 건립되었으며 한 무제가 증축함. 지금의 陝西省
　淳化縣 甘泉山에 있음.
【紫殿】 감천궁의 한 전각 이름. 한 무제이후 제왕들이 祭天行事와 朝會를 시행
　하던 곳.

■ 참고 및 관련 자료

1. 甘泉宮을 '三雲殿'이라 부르는 유래를 설명함.
2.《漢書》 卷10 成帝紀 참조.

024(1-24) 掖庭
액정

한漢나라 액정掖庭에는 월영대月影臺·운광전雲光殿·구화전九華殿·
명란전鳴鸞殿·개금각開襟閣·임지관臨池觀이 있다. 그 곳엔 명부에 올라
있지 않은 요염하고 아리따운 비빈妃嬪과 궁녀宮女들이 모두 기거하는
곳이었다.

漢掖庭有月影臺·雲光殿·九華殿·鳴鸞殿·開襟閣·臨池觀,
不在簿籍, 皆繁華窈窕之所棲宿焉.

【掖庭】 궁궐 안의 방. 비빈, 궁녀들이 사용하던 곳으로 미앙궁 안에 있음.
【鳴鸞殿】 鳴鸞殿, 鳴鸞은 원래 방울소리로 황제나 귀족의 出行을 의미하는 말.
【臨池觀】 건물 이름, 觀은 樓臺나 臺榭를 뜻함.
【簿籍】 비빈과 궁녀의 이름을 기록한 名冊, 名簿.
【窈窕】 '아리따운 여자'를 뜻하는 첩운연면어.《詩經》國風에 "窈窕淑女, 君子
好逑"라 함.

참고 및 관련 자료

1. 한나라 掖庭宮 안에 있는 樓臺와 殿閣, 그리고 그곳에 기거하는 사람들에
대해 서술하고 있음.
2.《後漢書》班彪傳(班固〈兩都賦〉)
「後宮則有掖庭, 椒房, 后妃之室.」注에 인용된《漢官儀: 婕妤以下皆居掖庭.」

025(1-25) 昭陽殿
소양전

조비연趙飛燕의 누이동생은 소양전昭陽殿에 살았다. 대청은 붉디붉었고 전殿에도 단칠丹漆을 하였으며, 문감門坎은 모두 구리로 감싸고 다시 금을 입혔으며 흰 옥으로 계단을 만들었다. 벽에 드러난 띠 모양의 횡목橫木은 금으로 둘러쳤으며 여기에 다시 남전藍田에서 나는 아름다운 옥을 박았고, 명주明珠와 비취색 새 깃털로 장식하였다. 횡목은 아홉 마리 금룡金龍을 장식하였고 그 금룡들은 구자금령九子金鈴이란 방울을 입에 물고 오색의 술을 드리우고 있었다. 그 띠는 자수紫綬로 묶여 있고 금은金銀으로 된 꽃 모양의 방울이 달려 있었다. 매번 바람이 좋은 날이면 채색 깃발의 광채는 온 궁전을 비추고 바람에 흔들리는 방울소리는 좌우를 놀라게 할 정도였다.

전殿 안에는 채색 그림의 나무로 만든 병풍이 놓여져 있다. 그 무늬는 마치 거미가 토해 놓은 실만큼이나 가는 것이었다. 또 옥궤玉几와 옥상玉床, 그리고 백색 상아象牙로 만든 돗자리, 녹색 곰 가죽으로 만든 자리가 있다. 가죽 자리의 곰 털은 2척尺여나 되어 사람이 잠잘 때 곰 털을 품에 안으면 몸이 가려져 멀리서 바라보면 보이지 않을 정도이고, 앉으면 곰 털에 무릎까지 빠진다. 게다가 자리 속에서 여러 가지 향기가 풍겨 그 자리에 한 번 앉게 되면 몸에 밴 향기가 백 날이 지나도 사라지지 않는다.

자리 사방에는 네 개의 옥으로 된 누르개가 있어 모두 밝고 투명하며 한 점의 얼룩도 없다. 창문의 장식은 대부분 녹색의 유리琉璃로서 역시 모두 밝고 투명하여 가느다란 머리카락 하나도 숨길 수 없다. 서까래에는 용과 뱀이 새겨져 있다. 그 용과 뱀이 둘둘 감고 있는 모습은 비늘과 껍질이 살아있는 듯 뚜렷하여 보는 사람은 누구도 두려워 떨지 않는 자가 없다. 장인匠人인 정완丁緩·이국李菊은 기예技藝가 교묘하기로 천하 제일이었다. 이들은 소양전을 준공하고 나서 그의 누나의 아들 번연년 樊延年에게만 축조 상황을 일러 주었으며, 다른 사람은 아는 이가 드물어 아무도 이들의 기예를 바르게 전수를 받지 못하였다.

趙飛鷰女弟居昭陽殿, 中庭彤朱, 而殿上丹漆, 砌皆銅沓黃
金塗, 白玉階, 壁帶往往爲黃金釭, 含藍田璧, 明珠翠羽飾之.
上設九金龍, 皆銜九子金鈴, 五色流蘇. 帶以綠文紫綬, 金銀花鑷.
每好風日, 幡旄光影, 照耀一殿; 鈴鑷之聲, 驚動左右. 中設木畫
屏風, 文如蜘蛛絲縷. 玉几玉床, 白象牙簟, 綠熊席. 席毛長二尺餘,
人眠而擁毛自蔽, 望之不能見, 坐則沒膝, 其中雜熏諸香, 一坐
此席, 餘香百日不歇. 有四玉鎭, 皆達照無瑕缺. 窗扉多是綠琉璃,
亦皆達照, 毛髮不得藏焉. 橡桷皆刻作龍蛇, 縈繞其間, 鱗甲分明,
見者莫不兢慄. 匠人丁緩·李菊, 巧爲天下第一, 締構旣成, 向其
姊子樊延年說之, 而外人稀知, 莫能傳者.

【趙飛鷰女弟】조비연(?~B.C.1)은 長安人으로 원래 몸이 나는 제비처럼 가볍다
　하여 飛燕이라 하였으며 成帝의 눈에 띄어 총애를 입어 皇后의 지위에까지
　올랐다. 그 동생 合德 역시 성제에게 불려가 昭儀가 됨.《漢書》外戚傳, 031(1-31)
　참조.
【昭陽殿】한 무제가 세운 8개 後宮 중의 하나. 성제 때 조비연 자매가 거함.
【彤】주홍색.
【沓】밖을 쌈.《漢書》顏師古의 주에 "沓, 冒其頭也"라 함.

【壁帶往往爲黃金釭】顏師古 주에 "壁帶, 辟之橫木露出如帶者也. 於壁帶之中, 往往以金爲釭. 若車釭之形也. 其釭中著玉壁, 明珠, 翠羽耳"라 함.

【藍田】산 이름. 지금의 陝西省 藍田縣 동쪽에 있으며 美玉이 생산되는 곳으로 유명함.

【九金龍】금으로 장식한 용모양의 장식 아홉 개.

【流蘇】수레나 말의 장식물, 혹은 느려뜨려진 모습. 첩운연면어.

【綬】노장이나 옥을 꿰는 끈.

【鑷】방울의 일종.

【簟】자리.

【玉鎭】자리 귀퉁이를 눌러 안정시키는 물건. 옥으로 만들어 사치를 부린 것.

【瑕缺】옥의 반점. 무늬.

【橡桷】의자 위에 설치한 조각. 둥근 것을 '橡', 모난 것을 '桷'이라 함.

【丁綏】당시 이름난 名匠.(029참조).《太平廣記》에는 '丁媛'으로, 그리고 《初學記》에는 '丁護'으로 되어 있음.

【李菊】역시 뛰어난 匠人의 이름.

【向其姊子樊延年】번연년은 인명. 이 부분은 脫文이 있는 것으로 보이며 자세한 내용은 알 수 없음.

참고 및 관련 자료

1. 趙飛燕의 동생 趙昭儀가 기거하던 昭陽殿의 화려한 모습과 소양전에서 사용하던 화려하고 사치한 기물들에 대한 세세한 묘사를 통해 조비연 자매가 成帝에게 얼마나 총애를 받았는지 알 수 있는 내용임.

2.《漢書》卷97(下) 外戚傳(下) 孝成趙皇后
皇后旣立, 後寵少衰, 而弟絶幸, 爲昭儀. 居昭陽舍, 其中庭彤朱, 而殿上髹漆, 切皆銅沓黃金塗, 白玉階, 壁帶往往爲黃金釭, 函藍田璧, 明珠, 翠羽飾之, 自後宮未嘗有焉. 姊弟顓寵十餘年, 卒皆無子.

3.《初學記》卷25
昭陽殿木畫屏風, 如蜘蛛絲縷.

026(1-26) 珊瑚高丈二
산호의 높이가 두 길이나 되다

적초지積草池에 산호수珊瑚樹가 하나 있었다. 길이는 한 길 두 자였고, 한 줄기에 가지가 셋인 형상으로 그 가지 위에는 다시 사백 육십 이 개의 잔가지가 있었다. 이 나무는 남월왕南越王 조타趙佗가 바친 것이었으며 '화봉수烽火樹'라 불렸다. 밤이 되면 그 나무가 내는 광채가 마치 불타오르려 하는 것 같았다.

積草池中有珊瑚樹, 高一丈二尺, 一本三柯, 上有四百六十二條. 是南越王趙佗所獻, 號爲烽火樹. 至夜, 光景常欲燃.

【積草池】 漢代 上林苑의 十苑 중의 하나. 혹은 '積翠池'의 誤記가 아닌가 함.
【珊瑚】 열대 해양 생물 중의 하나인 腔腸 동물의 골격이 서로 이어져 나무와 같은 형상을 이루어 산호수라 함.
【柯】 가지.
【南越王趙佗】 南越은 南粤로도 쓰며 지금의 廣東, 廣西, 越南 북부일대의 옛 나라 이름. 秦末에 천하가 어지러워지자 南海郡尉였던 趙佗가 자립하여 南越武王이라 함. 漢 高祖가 들어서서 陸賈를 시켜 토벌케 하였으나 다시 명맥을 이어 成帝 때까지 이어짐.
【烽火樹】 산호수의 형상이 마치 봉화 불이 솟아오르는 모습과 같음.
【光景】 다른 본에는 '光影'으로 되어 있음.

1. 한나라 초 남월왕이 진상한 산호수의 크기와 모양, 그리고 그 신기한 모습을
서술하고 있음.

2. 《玉海》 권171에는 《三輔黃圖》를 인용하여 같은 내용을 싣고 있음.

3. 《史記》 卷113 南越列傳 참조.

4. 《漢書》 卷95 兩粵列傳 참조.

5. 《太平廣記》 卷403

漢積草池中, 有珊瑚, 高一丈二尺, 一本三柯, 上有四百六十三條. 是南越王趙佗
所獻, 號曰烽火樹. 夜有光, 常欲燃.

〈外賓圖〉 1971 陝西 乾縣 章懷太子墓 출토

027(1-27) 玉魚動蕩
옥으로 만든 물고기가 동탕하다

곤명지昆明池에는 옥석玉石을 조각하여 고래를 만든 것이 있었다. 그런데 매번 우레가 치고 비가 올 때면 이 고래는 울부짖고 그 지느러미· 꼬리가 요동하였다. 한漢나라 때는 이 석경石鯨에게 제사를 지내어 비가 오기를 기구하였는데 왕왕 효험이 있었다.

昆明池刻玉石爲鯨魚, 每至雷雨, 魚常鳴吼, 鬐尾皆動. 漢世祭之以祈雨, 往往有驗.

【鯨魚】 고래. 여기서는 옥으로 조각하여 만든 고래 형상.
【鬐尾】 지느러미와 꼬리.
【祈雨】 원본은 '祀雨'로 되어 있음. 기우와 같은 뜻.

참고 및 관련 자료

1. 昆明池에 있는 玉鯨이 살아있는 듯 생동하게 묘사되어 있음.
2. 본 玉鯨은 원래 陝西省 長安縣 開端莊에 있었으나 지금은 陝西省博物館에 보관되어 있음.
3. 《太平廣記》 卷466
昆明池, 刻石爲鯨魚, 每至雷雨, 魚常鳴吼, 鬐尾皆動. 漢世祭之以祈雨, 往往有驗.

028(1-28) 上林名果異木
상림원의 명과이목

한漢 무제武帝가 처음에 상림원上林苑을 수축할 때 여러 신하들과 먼 나라들이 각기 유명하고 귀한 과실나무와 진기한 수목들을 바쳤다. 이들 나무들에게 아름다운 이름을 붙여서 그 기려함을 표현한 것들이 있다. 즉,

배나무梨 열 종류:

자리紫梨・청리(靑梨. 열매가 큼)・방리(芳梨. 열매가 작음)・대곡리大谷梨・세엽리細葉梨・표엽리縹葉梨・금엽리(金葉梨. 琅琊郡 王野의 집에서 난 것을 太守 王唐이 바친 것)・한해리(瀚海梨. 瀚海 이북에서 나며 추위에 강하고 시들지 않음)・동왕리(東王梨. 海中에서 남)・자조리紫條梨.

대추나무棗 일곱 종류:

약지조弱枝棗・옥문조玉門棗・당조棠棗・청화조靑華棗・영조樗棗・적심조赤心棗・서왕조(西王棗. 崑崙山에서 나옴).

밤나무栗 네 종류:

후률侯栗・진률榛栗・괴률瑰栗・역양률(嶧陽栗. 嶧陽都尉 曹龍이 바친 것으로 주먹만큼 큼).

복숭아나무桃 열 종류:

진도秦桃・사도櫨桃・상핵도緗核桃・금성도金城桃・기엽도綺葉桃・자문도紫文桃・상하도(霜下桃. 서리가 내린 후 먹을 수 있음)・호도(胡桃. 西域에서 남)・앵도櫻桃・함도含桃.

오얏나무李 열 다섯 종류:

자리紫李·녹리綠李·주리朱李·황리黃李·청기리靑綺李·청방리靑房李·
동심리同心李·차하리車下李·함지리含枝李·금지리金枝李·안연리
(顏淵李. 魯 땅에서 나옴)·강리羌李·연리燕李·만리蠻李·후리侯李.

능금나무柰 세 종류:

백내白柰·자내(紫柰. 꽃이 자줏빛)·녹내(綠柰. 꽃이 녹색).

산사나무査 세 종류:

만사蠻査·강사羌査·후사猴査.

돌감나무椑 세 종류:

청비靑椑·적엽비赤葉椑·오비烏椑.

팥배나무棠 네 종류:

적당赤棠·백당白棠·청당靑棠·사당沙棠.

매화나무梅 일곱 종류:

주매朱梅·자엽매紫葉梅·자화매紫華梅·동심매同心梅·여지매麗枝梅·
연매燕梅·후매猴梅.

살구나무杏 두 종류:

문행(文杏. 나무에 아름다운 색채가 있음)·봉래행(蓬萊杏. 東郡都尉 于吉이
바친 것. 한 그루의 나무에 핀 꽃이 다섯 가지 빛깔이 섞여 있고 여섯 개의
꽃잎이 나며 仙人이 먹는 것이라 함).

오동나무桐 세 종류:

의동椅桐·오동梧桐·형동荊桐.

능금나무林檎 열 그루.
비파나무枇杷 열 그루.
등자나무橙 열 그루.

석류나무安石榴 열 그루.

문배나무樗 열 그루.

백은수白銀樹 열 그루.

황은수黃銀樹 열 그루.

홰나무槐 육백 사십 그루.

천년장생수千年長生樹 열 그루.

만년장생수萬年長生樹 열 그루.

부로나무扶老木 열 그루.

수궁괴守宮槐 열 그루.

금명수金明樹 스무 그루.

요풍수搖風樹 열 그루.

명풍수鳴風樹 열 그루.

유리수琉璃樹 열 그루.

지리수池離樹 열 그루.

이루수離婁樹 열 그루.

백유白俞·도두梌杜·도계梌桂·촉칠수蜀漆樹 열 그루.

녹나무楠 네 그루.

전나무樅 일곱 그루.

노송나무栝 열 그루.

설나무楔 네 그루.

단풍나무楓 네 그루.

내가 상림령上林令 우연虞淵으로부터 조정의 관리들이 바친 나무 명칭 이천여 종을 얻었다. 그런데 이웃 사람 석경石瓊이 나에게 나무 목록을 빌려달라고 하여 빌려 주었다가 뒤에 그만 모두 잃어버리고 말았다. 이에 지금 내가 기억하고 있는 것을 위에 열거한 것이다.

初修上林苑, 群臣遠方, 各獻名果異樹, 亦有製爲美名, 以標奇麗者.

梨十: 紫梨·青梨(實大)·芳梨(實小)·大谷梨·細葉梨·縹葉梨·金葉梨(出琅琊王野家, 太守王唐所獻)·瀚海梨(出瀚海北, 耐寒不枯)·東王梨(出海中)·紫條梨.

棗七: 弱枝棗·玉門棗·棠棗·青華棗·梬棗·赤心棗·西王母棗(出崑崙山).

栗四: 侯栗·榛栗·瑰栗·嶧陽栗(嶧陽都尉曹龍所獻, 大如拳).

桃十: 秦桃·櫻桃·緗核桃·金城桃·綺葉桃·紫文桃·霜下桃(霜下可食)·胡桃(出西域)·櫻桃·含桃.

李十五: 紫李·綠李·朱李·黃李·青綺李·青房李·同心李·車下李·含枝李·金枝李·顏淵李(出魯)·羌李·燕李·蠻李·侯李.

奈三: 白奈·紫奈(花紫色)·綠奈(花綠色).

查三: 蠻查·羌查·猴查.

椑三: 青椑·赤葉椑·烏椑.

棠四: 赤棠·白棠·青棠·沙棠.

梅七: 朱梅·紫葉梅·紫華梅·同心梅·麗枝梅·燕梅·猴梅.

杏二: 文杏(材有文采)·蓬萊杏(東郡都尉于吉所獻. 一株花雜五色, 六出, 云是仙人所食).

桐三: 椅桐·梧桐·荊桐.

林檎十株.

枇杷十株.

橙十株.

安石榴十株.

檸十株.

白銀樹十株.

黃銀樹十株.

槐六百四十株.

千年長生樹十株.

萬年長生樹十株.

扶老木十株.

守宮槐十株.

金明樹二十株.

搖風樹十株.

鳴風樹十株.

琉璃樹十株.

池離樹十株.

離婁樹十株.

白榆·榆杜·榆桂·蜀漆樹十株.

楠四株.

樅七株.

栝十株.

楔四株.

楓四株.

余就上林令虞淵得朝臣所上木名二千余種. 鄰人石瓊就余求借, 一皆遺棄. 今以所記憶, 列於篇右.

【上林苑】漢 武帝 建元 3년(B.C.137)에 秦나라 때의 舊苑을 고쳐 지은 것. 지금의 陝西省 長安縣과 周至縣에 걸쳐 있음.

【遠方】변경 속국과 각 제후국.

【大谷梨】大谷은 지명. 지금의 河南省 洛陽市 동남쪽. 배의 산지로 유명함.

【琅琊】군 이름. 지금의 산동반도 동남지역 일대.

【王野】인명. 자세한 내용은 알 수 없음.

【王唐】인명.

【瀚海】북쪽의 바이칼호, 후룬(Khulun)호를 말함.

【東王梨】東王은 신화 속의 東王公. 東王梨는 이 신선이 먹던 배라는 뜻.

【玉門棗】玉門은 지명. 지금의 河西走廊의 서부, 玉門關이 있는 곳.

【㮏棗】대추의 일종. 軟棗라고도 함.

【西王母棗】西王母는 신화 속의 여자. 崑崙山에 살았으며 周 穆王과 雲雨之情의 고사를 남김.

【嶧陽栗】역양은 지명. 지금의 산동성 鄒縣 동남.

【秦桃】지금의 陝西, 甘肅, 寧夏 일대에서 나는 복숭아.

【榹桃】山桃, 혹은 毛桃라고도 함.

【金城桃】금성은 지금의 甘肅省 皋蘭縣 일대.

【含桃】櫻桃. 《禮記》月令 "羞以含桃"의 鄭玄 주에 "今之櫻桃"라 함. 한편 《本草綱目》30 '櫻桃'에는 "其顆如瓔珠, 故謂之櫻, 而許愼作鸎所含食, 故又曰 含桃"라 함.

【車下李】郁李. 康棣라고도 함.

【顔淵李】안연은 孔子 제자(B.C.521~B.C.490). 그와 관련된 오얏의 일종으로 여겨짐.

【羌李】羌族이 살던 곳의 오얏.

【燕李】지금의 河北, 遼寧 일대의 오얏.

【蠻李】남쪽 출산의 오얏.

【柰】사과의 일종.

【查】楂. 즉 山楂나무의 열매.

【椑】감의 일종. 油柿라고도 함.

【棠】棠梨. 甘棠나무의 열매.

【文杏】 살구의 일종.

【蓬萊杏】 봉래는 고대 三神山의 하나.

【東郡】 한대의 군이름. 지금의 山東省 剡城縣.

【干吉】 '于吉'이 아닌가 함. 자세한 사적은 알 수 없음.

【林檎】 능금.

【梣】 문배나무. 능금나무과에 속하는 落葉喬木.

【扶老木】 대나무와 비슷하게 생긴 나무로 마디가 있음. 다듬지 않고도 지팡이로 사용할 수 있어 '부로목'이라 함.

【守宮槐】 홰나무의 일종.

【白楡】 느릅나무의 일종.

【樅】 冷杉이라고도 함.

【栝】 檜樹. 圓柏이라고도 함.

【楔】 소나무처럼 생겼으며 가시가 있는 나무.

【余】 본 《西京雜記》의 작자.

【虞淵】 인명. 상림원을 관리하는 官員.

【石瓊】 인명. 자세한 내용은 알 수 없음.

【篇右】 고대 책은 右綴이어서 "오른 쪽에 이상의 내용을 실었다"는 말. 上文, 前文과 같음.

참고 및 관련 자료

1. 漢 武帝는 秦나라 때부터 있던 苑囿을 넓혀서 上林苑을 축조하여 皇帝들이 여기서 수렵하도록 하였다. 주위가 삼백 리나 되는 이 상림원에는 각종의 진기하고 기이한 날짐승과 길짐승, 과실수와 나무가 있었다. 西漢의 賦 作家 司馬相如는 〈上林賦〉를 지어 풍부한 産物, 천태만상의 景觀을 노래하여 漢 皇室의 위용을 드러내었다. 본 장에서는 상림원에 심어진 많은 신하와 속국들에서 바친 진기한 나무를 묘사하여 당시 한나라 황실의 드높은 위세를 드러내고 있다.

2. 《酉陽雜俎》 卷16 「廣動植之一」 唐 段成式
葛稚川嘗就上林令魚泉得朝臣所上草木名二十餘種.

3. 梁 任昉 《述異記》上과 《太平御覽》 卷695, 969에도 실려 있음.

4.《藝文類聚》

⑴ 西京雜記: 漢武修上林苑, 群臣各獻其果樹: 有合枝李朱李黃李靑房李燕李
獲李沉朱李浮素李.(권86)

⑵ 西京雜記: 漢武初修上林苑, 群臣各獻果: 有緗核桃紫文桃金城桃.(권86)

⑶ 上林有雙梅紫梅同心梅麗枝梅.(太平御覽九百七十作西京雜記曰)(권86)

⑷ 武帝平百越, 以爲園圃, 民獻橘柚.(本條明本作西京雜記.)(권86)

⑸ 西京雜記曰: 上林苑有文杏, 謂有文彩也.(권87)

⑹ 西京雜記曰: 上林苑有蓬萊杏. 東海都尉于台, 獻杏一株. 花雜五色, 六出.
云是仙人所食者.(권87)

⑺ 西京雜記曰: 上林苑有魁栗雙栗椶栗榛栗.(권87)

〈風俗圖〉(漢) 畫像磚

029(1-29) 常滿燈・被中香爐
상만등과 피중향로

　기예가 뛰어난 장안長安 사람 장인匠人 정완丁緩이 '상만등常滿燈'을
만들었다. 등 위에 일곱 마리 용, 다섯 마리 봉황을 새기고, 연꽃·연뿌리
등 기이한 무늬도 여기에 더해 새겨 넣었다.
　또 '와욕향로臥褥香爐'라는 것을 만들었는데 '피중향로被中香爐'라고도
한다. 이러한 향로는 본래 방풍房風이 처음 만들었으나 그의 향로 제작
방법은 뒤에 단절되었다가 정완에 이르러서야 다시 만들기 시작하게
되었다. 향로에는 기계식의 고리가 달려 있어 사방으로 방향을 바꿀
수 있으면서도 향로의 몸체는 늘 수평을 유지하며, 이부자리에도 놓을
수 있어 그러한 이름이 붙여진 것이다.
　또 그는 '구층박산향로九層博山香爐'를 만들었다. 향로 위에는 기괴한
새와 짐승을 새겨 넣었으며 각종의 진기하고 신기한 것을 다 갖추었고
모두 저절로 움직이도록 되어 있었다.
　그는 또 '칠륜선七輪扇'도 만들었는데 일곱 개의 바퀴가 서로 연속적
으로 돌게 되어 있었다. 이 바퀴는 크기가 모두 직경이 한 길이나
되고 서로 연결되어 있다. 한 사람이 칠륜선을 돌리면 온 실내의 사람이
추워서 떨 정도로 시원한 바람이 일었다.

　長安巧匠丁緩者, 爲常滿燈, 七龍五鳳, 雜以芙容蓮藕之奇.
又作臥褥香爐, 一名被中香爐. 本出房風, 其法後絶, 至緩始更
爲之. 爲機環, 轉運四周, 而爐底常平, 可置之被褥, 故以爲名.
又作九層博山香爐, 鏤爲奇禽怪獸, 窮諸靈異, 皆自然運動. 又作
七輪扇, 連七輪, 大皆徑丈, 相連續, 一人運之, 滿堂寒顫.

【丁緩】 뛰어난 건축가. 목수 장이. 025 참조.《太平廣記》에는 ‘丁媛’으로, 《初學記》에는 ‘丁謾’으로 되어 있음.

【七龍】 혹 ‘九龍’으로 된 판본도 있음.

【房風】 인명. 자세한 내용은 알 수 없음.

【更】 다시. 또.

【機環】 機輪. 바퀴. 빙글빙글 돌게 만들어진 기구.

【博山】 원래는 고대 기물 표면을 조각하여 중첩된 산의 형상을 표현한 장식을 ‘박산’이라 하였음. 예로 博山香爐, 銅博山 등이 있음.

【徑丈】 ‘徑尺’으로 된 판본도 있음.

【寒顫】 떨림. 추위를 느낌. ‘寒凜’으로 된 판본도 있음.

참고 및 관련 자료

1. 匠人 丁緩이 만든 常滿燈, 臥褥香爐, 九層博山香爐, 七輪扇 등의 정교함에 대해 묘사하고 있음.

2.《太平廣記》卷236

長安巧工丁媛者, 爲恒滿燈, 七龍五鳳, 雜以芙容蓮藕之屬. 又作臥褥香爐, 又一名被中香爐. 本出房風, 其法後絶, 至媛始更爲之. 設機環, 轉運四周, 而爐體常平, 可置之被褥, 故取被褥以爲名. 又作九層博山香爐, 鏤刻爲奇禽怪獸, 窮諸靈異, 皆能自然運動. 又作七輪扇, 其輪, 大皆徑尺丈, 遞相連續, 一人運之, 滿堂寒凜焉.

3.《初學記》卷25

長安巧工丁謾, 作恒滿燈, 九龍五鳳, 雜以芙蓉蓮藕之奇.

4.《初學記》卷25

長安巧手丁謾者, 作臥褥香爐, 一名被中香爐. 本出房風, 爲機環轉者. 運四週. 又曰, 丁謾作九層博山香爐, 鏤以奇禽怪獸, 皆自然能動.

030(1-30) 飛燕昭儀贈遺之侈
조비연에게 준 소의의 사치로운 선물들

조비연趙飛燕이 황후가 되자 비연의 여동생 조소의趙昭儀가 소양전昭陽殿에서 언니 비연에게 편지를 보냈다.

"오늘 이 좋은 날에 언니가 영광스럽게도 책봉을 받아 황후가 되시니 삼가 다음과 같은 예물禮物 서른 다섯 가지를 보내어 뛸 듯이 기쁜 제 마음을 표합니다."

금화 장식이 있는 자줏빛 둥근 모자金華紫輪帽.

금화 장식이 있는 자줏빛 명주 너울金華紫羅面衣.

직성금으로 만든 짧은 윗저고리織成上襦.

직성금으로 만든 치마織成下裳.

다섯 가지 빛깔로 만든 명주 끈五色文綬.

원앙을 수놓은 짧은 윗옷鴛鴦襦.

원앙무늬를 수놓은 이불鴛鴦被.

원앙무늬를 수놓은 깔개鴛鴦褥.

금사가 섞인 색실로 수놓은 배자金錯繡襠.

일곱 가지 보석으로 장식한 끈 있는 신발七寶綦履.

다섯 빛깔 무늬가 있는 옥반지五色文玉環.

동심무늬가 새겨 일곱 가지 보석으로 장식한 비녀同心七寶釵.

황금으로 만든 머리장식 보요黃金步搖.

합환 둥근 귀고리合歡圓璫.

호박으로 장식한 베게琥珀枕.

거북껍질 무늬가 있는 베게龜文枕.

한 쪽이 트인 산호 고리珊瑚玦.

마노 가락지馬腦彄.

운모로 장식한 부채雲母扇.

공작무늬의 부채孔雀扇.

비취색 깃털의 부채翠羽扇.

아홉 가지 꽃무늬를 놓은 부채九華扇.

오명선五明扇.

운모로 장식한 병풍雲母屏風.

유리로 장식한 병풍琉璃屏風.

오층의 금으로 만든 박산향로五層金博山香爐.

회풍선迴風扇.

야자수 나뭇잎으로 만든 돗자리椰葉席.

동심매同心梅.

함지리含枝李.

청목향靑木香.

침수향沈水香.

향라 껍질로 만든 술 담는 그릇(香螺卮. 南海에서 나며 丹螺라고도 함).

구진군에서 나는 웅사향九眞雄麝香.

칠지등七枝燈.

趙飛燕爲皇后, 其女弟在昭陽殿遺飛燕書曰:

「今日嘉辰, 貴姊懋膺洪冊, 謹上襚三十五條, 以陳踊躍之心」.

金華紫輪帽.

金華紫羅面衣.

織成上襦.

織成下裳.

五色文綬.

鴛鴦襦.

鴛鴦被.

鴛鴦褥.

金錯繡襠.

七寶縶履.

五色文玉環.

同心七寶釵.

黃金步搖.

合歡圓璫.

琥珀枕.

龜文枕.

珊瑚玦.

馬腦彄.

雲母扇.

孔雀扇.

翠羽扇.

九華扇.

五明扇.

雲母屏風.

琉璃屏風.

五層金博山香爐.

迴風扇.

椰葉席.

〈樹木嶺人形莖銅短劍〉(戰國)
湖南博物館 소장

同心梅.

含枝李.

青木香.

沈水香.

香螺卮(出南海, 一名丹螺).

九眞雄麝香.

七枝燈.

【嘉辰】좋은 날. 吉日. '축하할 날'이라는 뜻.

【懋】茂와 같음. 盛大함.

【膺】承과 같음. 接受하다의 뜻.

【洪冊】황후에 책봉된 것을 말함.

【襚】원래는 死者에게 입히는 衣物이나 뒤에 예물을 뜻하는 말로 바뀜.

【面衣】먼 여행 때 추위를 막는 물건. 宋 高承의《事物紀原》3의 "冠冕首飾帷帽"에 "又有面衣, 前後全用紫羅爲幅下垂, 雜他色爲四帶, 垂於背. 爲女子遠行乘馬之用. 亦曰面帽"라 함.

【襦】단삼 겉에 입는 옷.

【鴛鴦襦・鴛鴦被・鴛鴦褥】원앙무늬를 넣은 겉옷과 이불, 자리.

【繡襠】수를 놓은 조끼류.

【綦履】실로 짠 신발.

【步搖】수식물의 일종으로 걸을 때 흔들리게 되어 있음.《釋名》釋首飾에 "步搖, 上有垂珠, 步則搖動也"라 함.

【璫】귀고리.

【馬腦彄】마노로 만든 가락지. 馬腦는 瑪瑙와 같음.

【雲母扇】운모로 장식한 부채.

【九華扇】부채 이름. 曹植의《九華扇賦序》에 "昔吾先君常侍, 得幸漢桓帝, 帝賜尙方竹扇, 不方不圓, 其中織成文, 名曰九華"라 함.

【五明扇】 부채 이름. 晉 崔豹의 《古今注》上 '輿服'에 "五明扇, 舜所作也. 旣受堯禪, 廣開視聽, 求賢人以自輔, 故作五明扇焉. 秦漢公卿士大夫皆得用之. 魏晉非乘輿(皇帝)不得用也"라 함.

【靑木香】 蜜香木의 향수.

【沈水香】 沈香과 같음.

【卮】 술잔.

【九眞】 漢 武帝가 南越을 평정하고 설치한 九郡의 하나.

【七枝燈】 일곱 개의 등불이 얹힌 멋진 등잔.

참고 및 관련 자료

1. 趙昭儀가 자신의 언니 趙飛燕이 皇后가 됨에 예물 목록이 쓰여진 축하 편지를 보낸 것. 갖가지 진기하고 귀중한 예물들을 통해 당시 成帝의 총애를 받은 趙昭儀의 생활의 화려함과 사치를 알 수 있음.

2. 《漢書》 卷97下 外戚傳(下) 孝成趙皇后

許皇后之廢也, 上欲立趙倢伃. 皇太后嫌其所出微甚, 難之. 太后姊子淳于長爲侍中, 數往來傳語, 得太后指, 上立封趙倢伃父臨爲成陽侯. 後月餘, 乃立倢伃爲皇后. 追以長前白罷昌陵功, 封爲定陵侯.

3. 《太平廣記》 卷236

趙飛燕爲皇后, 其女弟昭儀在昭陽殿, 遺飛燕書曰:「今日嘉辰, 貴姊懋膺洪冊, 上貢三十五條, 以陳踊躍之至」. 金華紫輪帽. 金華紫羅面衣. 織成下裾. 同心七寶釵. 七寶綦履. 玉環. 五色文綬. 鴛鴦襦. 雲母屛風. 琉璃屛風. 雲母七寶扇. 琥珀枕. 龜文枕. 金錯綉襠. 琉璃瑪瑙彄. 珊瑚玦. 黃金步搖. 金博山爐. 七支燈. 廻風席. 茹葉席. 金浦圓璫. 孔雀扇. 五明扇. 九華扇. 同心梅. 合枝李. 三淸木香. 螺卮. 麝香. 沈水香. 九眞黃. 鴛鴦襦及被.

4. 《初學記》 卷25

趙飛燕爲皇后, 其女弟上遺雲母屛風, 廻風席, 七華扇.

031(1-31) 寵擅後宮
후궁의 총애를 독차지하다

조황후趙皇后는 몸매가 가볍고 허리가 나긋나긋하며 행보하거나 진퇴하는 것이 모두 우아하였으나, 황후의 동생인 소의昭儀는 그에 미치지 못하였다. 그러나 소의는 체격이 가냘프고 피부가 풍윤豐潤하였으며 특히 말솜씨와 미소짓는 면에서는 뛰어났다. 언니와 동생 두 사람의 용모는 모두 홍옥紅玉과 같아 당시 천하 제일의 미녀로서 둘 모두 후궁 가운데서 특별히 총애를 받았다.

趙后體輕腰弱, 善行步進退, 女弟昭儀不能及也. 但昭儀弱骨豐肌, 尤工笑語. 二人並色如紅玉, 爲當時第一, 皆擅寵後宮.

【趙后】조황후. 趙飛燕. 成帝의 황후.
【行步】걷는 모습.
【工】뛰어남. 工巧함.

참고 및 관련 자료

1. 成帝의 특별한 총애를 받았던 趙飛燕 자매의 교태롭고 아름다운 모습, 그리고 두 사람의 용모나 자태의 다른 점을 서술하고 있음.
2. 《漢書》 卷97(下) 外戚傳 孝成趙皇后
初生時, 父母不擧, 三日不死, 乃收養之. 及壯, 屬河陽主家, 學歌舞, 號曰飛燕. 成帝嘗微行出, 過河陽主, 作樂. 上見飛燕而說之, 召入宮, 大幸. 有女弟復召入, 俱爲倢伃, 貴傾後宮.

3.《太平廣記》卷272

漢趙飛鸞, 體輕腰弱, 善行步進退, 女弟昭儀, 不能及也. 但弱骨豐肌, 尤笑語.
二人並色如紅玉, 當時第一, 擅殊寵後宮.

〈白陶鬶〉(新石器, 大汶口文化) 1959 山東 泰安 大汶口 출토

서경잡기

西京雜記

卷二 〈032-062〉

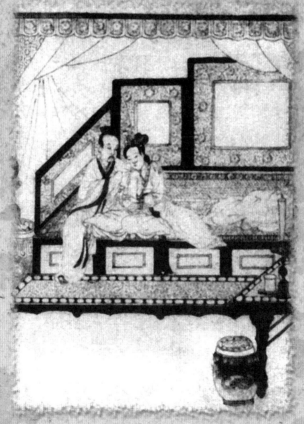

〈漢宮春曉〉 成帝와 趙飛燕의 애정을 그린 것. 明, 尤求(그림)

032(2-1) 畫工棄市
화공이 기시를 당하다

한漢 원제元帝에게는 후궁이 너무 많아 평소 이들을 다 불러 볼 수가 없었다. 이에 원제는 화공畫工을 시켜 후궁들의 얼굴을 그려오게 하여 그 그림을 근거로 불러 보게 되었다. 그러자 여러 궁녀들은 누구 할 것 없이 화공에게 뇌물을 갖다 바쳤다. 그 뇌물 금액은 많게는 십만 금金, 적어도 오만 금 이하는 없었다.

그런데 왕장王嬙만은 그런 행동을 수긍하지 않고 버티어 결국 원제에게 한번도 불려가지 못하였다. 그 뒤 흉노匈奴가 한나라 조정에 입조하여 한나라 미녀를 구해 자신의 처關者로 삼겠다고 요구하였다. 이에 원제는 그림에 의거하여 왕소군王昭君, 王嬙을 보내기로 결정하였다.

떠날 날이 되어 원제가 왕소군을 불러 보고는 비로소 그의 미모가 후궁의 제일이며 응대應對에도 뛰어나고 행동거지도 한아閑雅함을 알게 되었다. 원제는 후회스러웠지만 이미 명적名籍에 그 이름이 확정되었고 게다가 원제 자신이 외국에게 신임을 중시하는 터라 다른 궁녀로 바꿀 수도 없었다.

이에 원제는 이 일을 철저히 따져 화공들을 모두 기시棄市의 형벌에 처하고 그들 집안을 몰수하였는데 화공들은 모두가 그 재물이 거만금 巨萬金씩이나 되었다. 화공 중에 두릉杜陵 출신 모연수毛延壽는 사람의 형상을 그리기에 뛰어나 추하고 예쁘고 늙고 젊은 모습을 아주 그 사실대로 그려내었다.

또 안릉安陵 사람 진창陳敞, 신풍新豊 사람 유백劉白, 공관龔寬은 모두가 소나 말, 나는 새를 잘 그렸으며 인물의 초상화에도 뛰어나 예쁘게,

혹은 추하게 그려내는 솜씨가 모연수에게 뒤지지 않았다. 그리고 하두下杜 사람 양망陽望 역시 그림에 뛰어났으며, 그는 특히 포색布色에 장기를 가지고 있었다. 그리고 번육樊育 역시 포색에 뛰어난 재주를 가지고 있었다. 이들이 모두 같은 날 기시의 형에 처해지자 경사京師의 화공들이 그 숫자가 이에 점차 줄어들고 말았다.

元帝後宮旣多, 不得常見, 乃使畫工圖形, 案圖召幸之. 諸宮人皆賂畫工, 多者十萬, 少者亦不減五萬, 獨王嬙不肯, 遂不得見. 匈奴入朝求美人爲閼氏, 於是上案圖以昭君行. 及去, 召見, 貌爲後宮第一, 善應對, 擧止閑雅, 帝悔之. 而名籍已定, 帝重信於外國, 故不復更人. 乃窮案其事, 畫工皆棄市, 籍其家, 資皆巨萬. 畫工有杜陵毛延壽, 爲人形, 醜好老少, 必得其眞. 安陵陳敞, 新豊劉白・龔寬, 並工爲牛馬飛鳥, 亦肖人形, 好醜不逮延壽. 下杜陽望亦善畫, 尤善布色. 樊育亦善布色. 同日棄市. 京師畫工, 於是差稀.

【元帝】이름은 劉奭(B.C.76~B.C.33). 재위는 B.C.49~B.C.33년. 儒家를 좋아하였으며 우유부단한 성격이었다 함. 환관 弘恭, 石顯 등을 등용하여 西漢의 쇠락을 재촉함. 《漢書》 元帝紀 참조.
【後宮】원래는 황제의 妃嬪이 거처하는 後庭. 여기서는 妃嬪, 嬉妾, 宮女들을 지칭함.
【王嬙】王昭君. 《漢書》에는 王檣. 王牆 등으로 되어 있으며 南郡 秭歸(지금의 湖北省 秭歸縣) 출신으로 元帝 때 入宮하였음. 西晉 司馬昭의 이름을 避諱하여 '昭君'을 '明君'이라 불렀으며 '明妃'라고도 칭함.
【匈奴】고대 험윤(玁狁). 狄으로 불리던 북방의 異民族. 漢나라 때 다시 흥성하여 흉노로 불림. 뒤에 Hun族의 한 무리가 됨.

【閼氏(연지)】 흉노 王妃의 칭호. 흉노어. '閼氏'는 '연지'로 읽음. 혹은 흉노의
선우(單于. 王)와 그와 諸侯王의 妻妾을 모두 '연지'라 한다 함. 《漢書》 元帝紀
注에 "蘇林曰: 閼氏音焉支, 如漢皇后也"라 함.

【棄市】 고대 저자 거리에서 참형하여 그 시신을 여러 사람에게 보이는 형벌.
《禮記》 王制에 "刑人於市, 與衆棄之"라 함.

【杜陵】 지명. 지금의 西安市 東南쪽. 漢 宣帝의 陵을 세우고 이름을 '두릉' 이라
함.

【毛延壽】 漢나라 때의 궁중 화가. 그러나 이의 人名은 본 《西京雜記》 외에 正史
에는 보이지 않음.

【陳敞·劉白·龔寬·樊育】 모두 당시의 이름난 화가.

【安陵】 지명. 扶風郡에 속하며 지금의 陝西省 咸陽市 동쪽.

【新豐】 지금의 섬서성 臨潼縣 동북. 高祖 7년(B.C.200)에 고조 劉邦이 자신의
아버지를 太上皇으로 모셔왔을 때 그 아버지가 고향 豐邑 생각에 빠지자 이곳에
고향과 똑같이 새로운 마을을 건설함. 본 《西京雜記》 卷2. 041(2-10) 참조.

【亦肖人形】 판본에 따라 "衆勢人形", "亦有人形"으로 되어 있는 것도 있음.

【下杜】 한나라 때의 현. 원래 '杜原城'이라고 불렸던 곳. 杜陵의 남쪽.

【布色】 着色. 색감을 살려 그림을 그림.

참고 및 관련 자료

1. 漢 元帝 竟寧 元年(B.C.33). 흉노의 호한야선우(虖韓邪單于)가 漢나라 宮女를
요구하여 자신의 연지(閼氏)를 삼고자 함에 王昭君을 주어 화친을 약속하였음.
이에 왕소군은 寧胡閼氏가 되었고 호한야가 죽자 그 아들 株絫若鞮單于가 다시
왕소군을 아내로 삼아 딸 둘을 낳음. 왕소군은 죽은 후 흉노 땅에 묻혔는데 풀이
나지 않아 '靑冢'이라 부름. 지금의 內蒙古 呼和浩特市 남쪽에 있음.

2.. 본 왕소군 고사는 세상에 널리 퍼졌으나 그 기록은 오히려 이 《西京雜記》가
原典이며 어떤 이는 魏晉시대 이후 傳奇式인 委託故事로 보기도 함.

3. 왕소군 고사는 뒤에 많은 시인 묵객의 작품 제재가 됨. 대표적인 것으로 唐代
東方虯의 〈昭君怨〉(明妃曲)이 있음.

「漢道方全盛, 朝廷足武臣. 何須薄命妾, 辛苦事和親.」 其一.

「昭君拂玉鞍, 上馬啼紅頰. 今日漢宮人, 明朝胡地妾.」其二.
(《古文眞寶》에는 李太白의 作으로 되어 있음.)
「掩淚辭丹鳳, 含悲向白龍. 單于浪驚喜, 無復舊時容.」其三.
「萬里邊城遠, 千山行路難. 擧頭惟見日, 何處是長安.」其四.
「胡地無花草, 春來不似春. 自然衣帶緩, 非是爲腰身.」其五.
이처럼 '春來不似春'의 名句를 남겼으며 元代 馬致遠의 〈漢宮秋〉는 바로 이
王昭君의 出塞故事를 다룬 것으로 元劇의 최고 작품으로 꼽히고 있음.

4.《漢書》元帝紀

竟年元年春正月, 匈奴虖韓邪單于來朝. 詔曰:「匈奴郅支單于背叛禮義, 旣伏其辜,
虖韓邪單于不忘恩德, 鄕慕禮義, 復修朝賀之禮, 願保塞傳之無窮, 邊垂長無兵
革之事. 其改元爲竟寧, 賜單于待詔掖庭王檣爲閼氏.」

5.《漢書》匈奴傳(下)

王昭君號寧胡閼氏, 生一男伊屠智牙師, 爲右日逐王. 呼韓邪立二十八年, 始二
年死.

6.《太平廣記》卷210

前漢元帝, 後宮旣多, 不得常見, 乃令畫工圖其形, 按圖召幸之. 諸宮人皆賂畫工,
多者十萬, 少者不減五萬, 唯王嬙不肯, 遂不得召. 後匈奴求美人爲閼氏, 上按圖
召昭君行. 及去, 召見, 貌美壓後宮, 而占對擧止, 各盡閑雅, 帝悔之, 而業已定,
帝重信於外國, 不復更人. 乃窮按其事, 畫工皆棄市, 籍其家, 資皆巨萬. 畫工杜
陵毛延壽, 爲人形, 醜好老少, 必得其眞. 安陵陳敞, 新豐劉白·龔寬, 並工牛馬
衆勢, 人形醜好, 不逮延壽. 下杜陽望亦善畫, 尤善布色. 同日棄市. 京師畫工,
於是差希.

033(2-2) 東方朔設奇救乳母
동방삭이 기지를 써서 유모를 구하다

무제武帝가 자신의 유모乳母를 죽이려 하자 유모는 급히 동방삭東方朔에게 도움을 청하였다. 이에 동방삭은 이렇게 일러 주었다.

"황제는 성격이 잔인하면서도 강퍅強愎하여 가까운 사람이 이 일을 지적해 준다는 것은 오히려 죽음만 더욱 급하게 재촉하는 꼴이 되오. 그러니 그대는 잡혀갈 때 끊임없이 나를 자꾸 돌아보기만 하시오. 내 그때 기지奇智를 써서 임금의 마음을 격동시켜 보겠소."

과연 유모가 일러준 대로 하자 동방삭은 황제 옆에 있다가 이렇게 소리쳤다.

"너는 마땅히 어서 걸음을 재촉하라. 황제가 이미 다 장성하였는데 어찌 너의 젖을 먹던 시절의 은혜 따위를 염두에나 두겠느냐!"

무제는 이 말에 창연愴然하여 드디어 유모를 풀어 주고 말았다.

武帝欲殺乳母, 乳母告急於東方朔. 朔曰:「帝忍而愎, 旁人言之, 益死之速耳. 汝臨去, 但屢顧我, 我當設奇以激之.」乳母如言. 朔在帝側曰:「汝宜速去. 帝今已大, 豈念汝乳哺時恩邪!」帝愴然, 遂舍之.

【武帝】劉徹(B.C.156~B.C.87). 재위는 B.C.140~B.C.87. 漢 景帝의 아들로 中央集權과 영토확장을 실시하여 西漢時代 최대의 강성한 시기를 누림.《史記》今上本紀 및《漢書》武帝紀 참조.

【東方朔】B.C.154～B.C.93년. 자는 曼倩. 平原 厭次 사람으로 골계에 뛰어났던
인물. 무제 때에 待詔金馬門, 太中大夫 등을 지냄. 민간에 그의 골계와 해학이
널리 퍼졌으며 辭賦에도 뛰어나 〈答客難〉・〈非有先生論〉・〈七諫〉 등의 작품을
남김.《漢書》에 傳이 있으며《史記》에는 滑稽列傳에 들어있음. 그러나 본 사건은
《史記》에는 '郭舍人'의 기지로 되어 있음.
【愴然】안쓰럽고 불쌍히 여기는 모습.

참고 및 관련 자료

1. 한 무제는 天下 名君으로 이름이 났으나 그 이면의 잔인성과 강퍅함의 일면을
밝힘과 아울러 동박삭의 기지를 서술한 것.

2.《史記》滑稽列傳

武帝時有所幸倡郭舍人者, 發言陳辭雖不合大道, 然令人主和說. 武帝少時, 東武
侯母常養帝, 帝壯時, 號之曰「大乳母」. 率一月再朝. 朝奏入, 有詔使幸臣馬游卿
以帛五十匹賜乳母, 又奉飲糒飱養乳母. 乳母上書曰:「某所有公田, 願得假倩之.」
帝曰:「乳母欲得之乎?」以賜乳母. 乳母所言, 未嘗不聽. 有詔得令乳母乘車行
馳道中. 當此之時, 公卿大臣皆敬重乳母. 乳母家子孫奴從者橫暴長安中, 當道
掣頓人車馬, 奪人衣服. 聞於中, 不忍致之法. 有司請徙乳母家室, 處之於邊.
奏可. 乳母當入至前, 面見辭. 乳母先見郭舍人, 爲下泣. 舍人曰:「卽入見辭去,
疾步數還顧.」乳母如其言, 謝去, 疾步數還顧. 郭舍人疾言罵之曰:「咄! 老女子!
何不疾行! 陛下已壯矣, 寧尙須汝乳而活邪? 尙何還顧!」於是人主憐焉悲之,
乃下詔止無徙乳母, 罰謫譖之者.

3.《漢書》卷65 東方朔傳 참조.

4.《太平廣記》卷164

漢武帝欲殺乳母, 母告急於東方朔. 曰:「帝怒而旁人言, 益死之速耳. 汝臨去,
但屢顧, 我當設奇以激之.」乳母如其言. 朔在帝側曰:「汝宜速去. 帝今已大,
豈念汝乳哺之時恩耶!」帝愴然, 遂赦之.(《獨異志》)

034(2-3) 五侯鯖
오후정

　오후五侯가 서로 화목을 이루지 못하자 그들의 빈객賓客들도 서로 내왕할 수가 없었다. 그때 누호婁護라는 인물이 있었는데 언변이 뛰어났으며 그 오후의 집들을 돌며 얻어먹고 있었다. 그는 그 다섯 집안의 환심을 샀고 서로 다투어 그에게 진기한 음식을 보내줄 정도였다. 누호는 이에 그들이 보내준 음식을 모아 '정鯖'이라는 음식을 만들었다. 세상에서는 이를 '오후정五侯鯖'이라 하였으며 기이한 맛으로 여겼다.

　五侯不相能, 賓客不得來往. 婁護豊辯, 傳食五侯間, 各得其歡心, 競致奇膳. 護乃合以爲鯖, 世稱五侯鯖, 以爲奇味焉.

【五侯】 成帝의 외삼촌 5명. 모두 侯에 봉해짐. 漢 成帝 河平 2년(B.C.27)에 외삼촌 王譚을 平阿侯, 王商은 成都侯, 王立은 紅陽侯, 王根은 曲陽侯, 王逢時는 高平侯에 봉하였음. 《漢書》 元后傳 참조.

【婁護】 樓護. 자는 君卿이며 齊 땅 출신. 어려서 아버지를 따라 의술을 배워 長安에 이르러 고관의 집을 드나들었음. 그 뒤 관직이 廣漢太守에 이르렀으며 王莽 때는 息卿侯에 봉해짐. 《漢書》 游俠傳 참조.

【鯖】 魚肉을 함께 하여 만든 음식. 본문 내용대로 누호가 처음 개발한 것이라 함.

1. '오후정五侯鯖'의 유래에 대한 설명을 통해 漢代 귀족의 생활을 엿볼 수 있는 기록임.

2. 北宋 때 趙令時의 《侯鯖錄》8권의 筆記小說은 이 내용을 바탕으로 한 것임.

3. 《裴子語林》裴啓

婁護, 字君卿, 歷游五侯之門. 每旦, 五侯家各遺餉之. 君卿口厭滋味, 乃試合五侯所餉爲鯖而食, 甚美. 世所謂五侯鯖, 君卿所致.

4. 《漢書》游俠傳

是時王氏方盛, 賓客滿門, 五侯兄弟爭名, 其客各有所厚, 不得左右, 唯護盡入其門, 咸得其驩心. 結士大夫, 無所不傾, 其交長者, 尤見親而敬, 衆以是服. 爲人短小精辯, 論議常依名節, 聽之者皆竦. 與谷永俱爲五侯上客, 長安號曰「谷子雲筆札, 樓君卿脣舌」, 言其見信用也. 母死, 送葬者致車二三千兩, 閭里歌之曰:「五侯治喪樓君卿.」

5. 《漢書》卷98 元后傳 참조.

6. 《太平廣記》卷234

(1) 又五侯不相能, 賓客不得往來. 婁護豐辭, 傳會五侯間, 各得其心, 競致奇膳. 護乃合以爲鯖, 世稱五侯鯖, 以爲奇味焉.(出《西京雜記》)

(2) 婁護字君卿, 歷游五侯之門, 每旦, 五侯家各遺餉之. 君卿口厭滋味, 乃試合五侯所餉之鯖而食, 甚美. 世所謂五侯鯖. 君卿所致.(出《語林》)

(3) 或云. 護兼善五侯, 不偏食. 故合而爲之鯖也.(出《世說》)

035(2-4) 公孫弘粟飯布被
공손홍이 속반포피로 검소히 살다

공손홍公孫弘은 평민 출신으로 승상丞相에 올랐으며 그의 친구 고하高賀 라는 자가 그를 따랐다. 공손홍은 식사도 탈속반脫粟飯이었으며 이불도 포피布被를 덮는 등 검소한 생활을 하였다. 이를 본 고하가 이렇게 원망하였다.

"친구가 부귀한 들 무슨 소용이 있나? 탈속포피脫粟布被는 나도 있는데."

이 말에 공손홍은 대단히 부끄럽게 여겼다.

고하는 더 나아가 남에게 이런 험담을 하였다.

"공손홍은 안에서는 초선貂蟬의 값진 옷을 입으면서 밖으로는 마시 麻枲의 거친 옷을 입으며, 집의 부엌에서는 오정五鼎의 맛난 음식을 먹으면서 밖으로는 반찬 하나로 먹는 척하니 그러한 자가 어찌 천하의 모범이 되겠는가?"

이에 조정에서도 공손홍이 거짓된 행동을 하는 것이 아닌가 의심하기 시작하였다. 이에 공손홍은 이렇게 탄식하였다.

"차라리 악빈惡賓을 만날지언정 이런 친구는 만나지 않았더라면!"

公孫弘起家徒步爲丞相, 故人高賀從之. 弘食以脫粟飯, 覆以 布被. 賀怨曰:「何用故人富貴爲? 脫粟布被, 我自有之.」弘大慚. 賀告人曰:「公孫弘內服貂蟬, 外衣麻枲, 內廚五鼎, 外膳一餚, 豈可以示天下?」於是朝廷疑其矯焉. 弘嘆曰:「寧逢惡賓, 無逢 故人.」

【公孫弘】(B.C.200~B.C.121). 자는 季. 菑川 薛(지금의 山東省 滕縣) 출신. 처음 獄吏였으나 나이 마흔에 《春秋公羊傳》을 공부하여 元光 5년(B.C.130)에 賢良文學科에 올라 博士가 됨. 뒤에 武帝에게 신임을 얻어 元朔 초에 御史大夫에서 丞相에까지 올랐으며 平津侯에 봉해짐. 《史記》와 《漢書》에 傳이 있음.

【起家徒步】 '起家'는 '집을 떠나 官職에 오름'을 뜻하며 '徒步'는 '평민의 지위'를 말함. 《墨子》魯問篇에 "匹夫徒步之士用吾言, 行必修"라 함. 고대 '평민은 수레 없이 걸어 다님'을 뜻하였으며 결국 평민의 낮은 신분에서 관직에 오름을 말함.

【高賀】 인명. 공손홍의 친구. '齊賀'로도 씀.

【脫粟飯】 제대로 찧지 않은 거친 곡식으로 지은 밥. 《史記》平津侯列傳에 "食一肉, 脫粟之飯"이라 하였고 〈索隱〉에 "脫粟, 才脫穀而已, 言不精鑿也"라 함.

【布皮】 삼베 이불. 누구에게나 있는 하찮은 물건.

【貂蟬】 원래 고대 고관대작의 冠 위에 장식하던 물건. 여기서는 귀중하고 값진 옷을 뜻함.

【麻枲】 조악한 삼베로 짠 옷. '枲'는 '가장자리를 잘 꿰매지 않은 삼베 옷감'을 뜻함.

【五鼎】 원래 고대의 食器. 고대 부귀한 자들이 다섯 개 이상의 솥을 걸어 놓고 음식을 만들었음. 혹은 다섯 가지의 맛난 고기 음식을 뜻하기도 함. 《漢書》主父偃傳에 "丈夫生不五鼎食"의 구절 顏師古의 注에 張晏의 말을 인용하여 "五鼎食, 牛·羊·豕·魚·麋也. 諸侯五, 卿大夫三"이라 하였고 〈校注〉에 "公孫弘位列丞相, 只當三鼎. 五鼎而食, 言是生活奢侈, 僭越"이라 함.

참고 및 관련 자료

1. 어려움 끝에 승상에 까지 오른 공손홍의 내면 사치를 고하를 통해 밝힌 것임.
2. 《史記》平津侯列傳
汲黯曰:「弘位在三公, 奉祿甚多, 然爲布被, 此詐也.」上問弘. 弘謝曰:「有之. 夫九卿與臣善者無過黯, 然今日庭詰弘, 誠中弘之病. 夫以三公爲布被, 誠飾詐欲以釣名. 且臣聞管仲相齊, 有三歸, 侈擬於君, 桓公以覇, 亦上僭於君. 晏嬰相景公, 食不重肉, 妾不衣絲, 齊國亦治, 此下比於民. 今臣弘位爲御史大夫, 而爲布被, 自九卿以下至於小吏, 無差, 誠如汲黯. 且無汲黯忠, 陛下安得聞此言.」
天子以爲謙讓, 愈益厚之. 卒以弘爲丞相, 封平津侯.

3.《漢書》卷58 公孫弘傳

弘身食一肉, 脫粟飯, 故人賓客仰衣食, 奉祿皆以給之, 家無所餘. 然其性意忌,
外寬內深. 諸常與弘有隙, 無近遠, 雖陽與善, 後竟報其過. 殺主父偃, 徙董仲舒,
皆弘力也.

〈雙虯紋〉陝西 출토

036(2-5) 文帝良馬九乘
문제의 양마 아홉 필

　　문제文帝가 대代 땅에서 돌아올 때 좋은 말 아홉 필을 가지고 왔는데 모두가 천하의 준마였다. 그 이름은 각각 '부운浮雲', '적전赤電', '절군絶群', '일표逸驃', '자연류紫鷰騮', '녹리총綠螭驄', '용자龍子', '인구麟駒', '절진絶塵'이었으며 이들을 '구일九逸'이라 불렀다. 그때 내선來宣이라는 자가 있어 능히 이 말들을 잘 다루었으며 대왕代王, 즉 문제는 그를 왕량王良이라고 불러 주었다. 그리고 말과 함께 그를 데리고 대 땅의 관저로 되돌아갔다.

　　文帝自代還, 有良馬九匹, 皆天下之駿馬也. 一名浮雲, 一名赤電, 一名絶群, 一名逸驃, 一名紫鷰騮, 一名綠螭驄, 一名龍子, 一名麟駒, 一名絶塵, 號爲九逸. 有來宣能御, 代王號爲王良, 俱還代邸.

【文帝】劉恒(B.C.202~B.C.157). 재위 B.C.140~B.C.87년. 漢 高祖 劉邦의 아들로 처음 代王에 봉해짐. 뒤에 周勃, 陳平 등이 呂氏 세력을 누른 후 유항을 세워 皇帝로 추대함. 文帝는 재위기간 중 경제회복과 정치안정을 이룩하여 그 아들 景帝 때와 함께 '文景之治'를 이룸. 《史記》와 《漢書》에 本紀가 있음.
【代】땅 이름. 지금의 河北省 尉縣 근처. 漢初의 同姓九國의 하나. 《漢書》文帝紀에 "孝文皇帝, 高祖中子也, 母曰薄姬. 高祖十一年, 誅陳豨, 定代地, 立爲代王, 都中都"라 함. 이 代 땅에서는 名馬가 나는 곳으로 《韓詩外傳》에는 "代馬依北風"이라 하였고 《文選》卷29의 曹植 〈朔風〉시에 "願騁代馬, 倏忽北徂"라 함.
【內宣】당시 말을 잘 다루던 인물 이름. 다른 事跡은 자세치 않음.

【代王】 文帝의 皇帝 등극전의 郡國 제후 王號.

【王良】 春秋時代 晉나라 사람으로 御馬에 뛰어났던 인물.《孟子》滕文公(下)에 "簡子曰: 我使掌與女乘, 謂王良, 良不可"라 하였고,《淮南子》覽冥訓에 "昔者 王良, 造父之御也, 上車攝轡, 馬爲整齊而斂諧, 投足調均, 勞逸若一"이라 함.

【代邸】 代 땅의 관저.《漢書》文帝紀에 "太尉勃乃跪上天子璽, 代王謝曰: 至邸而 議之"라 하였고, 顔師古의 注에 "郡國朝宿之舍, 在京師者率名邸. 邸, 至也, 言所 歸至也. 音丁禮反"이라 함.

참고 및 관련 자료

1. 漢 文帝의 준마를 설명함.

2.《漢書》文帝紀 참조.

3.《太平廣記》卷435

漢文帝自代還, 有良馬九匹, 皆天下之駿. 一名浮雲, 二名赤電, 三名絶群, 四名 逸驃, 五名紫燕騮, 六名綠螭驄, 七名龍子, 八名麟駒, 九名絶塵, 號名九逸. 有來 宣能御, 代王號爲王良焉.

〈車馬紋〉漢代 畫像磚 貴州 赫章縣 출토

037(2-6) 武帝馬飾之盛
무제의 말 장식

　무제武帝 때 연독국身毒國에서 '연환기連環羈'라는 말 장식품을 헌납하였다. 모두가 백옥으로 만든 것이었다. 그것은 마노석瑪瑙石으로 재갈을 만들고 백광유리白光琉璃로 안장을 만든 것이었다. 그 안장은 어두운 방에 두면 그 빛이 10여 길까지 비춰 마치 대낮 같이 환하였다.

　이로부터 장안에서는 안장과 말을 치장하는 풍조가 성행하여 서로 다투어 금석을 조각하고 다듬어 붙이기 시작하였다. 어떤 이는 말 하나 치장하는데 일백 금이나 들였으며 모두가 남해南海에서 나는 백신白蜃을 말 멍에의 장식으로 삼고 자금紫金을 꽃무늬로 만들어 그 위를 수식하였다.

　그러면서 그 장식이 아름다운 소리를 내지 못할까 걱정하여 어떤 이는 다시 방울을 달았으며, 그러한 치장을 아래로 늘어뜨려 말이 뛸 때면 종경鐘磬을 두드리는 것 같은 소리가 났다. 그 말이 움직이는 모습이란 마치 번보幡葆가 날아가는 모습과 같았다.

　그 뒤 이사貳師의 천마天馬를 얻게 되자 무제는 매괴석玫瑰石으로 안장을 만들고 이를 조각하여 금은을 그 돌에 붙였고 녹지오색금綠地五色錦으로 폐니蔽泥를 만들었으며 그 뒤에는 점차 웅비熊羆 가죽으로 이를 만들었다.

　웅비의 털은 푸른색 광채가 났으며 모두가 그 길이는 두 자쯤이나 되었고 그 값은 백 금金이나 되었다. 탁왕손卓王孫에게는 이런 것이 백여 쌍이나 있었다. 이에 무제는 조서를 내려 그 중 스무 개를 헌상토록 하였다.

武帝時, 身毒國獻連環羈, 皆以白玉作之, 馬瑙石爲勒, 白光琉璃爲鞍. 鞍在暗室中, 常照十餘丈, 如晝日. 自是長安始盛飾鞍馬, 競加雕鏤. 或一馬之飾直百金, 皆以南海白蜃爲珂, 紫金爲華, 以飾其上. 猶以不鳴爲患, 或加以鈴鑷, 飾以流蘇, 走則如撞鐘磬, 動若飛幡葆. 後得貳師天馬, 帝以玫瑰石爲鞍, 鏤以金銀鍮石, 以綠地五色錦爲蔽泥, 後稍以熊羆皮爲之. 熊羆毛有綠光, 皆長二尺者, 直百金. 卓王孫有百餘雙, 詔使獻二十枚.

【身毒國(연독국)】 고대 印度 나라 이름을 음으로 적은 것. '身'은 '연'으로 읽음. 《史記》 大宛列傳에 "大夏, … 其東南有身毒國"이라 하고 索隱에는 孟康의 말을 인용하여 "卽天竺也, 所謂浮圖胡也"라 함. '身毒'은 印度의 譯音이며 《漢書》 卷96上 〈西域傳〉에는 '捐毒國'으로 되어 있음.

【連環羈】 말의 머리. 주둥이에 설치하는 장신구로 구슬을 이어만든 것. '馬籠'.

【瑪瑙石】 '마노'. 보석의 일종. 장식품. 그릇 등을 만들어 씀.

【勒】 '馬絡'. 재갈의 일종.

【琉璃】 천연 보석. 푸른빛이 나고 투명한 광물질.

【白蜃】 '蜃'은 大蛤의 일종. 《國語》 晋語(九)에 "雀入於海爲蛤. 雉入於淮爲蜃"이라 하고 그 注에 "小曰蛤, 大曰蜃. 皆介物, 蚌類"라 함.

【珂】 馬籠의 장식품. 服虔의 《通俗文》에 "凡勒飾曰珂"라 함.

【紫金】 '紫磨金'이라고도 하며 아름다운 금붙이의 일종. 明 曹昭의 《新增格古要論》 卷6 「紫金」에 "古云牛兩錢, 卽紫金. 今人用赤銅和黃金爲之, 然世人未嘗見眞紫金也"라 함.

【流蘇】 여러 색깔로 장식하여 늘어뜨린 수술. 첩운연면어. 物名. 張衡의 〈東京賦〉(《文選》 卷3)에 "駙承華之蒲梢, 飛流蘇之騷殺"이라 하고 그 注에 "流蘇, 五采毛雜之以爲馬飾而垂之"라 함.

【幡葆】 수레 두께 위의 깃발. 쌍성어의 물명.

【貳師】 시닝. 시금의 키르키즈 지역. 西漢 때 人宛國. 훌륭한 말이 나던 곳.

武帝 太初 元年 (B.C.104)에 李廣利를 貳師征伐將軍으로 삼아 정복한 후 말을 노획하여 돌아옴.《漢書》李廣利傳 참조.

【天馬】 大宛·烏孫에서 나는 駿馬.《史記》大宛列傳에 "初, ……得烏孫馬, 好, 名曰天馬. 及得大宛汗血馬, 益壯. 更名烏孫馬曰兩極, 名大宛馬曰天馬云" 이라 함.

【玫瑰】 玫瑰는 장미의 일종. 매괴석은 장밋빛이 나는 좋은 玉石.

【鍮石】 黃銅.《玉篇》에 "鍮, 石似金也"라 함. 自然銅을 말함. 鍮器를 만듦.

【蔽泥】 '障泥'. 말이 달릴 때 진흙이 튀어 오르지 않게 늘어뜨린 막이.

【熊羆】 곰의 일종. '羆'는 黃白 무늬가 있는 곰.《爾雅》釋獸에 "羆, 如熊, 黃白文" 이라 하고 注에 "似熊而長頭高脚, 猛憨多力, 能拔樹木, 關西呼曰貑熊"이라 함.

【卓王孫】 漢나라 때의 大富豪이며 卓文君의 아버지.(039참조) 司馬相如를 불러 彈琴을 시켰을 때 그의 딸 卓文君이 반해 함께 도망침.《史記》,《漢書》의 司馬相如 列傳 참조.

참고 및 관련 자료

1. 한 무제 때 조정과 일반 사람들의 말에 대한 치장과 수식의 풍조를 기록하고 있음.

2. 卓王孫의 부유함과 사치를 엿볼 수 있음.

3.《太平廣記》卷236

漢武帝時, 身毒國獻連環羈, 皆以白玉作之, 瑪瑙石爲勒, 白光琉璃爲鞍. 在闇室中, 常照十餘丈, 如晝焉. 自是長安始盛飾鞍馬, 競加雕鏤. 或一馬之飾直百金, 皆以 南海白蜃爲珂, 紫金爲花, 以飾其上. 猶以不鳴爲患, 或加以鈴鑷, 飾以流蘇, 走如鐘磬, 動若飛幡. 後得二師天馬, 常以玫瑰石爲鞍, 鏤以金銀鍮石, 以綠地五 色錦爲蔽泥, 後稍以熊羆皮爲之. 熊毛有綠光, 皆長三尺者, 直百金. 卓王孫□□ □□□百餘雙, 詔使獻二十枚.

4.《太平廣記》卷229

漢武帝時, 西毒國獻連環羈, 皆以白玉作之, 瑪瑙石爲勒, 白光琉璃爲鞍. 安在暗 室中, 嘗照十餘丈, 其光如晝.

038(2-7) 茂陵寶劍
무릉의 보검

소제昭帝 때에 무릉茂陵의 평민이 보검을 바쳤다. 그 칼에 명銘은
이러하였다.
"가치는 천금. 만세토록 장수하시기를."直千金, 壽萬歲.

昭帝時, 茂陵家人獻寶劍, 上銘曰:「直千金, 壽萬歲.」

【昭帝】西漢 제 6대 황제 劉弗陵(B.C.94~B.C.74). 재위는 B.C.87~B.C.74. 武帝의
   막내아들로 霍光, 桑弘羊을 등용함.《漢書》昭帝紀 참조.
【茂陵】지명. 지금의 陝西省 興平縣 동북쪽.
【家人】平民. 여기서는 '僮僕' 혹은 노예일 가능성이 있음.
【直千金】'直'는 '値'와 같음.

참고 및 관련 자료

1. 茂陵에서 발굴된 보검을 바친 사건을 기록한 것임.

039(2-8) 相如死渴
사마상여가 소갈병으로 죽다

사마상여司馬相如가 처음 탁문군卓文君과 함께 성도成都로 돌아와 그 삶이 매우 가난하고 서글펐다. 그래서 자신이 입고 있던 '숙상구鷫鸘裘'라는 외투까지 시장 사람 양창陽昌에게 맡기고서야 탁문군과 술을 마실 수 있을 정도였다. 이윽고 술이 취하자 탁문군은 자신의 목을 껴안고 이렇게 우는 것이었다.

"나는 평소 부유하고 풍족하였소. 그러나 지금은 이에 외투까지 맡기고 술을 빌어먹을 정도가 되었군요."

드디어 서로 모책을 짜서 성도에서 술장사를 하기로 하였다. 사마상여는 스스로 독비곤犢鼻褌을 입고 그릇을 닦아 탁문군의 아버지 탁왕손卓王孫이 수치를 느끼게 하였다.

탁왕손은 과연 이를 부끄럽게 여겨 드디어 자신의 딸 탁문군에게 후한 재물을 주었고 이로써 탁문군은 부자가 되었다.

탁문군은 아주 예쁜 얼굴에 눈썹 색깔은 마치 멀리서 산을 보는 그러한 모습이었으며, 얼굴 뺨은 항상 마치 연꽃 같았고 그 살결과 피부는 부드럽고 매끄러워 기름덩어리 같았다. 그는 열 일곱에 과부가 되었으며 사람됨이 방탄放誕하고 풍류가 있어 사마상여의 재주에 반해 상례常禮를 뛰어넘는 방법으로 사랑에 빠진 것이었다.

사마상여는 평소 소갈병消渴病을 앓고 있었다.

그가 성도로 돌아오자 탁문군의 미모에 반해 그만 그 고질병이 도지고 말았다. 이에 그는 〈미인부美人賦〉를 지어 스스로의 자극으로 삼으려 하였지만 끝내 탁문군에 대한 미련을 버리지 못하였으며 결국 그 병으로 죽고 말았다. 탁문군이 그를 위해 뇌문誄文을 썼으며 세상에 전하고 있다.

司馬相如初與卓文君還成都, 居貧愁懣, 以所著鷫鷞裘就市人陽昌貰酒, 與文君爲歡. 旣而文君抱頸而泣曰:「我平生富足, 今乃以衣裘貰酒.」遂相與謀於成都賣酒. 相如親著犢鼻褌滌器, 以恥王孫. 王孫果以爲病, 乃厚給文君, 文君遂爲富人. 文君姣好, 眉色如望遠山, 臉際常若芙蓉, 肌膚柔滑如脂. 十七而寡, 爲人放誕風流, 故悅長卿之才而越禮焉. 長卿素有消渴疾, 及還成都, 悅文君之色, 遂以發痼疾. 乃作「美人賦」, 欲以自刺, 而終不能改, 卒以此疾至死. 文君爲誄, 傳於世.

【司馬相如】B.C.179~B.C.118. 자는 長卿. 成都 출신으로 漢代 최고의 賦 작가. 漢 武帝에게 賦를 올려 宮中詩人으로 활약함. 〈子虛賦〉, 〈上林賦〉, 〈大人賦〉, 〈諭巴蜀檄〉 등을 남겼으며 본《西京雜記》에는 사마상여에 관한 기록을 비교적 많이 싣고 있음.《史記》,《漢書》의 司馬相如傳 참조.

【卓文君】漢代 大富豪인 卓王孫의 딸. 臨邛 땅의 부자 탁왕손이 잔치를 벌이면서 사마상여를 불러 彈琴을 시키자 寡婦였던 탁문군이 이를 보고 반해 그와 함께 성도로 도망하여 술집을 차린 사건은 본《西京雜記》와《史記》,《漢書》등에 모두 실려 있음. 037(2-6) 참조.

【鷫鷞裘】'숙상'이라는 새의 깃털로 짠 값비싼 외투. 숙상은 기러기의 일종으로 物名, 쌍성어.《楚辭》大招 "鴻鵠代游, 曼鷫鷞只"의 洪興祖 補注에 "鷫鷞, 長頸綠身, 其形似雁. 一曰鳳凰別名"이라 함.

【犢鼻褌】송아지 코 모양으로 만든 짧은 치마. 하찮은 옷.《史記》司馬相如列傳 集解에 韋昭의 말을 인용하여 "今三尺布作形如犢鼻矣. 稱此者, 言其無恥也. 今銅印言犢紐, 此其類矣"라 함.

【果以爲病】여기서 病은 '치욕', '부끄러움'을 뜻함.《儀禮》士冠禮에 "賓對曰某不敏, 恐不能共事, 以病吾子, 敢辭"라 하고 注에 "病, 猶辱也"라 함.

【脂】피부가 마치 엉긴 굳기름처럼 희고 예쁘다는 표현. '凝脂'로도 씀. 白居易《長恨歌》에 "溫泉水滑洗凝脂"라 하였으며,《詩經》衛風 碩人에 "手如柔荑,

膚如凝脂"라 함. 또《禮記》內則에 "脂, 膏, 以膏之"라 하고 疏에 "凝者爲脂, 釋者爲膏"라 함.

【消渴病】 多飮, 多食, 多尿, 消瘦의 증상이 나타나는 당뇨병의 일종.《素問》 奇病論에 "脾痺者, 數食甘美而多肥也, 肥者令人內熱, 甘者令人中滿, 故其氣上溢, 轉爲消渴"이라 함.

【美人賦】 이는《古文苑》,《藝文類聚》卷18,《初學記》卷19에 실려 있으며 宋玉의 〈登徒者好色賦〉를 모방하여 쓴 것이라 함.

【誄文】 죽은 자를 애도하여 쓰는 문장. 卓文君의 이 문장은 전하지 않으며《全漢文》 卷57에 明 梅鼎祚의《西漢文紀》에 탁문군의 〈司馬相如誄〉가 있으나 嚴可均은 이를 僞作이라고 밝힘.

참고 및 관련 자료

1. 司馬相如와 卓文君의 애정고사를 밝힌 것으로 일부 내용은 史書와 차이가 있음.

2.《史記》卷117 司馬相如列傳
臨邛多富人, 而卓王孫家僮八百人, 程鄭亦數百人, 二人乃相謂曰:「令有貴客, 爲具召之.」并召令. 令旣至, 卓氏客以百數, 至日中, 謁司馬長卿, 長卿謝病不能往. 臨邛令不敢嘗食, 自往迎相如, 相如爲不得已, 彊往, 一坐盡傾. 酒酣, 臨邛令前 奏琴曰:「竊聞長卿好之, 願以自娛.」相如辭謝, 爲鼓一再行. 是時, 卓王孫有女 文君新寡, 好音, 故相如繆與令相重, 而以琴心挑之. 相如之臨邛, 從車騎, 雍容 閒雅甚都. 及飮卓氏, 弄琴, 文君竊從戶窺之, 心悅而好之, 恐不得當也. 旣罷, 相如乃使人重賜文君侍者通殷勤. 文君夜亡奔相如, 相如乃與馳歸成都. 家居徒 四壁立. 卓王孫大怒曰:「女至不材, 我不忍殺, 不分一錢也!」人或謂王孫, 王孫終 不聽. 文君久之不樂, 曰:「長卿第俱如臨邛, 從昆弟假貸猶足以爲生, 何至自苦 如此!」相如與俱之臨邛, 盡賣其車騎, 買一酒舍, 乃令文君當鑪. 相如身自著犢 鼻褌, 與保庸雜作, 滌器於市中. 卓王孫聞而恥之, 爲杜門不出. 昆弟諸公更謂王 孫曰:「有一男兩女, 所不足者非財也. 今文君旣失身於司馬長卿, 長卿故倦游, 雖貧, 其人材足依也. 且又令客, 獨奈何相辱如此!」卓王孫不得已, 分予文君僮 百人, 錢百萬, 及其嫁時衣被財物. 文君乃與相如歸成都, 買田宅, 爲富人.

3.《史記》卷117 司馬相如列傳

相如口訖而善著書. 常有消渴疾. 與卓氏婚, 饒於財. 其進仕宦, 未嘗肯與公卿國家之事, 稱病閒居, 不慕官爵.

4.《漢書》卷57上 司馬相如列傳

臨邛多富人, 卓王孫僮客八百人, 程鄭亦數百人, 乃相謂曰:「令有貴客, 爲具召之. 并召令.」令旣至, 卓氏客以百數, 至日中請司馬長卿, 長卿謝病不能臨. 臨邛令不敢嘗食, 身自迎相如, 相如爲不得已而强往, 一坐盡傾. 酒酣, 臨邛令前奏琴曰:「竊聞長卿好之, 願以自娛.」相如辭謝, 爲鼓一再行. 是時, 卓王孫有女文君新寡, 好音, 故相如繆與令相重而以琴心挑之. 相如時從車騎, 雍容閒雅, 甚都. 及飲卓氏弄琴, 文君竊從戶窺, 心說而好之, 恐不得當也. 旣罷, 相如乃令侍人重賜文君侍者通殷勤. 文君夜亡奔相如, 相如與馳歸成都. 家徒四壁立. 卓王孫大怒曰:「女不材, 我不忍殺, 一錢不分也!」人或謂王孫, 王孫終不聽. 文君久之不樂, 謂長卿曰:「弟俱如臨邛, 從昆弟假貸, 猶足以爲生, 何至自苦如此!」相如與俱之臨邛, 盡賣車騎, 買酒舍, 乃令文君當盧. 相如身自著犢鼻褌, 與庸保雜作, 滌器於市中. 卓王孫恥之, 爲杜門不出. 昆弟諸公更謂王孫曰:「有一男兩女, 所不足者非財也. 今文君旣失身於司馬長卿, 長卿故倦游, 雖貧, 其人材足依也. 且又令客, 奈何相辱如此!」卓王孫不得已, 分與文君僮百人, 錢百萬, 及其嫁時衣被財物. 文君乃與相如歸成都, 買田宅, 爲富人.

5.《漢書》卷57(下) 司馬相如傳

相如口吃而善著書, 常有消渴疾, 與卓氏婚, 饒於財. 故其仕宦, 未嘗肯與公卿國家之事, 常稱疾閒居, 不慕官爵.

6.《美人賦》:《藝文類聚》卷18 人部二, 美婦人.(《初學記》卷19. 美婦人 第二에는 일부만 실려 있음.)

漢, 司馬相如美人賦曰:「司馬相如, 美麗閑都. 遊於梁王, 梁王悅之.」鄒陽譖之於王曰:「相如美則美矣. 然服色容冶, 妖麗不忠, 將欲媚辭取悅, 遊王後宮.」相如曰:「古之避色, 孔墨之徒. 聞齊饋女而遐逝. 望朝歌而迴車, 譬猶防火水中; 避溺山隅, 此乃未見其可欲, 何以明不好色乎? 若臣者, 少長西土, 鰥處獨居, 室宇遼廓, 莫與爲娛. 臣之東隣, 有一女子. 玄髮豐豔, 蛾眉皓齒. 登垣而望臣, 三年於茲矣. 臣弃而不許, 聞大王之高義. 命賀來東, 途出鄭衛. 道由桑中, 朝發溱洧. 暮宿上宮, 上宮閑館, 寂寞重虛, 門閣盡掩, 曖若神居, 芳香芬烈, 黼帳高張. 有女獨處, 婉若在牀. 臣遂撫弦, 爲幽蘭之曲. 女乃歌曰: 獨處室兮廓無依, 有美人兮來何遲. 玉釵挂臣冠, 羅袖拂臣矣. 茵褥重陳, 角枕橫施. 女乃弛其上服, 表其中衣. 皓體呈露, 弱骨豐肌 時來親臣, 柔滑如脂. 臣脉定於內, 心正于懷. 翻然高擧, 與彼長辭」

〈木簡〉(東漢) 1972년 甘肅 居延 출토

040(2-9) 趙后淫亂
조비연의 음란한 궁중 생활

경안세慶安世란 사람이 나이 열 다섯에 성제成帝의 시랑侍郎이 되었다. 그는 거문고 연주에 뛰어났으며 〈쌍봉雙鳳〉, 〈이란離鸞〉 등의 곡에 재능을 보였다. 조후趙后, 趙飛燕가 이에 빠져 황제에게 부탁하여 그를 어내御內에 출입하도록 하였고 그를 아주 아끼고 사랑하게 되었다.

경안세는 항상 경사리輕絲履를 신고 손에는 초풍선招風扇을 들고, 몸에는 자제구紫綈裘를 입은 채 조후와 함께 거하게 되었다. 조후는 그를 통해 아들을 얻고 싶었지만 끝내 윤사胤嗣를 보지 못하였다.

조후는 스스로 아들을 낳지 못한다고 여겨 항상 기도를 한다는 핑계로 따로 방 하나를 마련해 두었는데 좌우의 시비侍婢 이외에는 그 누구도 그 방 가까이 갈 수가 없었고 황제조차도 가보지 못한 곳이었다.

이에 조후는 장막이 가려진 여자용 작은 수레를 이용하여 경박한 미소년美少年들을 여장女裝을 시켜 불러들였는데 그 후궁으로 드나드는 자가 하루에도 십여 명이나 되었다. 조후는 그들과 음통淫通하면서 쉬는 날이 없었다. 남자가 피로하고 권태해지면 문득 사람을 바꾸었으나 끝내 아이를 낳지는 못하였다.

慶安世年十五, 爲成帝侍郎, 善鼓琴, 能爲雙鳳·離鸞之曲.
趙后悅之, 白上, 得出入御內, 絶見愛幸. 常著輕絲履, 招風扇,
紫綈裘, 與后同居處. 欲有子而終無胤嗣. 趙后自以無子, 常託
以祈禱, 別開一室, 自左右侍婢以外, 莫得至者, 上亦不得至焉.

以軘車載輕薄少年, 爲女子服, 入後宮者日以十數, 與之淫通, 無時休息. 有疲怠者, 輒差代之, 而卒無子.

【慶安世】人名. 자세한 내용을 알 수 없음.
【成帝】西漢 제 9대 황제 劉驁. B.C.32~B.C.7년 재위. 酒色에 빠져 外戚의 권세에 휘말림. 《史記》成帝紀 및 外戚傳 참조.
【侍郞】宮廷의 近侍.
【雙鳳·離鸞】모두 雜曲에 속하는 琴曲名.
【趙后】成帝의 皇后였던 趙飛燕(?~B.C.1) 본책 1권 025(1-25) 참조. 《漢書》趙皇后傳 참조.
【輕絲履】가벼운 실로 짠 신발.
【紫綈裘】보랏빛 비단으로 만든 외투.
【胤嗣】자손. 대를 이을 후대. 여기서는 成帝의 아들로 위장하기 위한 계략을 말함.
【軘車】장막을 쳐서 들여 볼 수 없도록 만든 수레로 부녀자들의 나들이에 쓰임.
【美少年】《飛燕外傳》에 "趙后飛燕所通官奴燕赤鳳者, 雄捷能超觀閣, 兼通昭義"라 하여 조비연은 그 자신의 여동생인 소의와 함께 음행을 저질렀다고 되어 있음.

> 참고 및 관련 자료

1. 漢代 宮中生活의 문란함을 기록하였으며 趙飛燕의 慾望을 폭로한 기록임.
2. 《漢書》卷97下 外戚傳 孝成趙皇后
孝成趙皇后, 本長安宮人. 初生時, 父母不擧, 三日不死, 乃收養之. 及壯, 屬陽阿主家, 學歌舞, 號曰飛燕. 成帝嘗微行出, 過陽阿主, 作樂. 上見飛燕而說之. 召入宮, 大幸. 有女弟復召入. 俱爲倢伃, 貴傾後宮.
3. 《漢書》卷97 外戚傳
趙后姊弟專寵十餘年, 卒皆無子.

041(2-10) 作新豐移舊社
신풍을 건설하고 옛 사직단을 옮기다

고조高祖 유방劉邦의 아버지인 태상황太上皇이 장안으로 옮겨와 깊은 궁궐에 살게 되자 슬픔만 느낄 뿐 즐거움이 없었다.

이에 고조는 몰래 좌우에게 그 까닭을 물어 보았다. 그랬더니 평소 좋아하던 인물은 모두가 백정, 장사꾼의 어린 시절 소년들, 그리고 술 파는 사람, 떡장수였으며 놀이도 투계鬪鷄나 축국蹴鞠 등 이런 것으로 즐거움을 여겼는데 지금은 이런 것이 없어 즐거움을 느끼지 못한다는 것이었다.

고조는 이에 옛 고향 풍읍豐邑을 본 따 장안 근처에 '신풍新豐'을 만들어 고향사람들을 모두 옮겨 살게 하여 인구를 채웠다. 그러자 태상황은 드디어 즐거움을 느끼는 것이었다.

이 때문에 신풍에는 겁 없이 날뛰는 무뢰배無賴輩들이 많았는데 이는 의관자제衣冠子弟들이 없는 마을이었기 때문이었다.

고조가 젊을 때에 고향인 분유향枌楡鄕에서 토지신에게 제사를 지내곤 하였었다. 그래서 신풍 마을을 새로 만들었을 때 역시 그 곳에 토지신의 사당이 그대로 있었다.

이에 고조는 신풍 고을을 완성하자 원래 있던 그 토지신 사당도 신풍으로 옮겼다. 신풍의 도로·거리·가옥 및 경물과 모습은 오직 옛날 풍읍 고을을 그대로 닮게 하였다. 그래서 남녀노소 누구라도 손잡고 거리로 나서면 누구나 능히 자신의 집을 찾을 수 있었다. 게다가 개, 양, 닭, 오리를 큰 거리에 풀어 놓아도 다투어 자기 집을 찾아갈 수 있을 정도였다.

그 신풍은 장인匠人 호관胡寬이 설계하여 세운 것이었다. 이주한 백성들은 모두가 옛 고을과 닮은 것을 즐거워하며 호관을 고맙게 여겼다.

그래서 사람들이 다투어 그에게 선물을 주어 고마움을 표시하였는데 한 달 여에 걸쳐 그에게 준 선물이 백 금金이나 되었다.

太上皇徙長安, 居深宮, 悽愴不樂. 高祖竊因左右問其故, 以平生所好, 皆屠販少年, 酤酒賣餅, 鬪雞蹴踘, 以此爲歡, 今皆無此, 故以不樂. 高祖乃作新豐, 移諸故人實之, 太上皇乃悅. 故新豐多無賴, 無衣冠子弟故也. 高祖少時, 常祭枌楡之社. 及移新豐, 亦還立焉. 高帝旣作新豐, 並移舊社, 衢巷棟宇, 物色惟舊. 士女老幼, 相攜路首, 各知其室. 放犬羊雞鴨於通塗, 亦競識其家. 其匠人胡寬所營也. 移者皆悅其似而德之, 故競加賞贈, 月餘, 致累百金.

【太上皇】皇帝의 부친. 《漢書》 卷1下 高帝紀下에 "今上尊太公曰太上皇"이라 하고 顔師古의 注에 "太上極尊之稱也. 皇, 君也. 天子之父, 故號曰皇. 不預治國, 故不言帝也"라 함.
【長安】西漢의 수도.
【蹴踘】첩운연면어로 지금의 축구와 같은 놀이.
【豐邑】원래 劉邦의 고향마을.
【新豐】한 고조가 아버지의 思鄕病을 위해 지금의 陝西省 臨潼縣 長安 근처에 옛 고향 豐 땅을 그대로 재현하여 건설한 마을(B.C.200). 032 참조.
【衣冠子弟】사대부 집안의 자제.
【枌楡鄕】劉邦의 고향. 豐邑에 있는 마을 이름. 유방이 처음 擧兵할 때 분유향 社稷 祠堂에서 기도하였음.
【胡寬】신풍 건설을 담당하였던 匠人.

1. 고조 유방이 아버지를 위해 옛 고향을 재현하여 新豐 고을을 세운 내용을
기록함.

2. 《漢書》卷1 高帝紀(下)

上歸櫟陽, 五日一朝太公. 太公家令說太公曰:「天亡二日, 土亡二王. 皇帝雖子,
人主也; 太公雖父, 人臣也. 奈何令人主拜人臣! 如此, 則威重不行.」後上朝,
太公擁彗, 迎門卻行. 上大驚, 下扶太公. 太公曰:「帝, 人主, 奈何以我亂天下法!」
於是上心善家令言, 賜黃金五百斤. 夏五月丙午, 詔曰:「人之至親, 莫親於父子,
故父有天下傳歸於子, 子有天下尊歸於父, 此人道之極也. 前日天下大亂, 兵革
並起, 萬民苦殃, 朕親被堅執銳, 自帥士卒, 犯危難, 平暴亂, 立諸侯, 偃兵息民,
天下大安, 此皆太公之教訓也. 諸王·通侯·將軍·羣卿·大夫已尊朕爲皇帝, 而太
公未有號. 今上尊太公曰太上皇.」

3. 《太平廣記》卷225

高祖既作新豐, 並移舊社. 街巷棟宇, 物色如舊. 士女老幼, 相攜路首, 各知其室.
放犬羊雞鴨於通衢望塗, 亦競識其家. 其匠人朝寬所爲也. 移者皆喜其似而憐之,
故競加賞贈, 月餘, 致累百金.

〈車馬紋〉 漢代 畫像磚 貴州 赫章縣 출토

042(2-11) 陵寢風簾
능침의 풍렴

　한漢나라의 여러 능침陵寢은 모두가 대나무로 그 발簾을 만들었으며 그 발은 모두가 물결무늬와 용봉龍鳳의 도상圖像을 장식하였다. 또 소양전昭陽殿에는 구슬을 엮어 발을 만들었는데 바람이 불면 소리가 울려 마치 형패지성珩珮之聲과 같았다.

　漢諸陵寢, 皆以竹爲簾, 簾皆爲水紋及龍鳳之像. 昭陽殿織珠爲簾, 風至則鳴, 如珩珮之聲.

【陵寢】帝王의 陵墓앞의 건물인 寢廟.
【昭陽殿】한나라 때의 궁궐 이름. 025(1-25) 참조.
【珩珮】훌륭한 옥. 서로 부딪쳐 맑은 소리가 나게 함.

　　⬤ 참고 및 관련 자료 ⬤

1. 능침의 竹簾과 소양전의 珠簾에 대해 기록한 것임.

043(2-12) 揚雄夢鳳作太玄
양웅이 봉황 꿈을 꾸고 태현경을 짓다

양웅揚雄이 글을 읽고 있을 때 어떤 사람이 그에게 이렇게 말하는
것이었다.

"그렇게 스스로 고통스럽게 하지 마시오. 《태현경太玄經》은 진실로
전수하기가 어려운 것이오."

그리고는 그 사람은 홀연히 사라져 보이지를 않는 것이었다. 양웅이
《태현경》을 지을 때 꿈속에 자기 입에서 봉황이 쏟아져 나와 《태현경》
위에 모여 앉더니 잠깐 사이 사라지는 꿈을 꾸었었다.

揚雄讀書, 有人語之曰:「無爲自苦, 玄故難傳.」忽然不見.
雄著太玄經, 夢吐鳳凰, 集玄之上, 頃而滅.

【揚雄】 '楊雄'으로도 쓰며 蜀郡 成都 사람(B.C.53~A.D.18). 자는 子雲. 西漢때
賦家, 哲學家. 〈甘泉賦〉, 〈羽獵賦〉 등의 賦와 《太玄經》, 《方言》 등의 저술이
있음. 《漢書》 揚雄傳 참조.
【太玄經】 《揚子太玄經》이라고도 하며 《周易》을 모방하여 쓴 총 81편의 저술. 이를
《易》의 64괘와 맞추어 宇宙의 本源을 설명한 것.
【難傳】 후대 사람이 重視하지 않을 것이라고 비판한 말.

1. 양웅이 《太玄經》을 짓기에 專心한 내용을 기록한 것으로 神秘故事의 일종임.

2. 《漢書》 卷87(下) 揚雄傳(下)

雄以病免, 復召爲大夫. 家素貧, 耆酒, 人希至其門. 時有好事者載酒肴從游學, 而鉅鹿侯芭常從雄居, 受其太玄, 法言焉. 劉歆亦嘗觀之, 謂雄曰:「空自苦! 今學者有祿利, 然尙不能明易, 又如玄何? 吾恐後人用覆醬瓿也.」雄笑而不應. 年七十一, 天鳳五年卒, 侯芭爲其墳, 喪之三年.

3. 《太平廣記》 卷161

揚雄讀書, 有人語云:「無爲自苦, 玄故難傳.」忽然不見. 雄著玄, 夢吐白鳳凰, 集上, 頃之而滅.

044(2-13) 百日成賦
백일만에 완성한 부 작품

사마상여司馬相如가 〈상림부上林賦〉, 〈자허부子虛賦〉를 지을 때 그 정신이 소산蕭散하여 더 이상 바깥일에는 관여하지 아니한 채 천지의 섭리를 끌어들이고 고금古今의 사실을 얽어 갑작스럽게 마치 잠에 취한 듯, 또 환하게 다시 감흥을 일으키며 거의 백 일이 지난 후에 완성하게 되었다. 그의 친구 성람盛覽이란 자가 있었는데 자가 장통長通이며 장가牂牁 땅의 명사였다. 그가 일찍이 상여에게 부賦 짓는 법을 묻자 상여는 이렇게 설명해 주었다.

"실을 모아 엮어 문채를 이루고, 비단에 수를 펼쳐 놓아 바탕을 이룹니다. 씨줄 하나 날줄 하나, 궁음宮音 하나, 상음商音 하나를 차례로 연결하듯 하는 것. 이것이 곧 부의 발자취가 되게 합니다. 부가賦家의 마음은 우주를 포괄하고 인간과 만물을 총람總覽해야 하니 이는 안으로 삭여서 얻는 것이지 얻었다고 해서 남에게 전할 수 있는 것도 아닙니다.」

성람은 이 말을 듣고 〈합조가合組歌〉, 〈열금부列錦賦〉를 짓고는 물러나 종신토록 다시는 감히 부를 짓겠다는 마음에 대하여 말을 꺼내지 않았다.

司馬相如爲上林‧子虛賦, 意思蕭散, 不復與外事相關, 控引天地, 錯綜古今, 忽然如睡, 煥然而興, 幾百日而後成. 其友人盛覽字長通, 牂牁名士, 嘗問以作賦. 相如曰:「合綦組以成文, 列錦繡而爲質. 一經一緯, 一宮一商, 此賦之跡也. 賦家之心, 苞括宇宙, 總覽人物, 斯乃得之於內, 不可得而傳.」覽乃作合組歌‧列錦賦而退, 終身不復敢言作賦之心矣.

【司馬相如】039(2-8) 참조.

【上林·子虛】사마상여의 賦 이름. 이 두 편은 원래 서로 연결되어 하나의 작품이었음. 그리하여 《史記》와 《漢書》 司馬相如列傳에는 둘을 하나로 여겨 제목을 〈子虛賦〉로 하였으나 《文選》에는 두 편으로 분할하여 前半部를 〈子虛賦〉, 後半部를 〈上林賦〉라 하였음. 작품 속에 '子虛'. '烏有先生', '亡是公' 등 세 명의 허구 인물을 내세워 서로 힐난하고 토론하는 내용을 담고 있으며 제후국인 楚, 齊의 苑囿의 멋진 모습과 天子의 사냥을 서술하고 있음.

【蕭散】한적하고 쓸쓸함. 쌍성연면어.

【錯綜】서로 얽히고 설킴. 交錯, 綜合.

【盛覽】人名. 자는 長通. 기타 事跡은 자세하지 않음.

【牂牁】郡이름. 한 무제 元鼎 6년(B.C.111)에 설치함. 지금의 貴川省 凱里였으며 관할 지역은 지금의 貴州省. 雲南省. 廣西 일대였음.

【宮商】여기서는 音律. 音韻의 성조를 뜻함. 古代 '宮, 商, 角, 徵, 羽'를 빗대어 한 말.

참고 및 관련 자료

1. 사마상여의 부 작품에 관한 설명과 작품 제작의 원칙 등을 설명한 것. 漢賦 研究의 중요한 자료가 됨. 그러나 혹자는 본 기록은 후인의 위탁이라 여기기도 함.

2. 〈子虛賦〉(《史記》司馬相如列傳, 〈上林賦〉와 연결됨. 《漢書》의 기록과 같음.) 《文選》 등을 볼 것.

3. 《野客叢書》 卷5 「相如上林賦」(王楙)

僕謂相如此賦決非一日所能辦者, 其運思緝工亦已久矣. 及是召見, 因以發揮, 不然何以不俟上命, 遽曰請爲天子游獵之賦? 是知此賦已平時制下, 而非一旦 倉卒所能爲者. 西京雜記謂上如爲上林·子虛賦, 幾百日而成, 此言似可信.

4. 《甘珠集》 卷2. (《殷芸小說》을 인용한 것.)

揚雄謂:「長卿賦不似人間來.」嘆服不已. 其友盛覽問:「賦何如其佳?」雄曰: 「合纂組以成文, 列錦繡以成質.」雄遂著合組之歌, 列▨之賦.

5. 본책 3권. 082(3-20) 참조.

6. 《太平廣記》 卷198

相如爲上林賦, 意思蕭散, 不復與外事相關, 控引天地, 錯綜古今, 忽然而睡,

躍然而興, 幾百日而後成. 其友人盛覽字長卿, 牂牁名士, 嘗問以作賦. 相如曰:
「合纂組以成文, 列錦繡而爲質. 一經一緯, 一宮一商, 此賦之迹也. 賦家必包括
宇宙, 總覽人物, 斯乃得之於內, 不可得而博覽.」乃作合組歌・列錦賦而退, 終身
不敢言作賦之心矣.

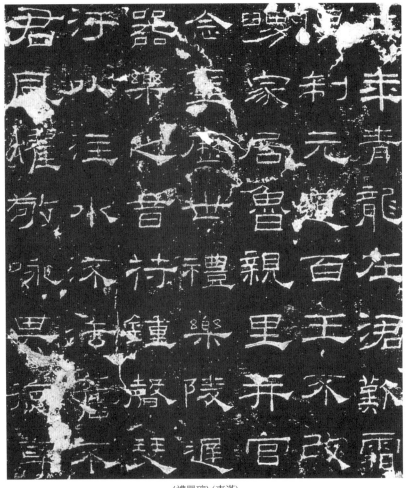

〈禮器碑〉(東漢)

045(2-14) 仲舒夢龍作繁露
동중서가 용꿈을 꾸고 춘추번로를 짓다

동중서董仲舒가 꿈속에 교룡蛟龍이 자기 품으로 들어오는 모습을 보고
이에 《춘추번로春秋繁露》를 지었다.

董仲舒夢蛟龍入懷, 乃作春秋繁露詞.

【董仲舒】 B.C.179~B.C.104. 廣川(지금의 河北 棗强縣) 출신으로 西漢의 哲學者
이며 今文經學의 大家.《春秋公羊傳》에 밝아 博士가 되었으며 江都相과 膠西
王相을 지냄. 유학의 장려를 제창하여 武帝에게 발탁되어 漢王朝의 봉건 기틀에
큰 역할을 함. 저서로《春秋繁露》와《董子文集》이 있음.《漢書》卷56에 傳이
있음.
【春秋繁露】 동중서의 저술로 총17권 82편.《春秋》의 本旨를 살려 公羊學을
숭상함. 그 외에 陰陽五行說과 天人感應說 등을 주장함.《漢書》에는《蕃露》로
되어 있음.
【詞】〈四庫全書〉本에는 '辭'로 되어 있음.

> ### 참고 및 관련 자료

1. 동중서의 《春秋繁露》成書 과정을 적은 神秘 故事.
2. 《漢書》卷56 董仲舒傳
仲舒所著, 皆明經術之意, 及上疏條敎, 凡百二十三篇. 而說春秋事得失, 聞擧·
玉杯·蕃露·淸明·竹林之屬, 復數十篇, 十餘萬言, 皆傳於後世. 掇其切當世施
朝廷者著于篇.

3. 《太平廣記》卷137

漢董仲舒常夢蛟龍入懷中，乃作春秋繁露.(出《小說》)

〈侍女像〉河南 南陽 출토

046(2-15) 讀千賦乃能作賦

천 편의 부를 읽으면 능히 부를 지을 수 있다

어떤 사람이 양웅揚雄에게 부賦 짓는 법을 묻자 양웅은 이렇게 대답해
주었다.

"일천 수首의 부를 읽고 나면 이에 능히 부를 지을 수 있습니다."

或問揚雄爲賦, 雄曰:「讀千首賦, 乃能爲之.」

【或問】 다른 기록에는 桓譚이 물어본 것으로 되어 있음.
【揚雄】 전출 143(2-12) 참조.

참고 및 관련 자료

1. 漢代에 유행한 賦 作品의 作法에 대해 多讀의 원리를 밝힌 것임.
2. 《意林》卷3에 桓譚의 《新論》〈道賦〉를 인용한 구절.
揚子雲攻於賦, 王君大習兵器, 余欲從二子學, 子雲曰:「能讀千賦, 則善賦.」
君大曰:「能觀千劍, 則曉劍.」
3. 《北堂書鈔》卷202「賦」
桓子新論: 余少好文, 見楊子雲賦頌, 欲從學. 子雲曰:「能讀千賦, 則善之矣.」
4. 《藝文類聚》卷56「賦」
桓子新論曰: 余少時, 見楊子雲麗文高論, 不量年少. 猥欲逮及. 常作小賦, 用精
思大劇, 而立感動發病. 子雲亦言成帝上甘泉, 詔使作賦, 爲之卒暴, 倦臥. 夢其
五藏出地, 及覺大少氣, 病一歲. 余素好文, 見子雲工爲賦, 欲從之學. 子雲曰:
「能讀千賦, 則善爲之矣.」

047(2-16) 聞詩解頤
시경 해석을 듣고 턱이 벌어지다

광형匡衡은 자가 치규稚圭이며 학문에 열중하였으나 불을 밝힐 초가 없었다. 이웃집에서 촛불을 밝혔으나 그 불빛이 자신에게까지 미치지 못하자 광형은 벽을 뚫어 그 빛을 끌어들여 책을 그 빛에 비추어 읽었다.

그 고을 큰 집안에 인물이 하나 있었는데 글을 몰랐지만 집이 부유하여 많은 책을 가지고 있었다. 광형은 이에 그 집에 품팔이를 하겠다고 찾아가 어떤 보상도 요구하지 않겠다고 하였다. 주인은 괴이하게 여겨 까닭을 묻자 광형은 이렇게 말하였다.

"원컨대 주인께서 가지고 계신 책을 한 번 두루 읽어 보았으면 합니다."

주인은 감탄하여 대신 책을 보게 해 주었으며 끝내 광형은 큰 학문을 성취하게 되었다.

광형은 《시詩》에 대한 해설이 뛰어나 당시 사람들은 이를 두고 이렇게 말하였다.

"시에 대해 아는 척하지 말라. 광정匡鼎이 온다. 광정이 시에 대해 얘기하면 사람의 턱이 떡 벌어지게 된다."

정鼎은 광형의 어릴 때 이름이다. 당시 사람들이 광형에 대한 외경심과 탄복함이 이와 같았으며 그의 말을 듣는 자는 누구나 턱을 벌리고 즐거워하였다. 광형과 같은 읍에 사는 어떤 자 중에 역시 《시》 해설을 하는 이가 있었다. 광형은 그를 찾아가 그와 더불어 의심나는 부분을 질의하게 되었다. 그러자 그는 광형에게 기가 꺾여 굴복하고는 신을 거꾸로 신고 떠나 버렸다.

광형이 뒤쫓아가며 말하였다.

"선생께서는 잠깐 멈추어 제 말을 들으시오. 다시 방금 하던 토론을 따져봅시다."

그러나 그는 거절하였다.

"나는 궁하여 더 이상 어쩔 수 없소!"

그리고 떠나며 되돌아오지 않았다.

匡衡, 字稚圭, 勤學而無燭. 鄰舍有燭而不逮, 衡乃穿壁引其光,
以書映光而讀之. 邑人大姓, 文不識, 家富多書, 衡乃與其傭作,
而不求償. 主人怪, 問衡, 衡曰:「願得主人書遍讀之.」主人感嘆,
資給以書, 遂成大學. 衡能說詩, 時人爲之語曰:「無說詩, 匡鼎來;
匡說詩, 解人頤.」鼎, 衡小名也. 時人畏服之如是, 聞者皆解頤
歡笑. 衡邑人有言詩者, 衡從之, 與語質疑, 邑人挫服, 倒屣而去.
衡追之曰:「先生留聽, 更理前論.」邑人曰:「窮矣!」遂去不返.

【匡衡】西漢 때 經學家. 東海郡 承(지금의 山東省 蒼山縣 蘭陵鎭) 땅 출신.
元帝 때에 승상을 지냈으며 樂安侯에 봉해짐. 成帝 때 王尊에게 탄핵을 받아
관직을 박탈당함. 《漢書》에 傳이 있음.

【大學】큰 학문. 즉 大學者. 《太平御覽》 619에는 '大儒'로 되어 있음.

【解頤】놀랍거나 즐거워 턱이 벌어짐.

참고 및 관련 자료

1. 匡衡의 독서 고사로 널리 알려진 내용이며 그의 《詩經》 해석에 대한 일화를
기록한 것임.

2. 《漢書》 卷81 匡衡傳

匡衡字稚圭, 東海承人也. 父世農夫, 至衡好學, 家貧, 庸作以供資用, 尤精力過
絶人. 諸儒爲之語曰:「無說詩, 匡鼎來; 匡說詩, 解人頤.」

3. 《漢書》 匡衡傳「解人頤」의 注

服虔曰:「鼎猶言當也, 若言匡且來也.」應劭曰:「鼎, 方也.」張晏曰:「匡衡少時字
鼎, 長乃易字稚圭. 世所傳衡與貢禹書, 上言衡敬報, 下言匡鼎白, 知是字也.」

師古曰：「服, 應二說是也, 賈誼曰天子春秋鼎盛, 其義亦同, 而張氏之說蓋穿鑿矣. 假有其書, 乃是後人見此傳云匡鼎來, 不曉其意, 妄作衡書云鼎白耳. 字以表德, 豈人之所自稱乎?」今有西京雜記者, 其書淺俗, 出於里巷, 多有妄說, 乃云匡衡小名鼎, 蓋絶知者之聽.

4.《太平廣記》卷173

匡衡, 字稚圭, 勤學而無燭. 隣人有燭而不與, 衡乃穿壁引其光, 以書映之而讀之. 邑人大姓, 文不識, 家富多書, 衡乃爲其傭作, 而不求直. 主人怪而問之, 衡曰：「願得主人書, 遍讀之.」主人感歎, 資給以書, 遂成大學. 能說詩, 時人爲之語曰：「無說詩, 匡鼎來; 匡說詩, 解人頤.」鼎, 衡小名也. 時人畏服之如此, 聞之皆解頤歡笑. 衡邑人有言詩者, 衡從之, 與語質疑, 邑人挫服, 倒屣而去. 衡追之曰：「先生留聽, 更理前論.」邑人曰：「窮矣!」遂去不顧.

〈車馬紋〉漢代 畫像磚 貴州 赫章縣 출토

048(2-17) 惠生嘆息
혜장의 탄식

장안長安에 혜장惠莊이라는 유생이 있었다. 그는 주운朱雲이 오록충종五鹿充宗의 뿔을 꺾었다는 소문을 듣고 이렇게 탄식하였다.

"겨우 누에고치나 밤톨, 송아지 만한 하찮은 자가 어쩌면 능히 그런 일을 해낼 수 있을까? 나는 끝내 구렁텅이 속에 빠져 죽어가고 있는 것이 부끄럽도다."

그리고는 드디어 식량을 싸들고 주운을 섬기겠다고 나섰다. 그런데 주운이 혜장과 이야기를 나누면서 묻는 말에 혜장은 제대로 대답을 하지 못하고 말았다. 혜장은 머뭇거리다가 발걸음을 돌리고는 자기 가슴을 치며 다른 사람에게 이렇게 말하였다.

"내 입은 능히 달변을 토해내지 못하지만 내 마음 속에는 많은 생각이 들어있는데."

長安有儒生曰惠莊, 聞朱雲折五鹿充宗之角, 乃嘆息曰:「繭栗犢反能爾邪? 吾終恥溺死溝中.」遂裹糧從雲. 雲與言, 莊不能對, 逡巡而去, 拊心謂人曰:「吾口不能劇談, 而此中多有.」

【惠莊】 人名. 사적은 未詳.
【朱雲】 자는 游. 西漢 때의 魯(지금의 山東省 남부) 땅 출신. 뒤에 平陵(지금의 陝西省 咸陽市)으로 옮겨 살았음. 처음 任俠을 좋아하였으나 나이 40에 《周易》, 《論語》를 공부하여 元帝 때 五鹿充宗과 《周易》에 대한 토론을 벌여 博士가 됨. 성격이 강직하여 벼슬에 물러나 제자를 가르침. 《漢書》에 傳이 있음.

【五鹿充宗】五鹿은 複姓. 자는 君孟. 梁丘賀의《易》과《齊論語》를 전수한 인물로 언변에 뛰어 났음. 元帝 때에 신임을 받아 石顯 등과 결탁 京房을 파직시킴. 그 뒤 尙書令, 少府 등의 관직에 올랐으나 자신도 참훼를 입고 玄菟太守로 폄직됨. 저서로《周易略說》이 있었으나 전하지 않음. 관련 기록으로《漢書》藝文志, 朱雲傳, 佞幸傳, 京房傳 등을 볼 것. 본책 권1. 020(1-20) 참조.

【繭栗犢】누에고치, 밤송이, 송아지 뿔. 하찮고 나약함을 비유함. 혹은 누에고치나 밤송이 정도 크기의 송아지 뿔을 가리킴.

【溺死溝中】'뜻을 이루지 못하고 용렬하게 살다가 가치 없이 죽다'라는 뜻.

【逡巡】머뭇거림. 첩운연면어.

【劇談】유창한 말솜씨.

참고 및 관련 자료

1. 漢代 學問과 명분에 대한 열정을 기록한 것임.

2.《漢書》卷67 朱雲傳

硃雲字游, 魯人也, 徙平陵. 少時通輕俠, 借客報仇. 長八尺餘, 容貌甚壯, 以勇力聞. 年四十, 乃變節從博士白子友受易, 又事前將軍蕭望之受論語, 皆能傳其業. 好倜儻大節, 當世以是高之. (略) 是時, 少府五鹿充宗貴幸, 爲梁丘易. 自宣帝時善梁丘氏說, 元帝好之, 欲考其異同, 令充宗與諸易家論. 充宗乘貴辯口, 諸儒莫能與抗, 皆稱疾夫敢會. 有薦雲者, 召入, 攝齊登堂, 抗首而請, 音動左右. 旣論難, 連拄五鹿君, 故諸儒爲之語曰:「五鹿嶽嶽, 硃雲折其角.」繇是爲博士.

049(2-18) 搔頭用玉
소두를 옥으로 만들다

무제武帝가 이부인李夫人에게 찾아갔을 때 그에게 가까이 다가가 그 여인의 옥 비녀를 뽑아 그것으로 머리카락을 빗겨 주었다. 이로부터 궁녀들은 소두搔頭를 모두 옥으로 만들었으며 옥 값이 배로 뛰어 비싸졌다.

武帝過李夫人, 就取玉簪搔頭. 自此後宮人搔頭皆用玉, 玉價倍貴焉.

【武帝】 西漢 제 5대 황제 劉徹. 재위는 B.C.140~B.C.87.
【李夫人】 무제의 夫人. '夫人'은 궁중 여인의 칭호. 원래 俳優로는 入宮하여 무제의 총애를 받았으며 그의 오빠 李延年, 李廣利가 그로 인해 權臣이 됨. 이부인은 昌邑哀王을 낳고 일찍 죽음. 이에 무제는 이부인을 잊지 못하여 〈悼李夫人賦〉를 지었으며 《漢書》卷97(上) 外戚傳(李夫人傳)에 실려 있음.
【搔頭】 비녀의 일종. 혹은 머리를 긁는 기구.

참고 및 관련 자료

1. '玉搔頭'의 유래와 武帝의 李夫人 사랑에 대한 기록임.
2. 《漢書》卷97(上) 李夫人傳 참조.
3. 《太平廣記》卷229
漢武帝, 過李夫人, 就取玉簪拴頭. 自此宮人搔頭皆用玉, 爲之貴焉.

050(2-19) 精弈棋裨聖教
바둑에 정통하면
　　　성인의 가르침을 보비할 수 있다

　두릉杜陵의 두부자杜夫子는 바둑을 아주 잘 두어 천하제일로 이름이 났었다. 혹 어떤 사람이 시간을 낭비하는 짓이라고 놀려대자 두부자는 이렇게 말하였다.
　"바둑의 이치에 정통하면 족히 성인의 가르침을 크게 보비補裨할 수 있다."

　杜陵杜夫子善弈棋, 爲天下第一. 人或譏其費日, 夫子曰:「精其理者, 足以大裨聖敎.」

【杜陵】 지명. 원래 杜縣이었으나 漢 宣帝의 陵이 들어서면서 '杜陵'이라 고쳐 부름. 지금의 陝西省 西安市 동남쪽 지역.
【杜夫子】 杜는 성씨. 夫子는 고대 '선생님', 혹은 남자를 높여 부르는 말.
【聖敎】 聖人의 가르침.

　　참고 및 관련 자료
　1. 바둑의 효용성에 대한 설명임.

051(2-20) 彈棋代蹴踘
탄기 놀이로 축국을 대신하다

성제成帝는 축국蹴踘을 아주 좋아하였다. 여러 신하들이 축국은 몸을 피로하게 하는 것으로 지존至尊의 임금이 즐길 운동이 아니라고 하였다. 그러자 성제는 이렇게 말하였다.

"짐朕이 이렇게 좋아하는데 가히 이와 비슷한 운동이면서 몸을 피로하지 않게 하는 것이 있으면 주상奏上하라."

우리 아버지께서 이에 탄기彈棋 놀이를 만들어 바치자 성제께서는 아주 기뻐하시면서 푸른 빛 염소 가죽의 외투와 보라색 실로 짠 신발을 하사해 주셨다. 아버지는 이를 입고 신고 조회에 나가 임금을 뵈었다.

成帝好蹴踘, 群臣以蹴踘爲勞體, 非至尊所宜. 帝曰:「朕好之, 可擇似而不勞者奏上.」家君作彈棋以獻, 帝大悅, 賜青羔裘·紫絲履, 服以朝覲.

【成帝】西漢 제 9대 황제(재위 B.C.32~B.C.7).

【蹴踘】오늘날의 축구와 같은 놀이. 뒤에 踘蹴, 鞠蹴 등으로도 표기하였음. 041 참조.

【至尊】아버지. 자신의 아버지를 대외적으로 일컫는 말. 본《西京雜記》가 劉歆이 쓴 경우 劉向을 가리킴.

【彈棋】고대 博戱의 일종. 두 사람이 對局을 하며 흑백 6개를 손으로 튕겨 상대의 것을 맞추면 이기는 놀이. 魏나라 때는 16개. 唐나라 때는 24개로 하였으나 그 뒤 사라짐.《世說新語》참조.

【青羔裘】검은 색 염소 가죽으로 만든 외투. '羔'는 '殺'와 같음. 殺羊.

1. 성제의 축국 놀이와 그에 대치하기 위해 생긴 彈棋의 유래에 대한 설명임.

2. 余嘉錫은 《四庫提要辨證》에서 이는 葛洪이 劉歆의 《七略》중의 「兵書略」에 있는 《蹴踘新序》를 초록한 것으로 보아 본문에서 '家君'은 유흠의 아버지 劉向을 가리킨다고 보았음.(본책 부록부분 참조).

3. 《世說新語》 巧藝篇 849(21-1)의 注. 傅玄《彈棋賦敍》에 대한 劉孝標 注.
傅玄彈棋賦敍曰:「漢成帝好蹴踘, 劉向以謂勞人體, 竭人力, 非至尊所宜. 御乃因其體, 作彈棋. 今觀其道, 蹴踘道也.」 按: 玄此言, 則彈棋戱, 其來久矣. 且梁冀傳云:「冀善彈棋, 格五.」而此云起魏世, 謬矣.

4. 《太平廣記》 卷228
漢成帝好蹵鞠, 群臣以蹵鞠勞體, 非尊者所宜. 帝曰:「朕好之, 可擇似而不勞者奏之.」 劉向奏彈棊以獻, 上悅, 賜靑羔裘・紫絲履, 服以朝覲.(出《小說》)

〈牛耕圖〉(부분, 東漢) 1952 江蘇 睢寧縣 東漢墓 출토

052(2-21) 雪深五尺

눈이 다섯 자나 오다

원봉元封 2년, 큰 추위가 몰려왔으며 눈이 다섯 자나 내렸다.

그 때문에 들의 새와 짐승은 다 얼어죽고 소나 말도 모두 움츠러들어 마치 고슴도치 같이 되었다. 그리고 삼보三輔의 백성들도 얼어죽은 자가 열에 두세 명이나 되었다.

元封二年, 大寒, 雪深五尺, 野鳥獸皆死, 牛馬皆蜷縮如蝟, 三輔人民凍死者十有二三.

【元封】漢 武帝의 연호 (B.C.110~B.C.105). 원봉 2년은 B.C.109년.
【蝟】猬로도 쓰며 刺蝟. 고슴도치.
【三輔】西漢 때 京畿 지역을 셋으로 나누었음. 즉, 京北尹, 左馮立羽, 右扶風으로 하여 직할지구로 삼았으며 이를 '三輔'라 부름.

참고 및 관련 자료

1. 무제 때 큰 눈이 내린 상황을 적은 것으로 元封 2年은 元鼎 2年(B.C.115)의 잘못이 아닌가 함.
2. 《漢書》五行志(中之下)
武帝元狩元年十二月, 大雨雪, 民多凍死.
元鼎二年三月, 雪平地厚五尺.
元帝建昭二年十一月, 齊楚地大雪. 深五尺.

053(2-22) 四寶宮
사보궁

　무제武帝는 칠보상七寶床, 잡보안雜寶桉, 측보병풍廁寶屏風, 열보장列寶帳
을 만들어 이를 계궁桂宮에 진열해 두었다. 그래서 당시 사람들은 계궁을
'사보궁四寶宮'이라 불렀다.

　　武帝爲七寶床·雜寶桉·廁寶屏風·列寶帳, 設於桂宮, 時人
謂之四寶宮.

【七寶床】 일곱 가지 보물로 장식한 침대.
【桂宮】 西漢 때의 궁궐 이름. 武帝 때 세웠으며 未央宮의 북쪽에 있어 '北宮'으로도
　부름. 주위가 40여 리였으며 지금의 陝西省 長安縣 서북쪽에 있었음.

参고 및 관련 자료

1. '桂宮'을 '四寶宮'이라 부르게 된 연유를 기록함.
2.《太平廣記》卷229
漢武帝爲七寶牀·雜寶案·雜寶屏風·雜寶帳, 設於桂宮, 時人謂之四寶宮.
3.《太平廣記》卷403
武帝爲七寶牀·雜寶桉屏風·雜寶帳, 設於桂宮, 時人謂之四寶宮.(《拾遺錄》)
4.《初學記》卷25
武帝爲七寶牀, 設於桂宮.

054(2-23) 河決龍蛇噴沫
제방이 터지자 용이 나타나 분말을 일으키다

하수河水의 호자구瓠子口 제방이 터지자 교룡蛟龍이 나타났으며 아홉
마리 새끼용이 따르고 있었다. 그들은 터진 물 속을 거슬러 황하로
들어갔으며 그때 내뿜는 포말泡沫의 유파流波가 수십 리나 뻗쳐나갔다.

瓠子河決, 有蛟龍從九子, 自決中逆上入河, 噴沫流波數十里.

【瓠子河】 고대 黃河와 大野澤을 관통하던 냇물.(지금의 山東省 巨野. 鄆城 사이).
  그 냇물이 황하로 유입되는 合口를 '瓠子', 혹은 '瓠子口'로 부름.(지금의 河南省
  濮陽縣 남쪽).
【蛟龍】 고대 전설상의 동물. 형상이 龍과 같아 붙인 이름.

참고 및 관련 자료

1. 황하 범람에 대한 기록으로 물결의 흉망함을 표현한 것으로 보임.
2. 《史記》卷29 河渠書
天子旣臨河決, 悼功之不成, 乃作歌曰:「瓠子決兮將奈何? 晧晧旰旰兮閭殫爲河!
殫爲河兮地不得寧, 功無已時兮吾山平. 吾山平兮鉅野溢, 魚沸鬱兮柏冬日. 延道
弛兮離常流, 蛟龍騁兮方遠遊. 歸舊川兮神哉沛, 不封禪兮安知外! 爲我謂河伯兮
何不仁, 泛濫不止兮愁吾人? 齧桑浮兮淮泗滿, 久不反兮水維緩.」一曰:「河湯
湯兮激潺湲, 北渡污兮浚流難. 搴長茭兮沈美玉, 河伯許兮薪不屬. 薪不屬兮衛
人罪, 燒蕭條兮噫乎何以禦水! 穨林竹兮楗石菑, 宣房塞兮萬福來.」於是卒塞瓠子,
築宮其上, 名曰宣房宮. 而道河北行二渠, 復禹舊迹, 而梁楚之地復寧, 無水災.

055(2-24)　百日雨
백일우

문제文帝 초에 비가 많이 내려 그 장마가 백 일이나 계속되다가 그쳤다.

文帝初, 多雨, 積霖百日而止.

【文帝】西漢 제 3대 황제 劉恒. 재위는 B.C.179~B.C.157년.
【積霖】장마. 계속 내리는 비.《左傳》隱公 9년에 "凡雨自三日以往爲霖"이라 함.

참고 및 관련 자료

1.《漢書》文帝紀나 五行志 등에는 積霖의 기록이 없음.

〈陶船〉(東漢 明器) 1954 廣東 廣州 출토

056(2-25) 五日子欲不擧
5월 5일에 태어난 아이를 기르지 않으려 하다.

왕봉王鳳은 5월 5일 태어났다는 이유로 그의 아버지가 기르지 않으려 하였다. 그러면서 이렇게 말하였다.

"속설에 '5월 5일에 태어난 자를 길러 그 키가 문설주만큼 크면 스스로 상해하거나 아니면 자신의 부모에게 해를 입힌다'더라."

그러자 그의 숙부가 이렇게 말해 주었다.

"옛날 전문田文이 바로 이날 태어나자 그 아버지 전영田嬰이 전문을 낳은 어머니에게 '기르지 말라!'고 명령하였다. 그러나 어머니가 몰래 길러 뒤에 그 아이가 맹상군孟嘗君이 되었고 그 어머니는 설공대고薛公大家가 되었다. 이러한 옛일을 미루어 보건대 상서롭지 못한 것이 결코 아니다."

이리하여 드디어 그 아이를 거두어 길렀다.

王鳳以五月五日生, 其父欲不擧, 曰:「俗諺:『擧五日子, 長及戶則自害, 不則害其父母.』」其叔父曰:「昔田文以此日生, 其父嬰勅其母曰:『勿擧!』其母竊擧之. 後爲孟嘗君, 號其母爲薛公大家. 以古事推之, 非不祥也.」遂擧之.

【王鳳】자는 孝卿(?~B.C.22). 西漢 때 東平陵(지금의 山東省 濟南) 출신. 元帝 皇后인 王政君의 오빠. 처음 衛尉였으나 아버지의 爵位를 이어받아 陽平侯에 봉해짐. 成帝 때에는 외척의 권세로 大司馬, 大將軍 등을 역임함. 그의 아버지는 《漢書》 元后傳에 의하면 王禁, 자는 稚君, 시호는 頃侯.

【叔父】王鳳의 숙부는 《漢書》元后傳에 의하면 王弘. 長樂衛尉를 지냄.
【田文】戰國四公子의 하나인 孟嘗君. 薛公으로도 불림. 그의 아버지는 田嬰으로
薛 땅에 봉해져 薛公이라 불리며 靖郭君이라 하였음. 《史記》孟嘗君列傳 참조.
【大家】'대고'로 읽음. '家'는 '姑'와 같음. 고대 婦女에 대한 尊稱.

참고 및 관련 자료

1. 중국 古代 俗說의 5月 5日 生에 대한 일화를 적은 것. 《風俗通》에 "俗說五月五日
生子, 男害父, 女害母"라 하여 현대정신분석학의 「Oedipus Complex」로 보고
있음.

2. 《史記》卷75 孟嘗君列傳
初, 田嬰有子十餘人, 其賤妾有子名文, 文以五月五日生. 嬰告其母曰:「勿擧也.」
其母竊擧生之. 及長, 其母因兄弟而見其子文於田嬰. 田嬰怒其母曰:「吾令若去
此子, 而敢生之, 何也?」文頓首, 因曰:「君所以不擧五月子者, 何故?」嬰曰:
「五月子者, 長與戶齊, 將不利其父母.」文曰:「人生受命於天乎? 將受命於戶邪?」
嬰默然. 文曰:「必受命於天, 君何憂焉? 必受命於戶, 則可高其戶耳, 誰能至者!」
嬰曰:「子休矣.」

3. 《漢書》卷98 元后傳
元帝崩, 太子立, 是爲孝成帝. 尊皇后爲皇太后, 以鳳爲大司馬大將軍領尙書事,
益封五千戶. 王氏之興自鳳始. 又封太后同母弟崇爲安成侯, 食邑萬戶. 鳳庶弟
譚等皆賜爵關內侯, 食邑.

057(2-26) 雷火燃木得蛟龍骨
번갯불이 나무를 태운 후 용골을 얻다

혜제惠帝 7년 여름, 우레가 남산南山을 쳐서 큰 나무 수천 그루가 모두 그 가지 끝까지 타고 말았다. 그리고 그 나무아래 수십 무畝의 땅에 났던 풀들은 모두가 누렇게 그을리고 말았다. 그로부터 백여 일쯤 뒤에 평민이 그 속에서 용골龍骨 한 구具, 교골蛟骨 두 구를 주웠다.

惠帝七年夏, 雷震南山, 大木數千株皆火燃至末. 其下數十畝地, 草皆焦黃, 其後百許日, 家人就其間得龍骨一具, 鮫骨二具.

【惠帝】西漢 2대 황제 劉盈(B.C.210~B.C.188). 劉邦과 呂后사이에 태어나서
B.C.194~B.C.188 재위 후 未央宮에서 23세로 죽음. 7年은 B.C.188년.
【南山】終南山. 지금의 陝西省 西安市 남쪽에 있는 산.
【家人】平民. 혹은 奴僕을 일컫기도 함.
【鮫】'蛟'와 같음. 전설 속의 용.

참고 및 관련 자료

1. 고대 自然界의 신비와 이를 짐승 뼈와 연결시켜 기록한 것임.

058(2-27) 酒脯之應
술과 포를 갖추어 놓다

고조高祖 유방劉邦이 사수泗水의 정장亭長이 되어 도졸徒卒들을 여산驪山
으로 압송하게 되었다. 고조는 도중에 자신과 면식이 있는 일부 도졸들을
풀어주게 되었다. 도졸들은 이에 술 두 병, 사슴 뱃살, 소간 각 하나씩을
고조에게 선물하였다. 고조는 이에 그래도 떠나지 않고 자신을 따르기를
원하는 자들과 그 술과 음식을 먹은 후에 자리를 떴다.

뒤에 황제로 즉위해서도 아침저녁 식사를 준비하는 상식관尙食官은
언제나 이 두 가지 구운 고기와 술 두 병씩을 함께 마련하였다.

高祖爲泗水亭長, 送徒驪山, 將與故人訣去. 徒卒贈高祖酒
二壺, 鹿肚·牛肝各一. 高祖與樂從者飮酒食而去. 後卽帝位,
朝晡尙食, 常具此二炙, 並酒二壺.

【泗水】 亭이름. 지금의 江蘇省 沛縣 동쪽.
【亭長】 亭(고대 행정단위. 10里를 1亭으로 함)의 우두머리. 劉邦은 秦末에 泗水
  亭長을 지냈음.
【驪山】 지금의 陝西省 臨潼縣 동남쪽. 藍田山이라고도 하며 始皇 때 이곳에
  陵墓를 짓기 위한 토목공사를 벌임.《漢書》高帝紀 注에 "應劭曰: 秦始皇葬於驪山,
  故郡國送徒士往作"이라 함.
【朝晡】 '朝'는 아침, '晡'는 저녁.
【尙食】 官名. 황제의 음식을 관장하는 직무를 맡음.《西京雜記校注》에서는
  '尙食' 다음에 다른 말이 빠진 것으로 보았음.

1. 고조가 大澤에서 겪었던 고생과 그때의 일을 잊지 못해 황제에 오르고 나서도 그 음식을 갖추도록 하였다는 고사를 기록함.

2. 《史記》 卷8 高祖本紀

高祖以亭長爲縣送徒驪山, 徒多道亡. 自度此至皆亡之, 到豐西澤中, 止飲, 夜乃解縱所送徒. 曰: 『公等皆去, 吾亦從此逝矣!』 徒中壯士願從者十餘人.

3. 《漢書》 卷1 高帝紀(上)

高祖以亭長爲縣送徒驪山, 徒多道亡. 自度比至皆亡之, 到豐西澤中亭, 止飲, 夜皆解縱所送徒. 曰: 「公等皆去, 吾亦從此逝矣!」 徒中壯士願從者十餘人.

〈鴨〉泥摹藝術

059(2-28) 梁孝王宮囿
양 효왕의 궁과 놀이터

　　양梁 효왕孝王은 궁실과 원유苑囿를 지어 즐기기를 좋아하였다. 그래서 그는 요화궁曜華宮과 토원兎園을 지었다. 그 원園 속에 다시 백령산百靈山을 만들고 그 산꼭대기에 부촌석膚寸石, 낙원암落猿巖, 서룡수棲龍岫를 만들어 얹었다. 그런가하면 다시 안지雁池를 팠으며 그 못 중간에 학주鶴洲와 부저鳧渚까지 만들어 주었다. 그 여러 개의 궁실과 경관이 서로 연결되게 하여 그 길이가 수십 리나 뻗쳐져 있었다. 그곳엔 기이한 과실과 이상한 나무, 아름다운 새들과 괴이한 짐승이 고루 구비되어 있었다. 양효왕은 날마다 궁인, 빈객들과 어울려 그곳에서 새 낚기, 고기 낚시를 즐겼다.

　　梁孝王好營宮室苑囿之樂, 作曜華宮, 築兎園. 園上有百靈山, 山有膚寸石, 落猿巖, 棲龍岫. 又有雁池, 池間有鶴洲鳧渚. 其諸宮觀相連, 延亘數十里. 奇果異樹, 瑰禽怪獸畢備. 王日與宮人賓客, 弋釣其中.

【梁孝王】이름은 劉武. 漢 文帝의 아들로 처음 代王에 봉해졌다가 다시 淮陽王를 거쳐 梁王에 봉해짐. '七國叛亂' 때 吳・楚에 대항한 공로를 인정받아 文帝와 竇太后의 총애를 입음. 시호는 孝王.
【曜華宮】梁王의 궁궐로 지금의 睢陽城 북쪽에 있음.
【兎園】양왕의 園囿로 지금의 河南省 商丘縣에 있으며 《史記》에는 '東苑'으로 되어 있음. 이곳에 司馬相如, 枚乘, 鄒陽 등을 불러 賦를 짓고 놀기도 함. 098(4-10) 참조. '竹園'이라고도 함.

【膚寸石】고대 손가락 한마디를 一寸, 그 네 마디를 一膚라 함. 작은 돌로 만든 石岩을 뜻함.

【鶴洲】학이 내려 앉을 수 있는 모래톱.

【鳧渚】오리가 잠깐 나와 쉴 수 있는 물가, 모래톱.

참고 및 관련 자료

1. 梁孝王의 호사와 사치를 기록한 것으로 園囿에 관한 중요한 자료임.

2. 《史記》卷58 梁孝王世家

孝王, 竇太后少子也, 愛之, 賞賜不可勝道. 於是孝王築東苑, 方三百餘里. 廣睢陽城七十里. 大治宮室, 爲複道, 自宮連屬於平臺三十餘里. 得賜天子旌旗, 出從千乘萬騎. 東西馳獵, 擬於天子.

3. 《史記》같은 곳의 張守節 「正義」

正義: 括地志云「免園在宋州宋城縣東南十里. 葛洪西京雜記:『梁孝王苑中有落猨巖, 栖龍岫, 鴈池, 鶴洲, 鳧島. 諸宮觀相連, 奇果佳樹, 瑰禽異獸, 靡不畢備.』俗人言梁孝王竹園也.」

4. 《史記》같은 곳. 司馬遷의 말

太史公曰:『梁孝王雖以親愛之故, 王膏腴之地, 然會漢家隆盛, 百姓殷富, 故能植其財貨, 廣宮室, 車服擬於天子. 然亦僭矣.

5. 《漢書》卷47 文三王傳(梁孝王劉武)

孝王, 太后少子, 愛之, 賞賜不可勝道. 於是孝王築東苑, 方三百餘里. 廣睢陽城七十里. 大治宮室, 爲復道, 自宮連屬於平臺三十餘里. 得賜天子旌旗, 從千乘萬騎. 出稱警, 入言畢, 擬於天子.

6. 《史記》卷108 韓長孺列傳

梁孝王, 景帝母弟, 竇太后愛之, 令得自請置相, 二千石, 出入游戲, 僭於天子.

7. 《漢書》卷52 韓安國傳

孝王以親故, 得自置相, 二千石, 出入游戲, 僭於天子.

8. 《漢書》卷47 文三王傳 梁孝王 劉武

梁孝王未死時, 財以鉅萬計, 不可勝數, 及死, 藏府餘黃金尚四十餘萬斤, 他財物稱是.

060(2-29) 魯恭王禽鬪
노 공왕의 새싸움 놀이

　노魯 공왕恭王은 닭싸움, 오리싸움, 거위싸움, 기러기싸움 등을 좋아
하였으며 공작孔雀, 교정鵁鶄을 기르기 좋아하였다. 이에 소요되는 곡식
만도 일년에 이천 석石이나 되었다.

　魯恭王好鬪雞鴨及鵝雁, 養孔雀·鵁鶄, 俸穀一年費二千石.

【魯恭王】 이름은 劉餘. 漢 景帝의 아들로 처음 淮陽王에 봉해졌다가 뒤에 魯王에
　오름. 궁실과 園囿를 지어 짐승과 奇花瑤草를 기르기 좋아함. 특히 그는 궁실을
　넓히기 위해 孔子舊宅을 헐다가 蝌蚪文의 古文經典을 발견한 사건으로 더욱
　유명함. 시호는 恭(《史記》에는 共으로 되어 있음).
【鵁鶄】 물새의 일종. 013(1-13) 참조.
【石】 섬. 곡식을 세는 단위. 古代 10斗를 1石으로 함.

참고 및 관련 자료

1. 魯恭王의 호사와 취미를 기록함.
2. 《史記》 卷59 五宗世家(魯共王)
　魯共王餘, 以孝景前二年用皇子爲淮陽王. 二年, 吳楚反破後, 以孝景前三年徙
　爲魯王. 好治宮室苑囿狗馬. 季年好音, 不喜辭辯. 爲人吃.
3. 《漢書》 卷53 景十三王傳(魯恭王劉餘)
　魯共王餘以孝景前二年立爲淮陽王. 吳楚反破後, 以孝景前三年徙王魯. 好治宮
　室苑囿狗馬, 季年好音, 不喜辭. 爲人口吃難言.

4.《漢書》같은 곳.

恭王初好治宮室, 壞孔子舊宅以廣其宮, 聞鐘磬琴瑟之聲, 遂不敢復壞, 於其壁
中得古文經傳.

5.《漢書》卷30 藝文志

古文尙書者, 出孔子壁中. 武帝末, 魯共王壞孔子宅, 欲以廣其宮, 而得古文尙書
及禮記·論語·孝經凡數十篇, 皆古字也. 共王往入其宅, 聞鼓琴瑟鐘磬之音, 於
是懼, 乃止不壞.

〈玉人〉(商) 1976 河南 安陽 婦好墓 출토

061(2-30) 流黃簟
유황점

회계군會稽郡에서는 매년 때맞추어 죽점竹簟을 헌상하여 황제에 공용供用으로 하였다. 세상에서는 이를 '유황점流黃簟'이라 하였다.

會稽歲時獻竹簟供御, 世號爲流黃簟.

【會稽】郡 이름. 治所는 吳縣(지금의 江蘇省 蘇州). 順帝 때 山陰(지금의 浙江省 紹興)으로 옮김. 그 관할 지역은 지금의 江蘇省 남쪽, 浙江省, 福建省에 이름. 竹簟이 나기로 유명함.(《世說新語》)
【竹簟】대나무로 만든 돗자리.
【流黃】褐黃色을 뜻함.

참고 및 관련 자료

1. 지역 특산물의 貢物에 대한 기록.
2. 《世說新語》德行篇 044(1-44)
王恭從會稽還, 王大看之, 見其坐六尺簟, 因語恭:「卿東來, 故應有此物, 可以一領及我?」恭無言. 大去後, 卽擧所坐者送之. 旣無餘席, 便坐薦上. 後大聞之, 甚驚, 曰:「吾本謂卿多, 故求耳.」對曰:「丈人不悉恭; 恭作人無長物.」

062(2-31) 買臣假歸
주매신이 고향에 나타나다

주매신朱買臣이 회계태수會稽太守가 되어 장수章綬를 몸에 지닌 채 사정
舍亭으로 돌아왔을 때 그 곳 사람들은 그가 그렇게 현달한 줄을 모르고
있었다. 알고 지내던 전발錢勃이 주매신이 땡볕에 노출되어 있는 모습을
보고 이에 이렇게 위로하였다.

"힘들지 않습니까?"

그리고는 그에게 비단부채 하나를 주었다. 주매신이 자신의 임지인
회계군에 이르자 전발을 상객上客으로 대접하였고 얼마 후 그를 연사掾史로
삼아 주었다.

朱買臣爲會稽太守, 懷章綬, 還至舍亭, 而國人未知也. 所知
錢勃, 見其暴露, 乃勞之曰:「得無罷乎?」遺與紈扇. 買臣至郡,
引爲上客, 尋遷爲掾史.

【朱買臣】 (?~B.C.115) 西漢 때 吳縣 출신. 자는 翁子. 武帝 때 會稽太守를 지냈으며
主爵都尉에 올랐으나 張湯과의 알력으로 무제에게 죽음을 당함. 《漢書》에 傳이 있음.
【會稽】 지명. 061 注 참조
【章綬】 官印을 꿴 실. 漢나라 때 太守는 銀印靑綬를 씀.
【舍亭】 客館.
【國人】 그곳의 사람들. 한나라 때는 郡國制度로 國은 지방을 뜻함.
【錢勃】 人名. 주매신에 의해 掾史에 오른 인물.
【郡】 郡守의 집무처. 府第. 郡邸. 郡齋.
【掾史】 副官의 일종. 한나라 때 郡國의 長官은 掾史를 임명할 수 있었음.

1. 현달한 자의 귀향 일화로 널리 알려진 고사. 주매신은 아내의 꾸지람으로 공부한 일화로 더욱 널리 알려진 인물임.

2. 《漢書》 卷64(上) 朱買臣傳

初, 買臣免, 待詔, 常從會稽守邸者寄居飯食. 拜爲太守, 買臣衣故衣, 懷其印綬, 步歸郡邸. 直上計時, 會稽吏方相與羣飮, 不視買臣. 買臣入室中, 守邸與共食, 食且飽, 少見其綬. 守邸怪之, 前引其綬, 視其印, 會稽太守章也. 守邸驚, 出語上計掾吏. 皆醉, 大呼曰:「妄誕耳!」守邸曰:「試來視之.」其故人素輕買臣者入(內)視之, 還走, 疾呼曰:「實然!」坐中驚駭, 白守丞, 相推排陳列中庭拜謁. 買臣徐出戶.

〈萬里長城〉〈秦兵馬俑〉 1974, 陝西 秦始皇陵 발굴

西京雜記

卷三〈063-088〉

서한 제 5대 황제 〈漢 武帝〉(劉徹)

녹술로 뱀과 호랑이를 제어하다

내가 잘 아는 국도룡鞠道龍이란 친구는 환술幻術에 뛰어났는데 일찍이 나에게 옛날 있었던 일을 이렇게 일러 주었다.

"동해東海사람 황공黃公은 어려서 술수를 배워 능히 뱀이나 호랑이를 제어할 수 있었다. 그는 적금도赤金刀를 차고 강증絳繒으로 머리를 묶고 서서는 운무雲霧를 일으키며 앉아서는 산하山河를 만들어 냈었다. 그런데 늙고 쇠하여 기력氣力이 쇠잔해 진데다가 술을 지나치게 마셔 그 술수를 더 이상 쓸 수가 없게 되고 말았다. 진秦나라 말기에 백호白虎가 동해 땅에 나타나자 황공은 이에 적도赤刀를 가지고 가서 이를 억눌렀다. 그러나 그 술수가 먹히지 않아 도리어 그 호랑이에게 죽음을 당하고 말았다."

삼보三輔 땅 사람들이 이를 풍속의 무희舞戲로 만들어 전승되었고 한나라가 들어서서도 황제들이 이 고사를 가지고 '각저희角抵戲'를 만들었다고 한다.

余所知有鞠道龍, 善爲幻術, 向余說古時事: 有東海人黃公, 少時爲術, 能制蛇御虎. 佩赤金刀, 以絳繒束髮, 立興雲霧, 坐成山河. 及衰老, 氣力羸憊, 飮酒過度, 不能復行其術. 秦末, 有白虎見於東海, 黃公乃以赤刀往厭之. 術旣不行, 遂爲虎所殺. 三輔人俗用以爲戲, 漢帝亦取以爲角抵之戲焉.

【錄術】錄은 道敎의 秘文. 여기서는 道敎의 法術을 말함.

【余】본《西京雜記》의 저자. 劉歆. 혹은 葛洪.

【鞠道龍】人名. 자세한 사적은 알 수 없음.

【東海】郡이름. 지금의 山東省 剡城縣.

【黃公】人名. 자세한 사적은 알 수 없음.

【赤金刀】'赤金'은 구리를 뜻함. 즉 구리로 만든 칼.

【厭】壓과 같음.

【三輔】서울 장안의 직할 행정구역. 京兆尹. 馮翊. 扶風을 말함. '서울을 輔하는 세 구역'이라는 뜻.

【角抵】角抵戱. 일종의 技藝演戱. 戰國시대 起源하였으며 漢代에는 百戱 중의 하나가 됨. 간단한 故事와 무용으로 표현되며 戱曲의 초기 형태. 오늘날의 씨름과 비슷하다 함.

참고 및 관련 자료

1. 東海 黃公의 무용담을 기록한 것으로 初期 戱曲의 고사로 演化되어 角抵로 발전한 기원을 설명한 것으로 희곡 연구의 귀중한 자료임.

2.《太平廣記》에는 이 문장을《西京雜記》에서 옮겨 온 것으로 밝히고 '葛洪云'이라 하여《西京雜記》의 작자를 갈홍으로 보고 있음.

3. 〈西京賦〉張衡

東海黃公, 赤刀粤祝, 冀厭白虎, 卒不能救. 挾邪作蠱, 於是不售.

4.《搜神記》卷2 039(2-8)

鞠道龍善爲幻術. 嘗云:「東海人黃公, 善爲幻, 制蛇御虎. 常佩赤金刀. 及衰老, 飮酒過度. 秦末, 有白虎見於東海, 詔遣黃公以赤刀往厭之. 術旣不行, 遂爲虎所殺.」

5.《太平廣記》卷284

葛洪云: 余少所知有鞠道龍, 善爲幻術, 向余說古時事: 有東海人黃公, 少時能乘龍御虎. 佩赤金爲刀, 以絳繒束髮, 立興雲霧, 坐成山河. 及衰老, 氣力羸憊, 飮酒過度, 不能行其術. 秦末, 有白虎見於東海, 黃公乃以赤刀厭之. 術旣不行, 爲虎所殺. 三輔人俗用以爲戲, 漢朝亦取以爲角抵之戲焉.

064(3-2) 淮南與方士俱去
회남왕이 방사들과 함께 사라지다

또 그는 이런 이야기를 들려주었다.

"회남왕淮南王은 방사方士를 좋아하였고 방사들도 모두 각각의 술수를 보여주었다. 드디어 어떤 이는 땅을 그려 강이나 물을 만들어냈고, 흙을 모아 산이나 멧부리를 만들어 내었다. 그런가 하면 호흡으로 추위, 더위를 만들어 내었고 물을 뿜어 비나 안개를 만들어 내었다."

회남왕 역시 최후에는 그 여러 방사들과 함께 사라지고 말았다고 한다.

又說: 淮南王好方士, 方士皆以術見, 遂有畫地成江河, 撮土爲山巖, 噓吸爲寒暑, 噴㗜爲雨霧. 王亦卒與諸方士俱去.

【淮南王】劉安(B.C.179~B.C.122).《淮南子》의 저자. 文學을 좋아하였으며 武帝의 命으로《離騷傳》을 지었음. 신선과 方術에 심취하였던 인물. 그러나 元狩元年(B.C.122) 모반을 꾀한다는 죄목으로 하옥되어 죽음.《史記》,《漢書》에 淮南王傳이 있음.
【方士】方術을 부릴 줄 아는 자. 고대 求仙과 煉丹을 통해 長生不老한다고 믿던 사람들.

1. 淮南王 劉安의 成仙而去의 고사로 漢나라때 유행하던 求仙, 方術의 상황을
알 수 있음.

2.《史記》권118 淮南衡山列傳 참조.

3.《漢書》권44 淮南衡山濟北王傳

淮南王安爲人好書, 鼓琴, 不喜弋獵狗馬馳騁, 亦欲以行陰德拊循百姓, 流名譽.
招致賓客方術之士數千人, 作爲内書二十一篇, 外書甚衆, 又有中篇八卷, 言神
仙黃白之術, 亦二十餘萬言.

4.《論衡》道虛篇

淮南王學道, 招會天下有道之人, 傾一國之尊, 下道術之士, 是以道術之士, 並會
淮南, 奇方異術, 莫不爭出. 王遂得道, 擧家升天, 畜產皆仙, 犬吠於天上, 雞鳴於
雲中.

5.《搜神記》卷1 015(1-15)

淮南王安好道術, 設廚宰以候賓客. 正月上辛, 有八老公詣門求見. 門吏白王,
王使吏自以意難之. 曰:「吾王好長生, 先生無駐衰之術, 未敢以聞.」公知不見,
乃更形爲八童子, 色如桃花. 王便見之. 盛禮設樂, 以享八公. 援琴而弦歌曰:
「明明上天, 照四海兮. 知我好道, 公來下兮. 公將與余, 生羽毛兮. 升騰靑雲,
蹈梁甫兮. 觀見三光, 遇北斗兮. 驅乘風雲, 使玉女兮.」今所謂'淮南操'是也.

065(3-3) 揚子雲載輶軒作方言
양자운이 각지를 답사하며
방언이라는 책을 짓다

양자운揚子雲, 揚雄은 기이한 일에 흥미를 가지고 있었다. 그는 항상 연필鉛筆과 목판을 가지고 다니면서 여러 지역의 계리計吏들로부터 각기 다른 지방, 편벽된 절역絶域을 방문하여 사방四方의 언어를 기록, 이를 유헌輶軒에 실릴 비보裨補로 삼았다. 이 역시 홍대洪大한 뜻에서 한 일이다.

揚子雲好事, 常懷鉛提槧, 從諸計吏, 訪殊方絶域四方之語, 以爲裨補輶軒所載, 亦洪意也.

【揚子雲】 揚雄(B.C.53~A.D.18) 西漢 때의 文學家. 哲學者. 學者. 〈甘泉賦〉, 〈羽獵賦〉, 《太玄經》, 《方言》 등이 있음. 《漢書》 卷87 揚雄傳 참조. 043(2-12) 참조.

【鉛】 납 분필. 木板에 쉽게 쓰기 위한 鉛筆.

【計吏】 漢代 각 郡國의 관리로 그 해 일년의 인구, 생산량 등을 계량하여 보고하는 일을 맡음. 오늘날의 통계관.

【殊方】 異方과 같은 異域. 他鄉.

【輶軒】 원래는 使臣이 타는 수레. 《風俗通》序에 "周秦常以歲八月遣輶軒之使, 求異代方言, 還奏籍之, 藏於秘室"이라 함. 揚雄《方言》의 원제목은 《輶軒使者絶代語釋別國方言》이며 원래 15권이었으나 지금은 13권이 남음.

【洪意】 여기서 '洪'은 '葛洪'의 人名으로 보는 견해도 있음. 이 경우 "이 역시 나 갈홍의 의견이다"로 풀이됨.

참고 및 관련 자료

1. 揚雄《**方言**》의 成書 과정을 기록한 것임.

2. 《**漢書**》卷87, 88. 揚雄傳 참조.

3. 《**答劉歆書**》

常把三寸弱翰, 賷油素四尺, 以問其異語, 歸卽以鉛摘次之於槧, 二十七歲於今矣.

4. 《**輶軒使者絶代語釋別國方言**》의 郭璞 서문 참조.

〈人形銅燈〉(戰國, 齊) 1957 山東 諸城 출토

066(3-4) 鄧通錢文侔天子
등통의 동전이 천자의 것과 같았다

문제文帝 때 등통鄧通이 촉蜀의 동산銅山을 하사받고 이에 동전을 주조할
수 있는 허락까지 얻게 되었다. 그는 동전의 문자文字와 둘레와 구멍을
모두 천자天子의 것과 똑같이 만들었다. 그래서는 부유하기가 황제와
비길 만큼 같아졌다.

당시 오왕吳王 역시 이 동산에서 동전을 만들었다. 그 때문에 '오전吳錢'
이라는 돈이 있으며 약간 무겁기는 하지만 둘레와 구멍은 한나라 조정에서
만든 동전과 다를 바가 없었다.

文帝時, 鄧通得賜蜀銅山, 聽得鑄錢, 文字肉好, 皆與天子錢同,
故富侔人主. 時吳王亦有銅山鑄錢, 故有吳錢, 微重, 文字肉好,
與漢錢不異.

【文帝】 西漢 제3대 黃帝. 劉恒. 재위는 B.C.179~B.C.157년.
【鄧通】 한나라 蜀郡 南安(지금의 四川省 樂山) 출신으로 文帝의 종기를 입으로
　　　빨아준 일로 총애를 받아 蜀郡 嚴道의 銅山을 하사받아 마음대로 동전을 주조
　　　하는 허락을 받음. 《史記》, 《漢書》의 佞幸傳 참조.
【肉好】 동전 네 주위의 圓形을 '肉'이라 하고 가운데 구멍을 '好'라 함.
【吳王】 劉濞(B.C.215~B.C.154). 한 고조 유방의 조카로 吳王에 봉해짐. 景帝
　　　3년(B.C.154)에 楚, 趙, 膠東, 膠西, 濟王, 淄川등과 소위 七國之亂을 일으켰다가
　　　죽음. 《漢書》 荊燕吳傳 참조.

1. 漢代 佞臣 鄧通과 吳王濞의 鑄錢故事.

2. 《史記》卷125 佞幸列傳

文帝時時如鄧通家遊戱, 然鄧通無他能, 不能有所薦士, 獨自謹其身以媚上而已. 上使善相者相通, 曰:「當貧餓死.」文帝曰:「能富通者在我也. 何謂貧乎?」於是賜鄧通蜀嚴道銅山, 得自鑄錢, '鄧氏錢'布天下. 其富如此.

3. 《漢書》卷92 佞幸傳

文帝時間如通家遊戱, 然通無他伎能, 不能有所薦達, 獨自謹身以媚上而已. 上使善相人者相通, 曰:「當貧餓死.」上曰:「能富通者在我, 何說貧?」於是賜通蜀嚴道銅山, 得自鑄錢, 鄧氏錢布天下, 其富如此.

4. 《漢書》卷35 荊燕吳傳

會孝惠·高后時天下初定, 郡國諸侯各務自拊循其民. 吳有豫章郡銅山, 卽招致天下亡命者盜鑄錢, 東煮海水爲鹽, 以故無賦, 國用饒足.

5. 《潛夫論》

○ 鄧通死無簪.(遏利篇)

○ 鄧通幸於文帝, 盡心而不遠, 吮癕而無怍色.(賢難篇)

067(3-5) 儉葬反奢
검소한 장례로 사치를 거부하다

양귀楊貴는 자가 왕손王孫이며 경조京兆 사람이다. 살았을 때는 스스로를
잘 봉양하였고 죽어서는 나체贏體로 종남산終南山에 묻혔다.

그 자손들은 땅을 파고 돌을 뚫어 깊이 일곱 자가 되자 시신을 내려놓고
그 위에 다시 돌로 덮었다. 이는 검소하게 하여 사치스러움을 반대하고자
한 일이었다.

楊貴, 字王孫, 京兆人也. 生時厚自奉養, 死卒裸葬於終南山.
其子孫掘土鑿石, 深七尺而下尸, 上復蓋之以石, 欲儉而反奢也.

【楊貴】 楊王孫을 가리킴. 儉葬으로 고사를 남겼으며 黃老術에 밝았음.
【京兆】 서울을 일컬음. 漢나라때 三輔의 하나. 京兆尹이 관할함.
【贏體】 '贏'는 '裸'의 이체자. 양귀가 전혀 수의를 입지 않은 채로 묻히기를 원함.
【終南山】 秦嶺山峰의 하나. 南山이라고도 칭하며 지금의 陝西省 西安市 남쪽에
　있음.

> ### 참고 및 관련 자료

1. 楊王孫의 節葬故事를 간단히 실음.
2. 《說苑》 卷20 反質篇
楊王孫病且死, 令其子曰:「吾死欲倮葬, 以反吾眞, 必無易吾意.」 祁侯聞之,
往諫曰:「竊聞王孫令葬, 必倮而入地, 必若所聞, 愚以爲不可. 令死人無知則已矣,
若死有知也. 是戮尸於地下也, 將何以見先人, 愚以爲不可.」 王孫曰:「吾將以矯

世也. 夫厚葬誠無益於死者, 而世競以相高, 靡財殫幣, 而腐之於地下. 或乃今日
入而明日出, 此眞與暴骸於中野何異! 且夫死者, 終生之化, 而物之歸者. 歸者得至,
而化者得變, 是物各反其眞. 其眞冥冥, 視之無形, 聽之無聲, 乃合道之情. 夫飾外
以誇眾, 厚葬以隔眞, 使歸者不得至, 化者不得變, 是使物各失其然也. 且吾聞之,
精神者天之有也, 形骸者地之有也. 精神離形, 而各歸其眞, 故謂之鬼, 鬼之爲言
歸也. 其尸塊然獨處, 豈有知哉? 厚裹之以幣帛, 多送之以財貨, 以奪生者財用.
古聖人緣人情, 不忍其親, 故爲之制禮. 今則越之, 吾是以欲倮葬以矯之也. 昔堯
之葬者, 空木爲櫝, 葛藟爲緘, 其穿地也下不亂泉, 上不泄臭. 故聖人生易尚,
死易葬, 不加於無用, 不損於無益. 今費財而厚葬. 死者不知,生者不得用, 謬哉,
可謂重惑矣!」 祁侯曰:「善.」遂倮葬也.

3.《漢書》卷67 楊王孫傳

楊王孫者, 孝武時人也. 學黃老之術, 家業千金, 厚自奉養生, 亡所不致. 及病且終,
先令其子, 曰:「吾欲贏葬, 以反吾眞, 必亡易吾意. 死則爲布囊盛尸, 入地七尺,
既下, 從足引脫其囊, 以身親土.」其子欲默而不從, 重廢父命, 欲從(其)(之),
心又不忍, 乃往見王孫友人祁侯.

祁侯與王孫書曰:「王孫苦疾, 僕迫從上祠雍, 未得詣前. 願存精神, 省思慮, 進醫藥,
厚自持. 竊(聞)(聞)王孫先令贏葬, 令死者亡知則已, 若其有知, 是戮尸地下,
將贏見先人, 竊爲王孫不取也. 且孝經曰; 爲之棺槨衣衾, 是亦聖人之遺制,何必
區區獨守所聞? 願王孫察焉.」

王孫報曰:「蓋聞古之聖王, 緣人情不忍其親, 故爲制禮, 今則越之, 吾是以贏葬,
將以矯世. 夫厚葬誠亡益於死者, 而俗人競以相高, 靡財單幣, 腐之地下. 或乃
今日入而明日發, 此眞與暴骸於中野何異! 且夫死者, 終生之化, 而物之歸者也.
歸者得至, 化者得變, 是物各反其眞也. 反眞冥冥, 亡形亡聲, 乃合道情. 夫飾外
以華眾, 厚葬以鬲眞, 使歸者不得至, 化者不得變, 是使物各失其所也. 且吾聞之,
精神者天之有也, 形骸者地之有也. 精神離形, 各歸其眞, 故謂之鬼, 鬼之爲言歸也.
其尸塊然獨處, 豈有知哉? 裹以幣帛, 鬲以棺槨, 支體絡束, 口含玉石, 欲化不得,
鬱爲枯腊, 千載之後, 棺槨朽腐, 乃得歸土, 就其眞宅. 繇是言之, 焉用久客! 昔帝
堯之葬也, 窾木爲匱, 葛藟爲緘, 其穿下不亂泉, 上不泄殠. 故聖王生易尚, 死易
葬也. 不加功於亡用, 不損財於亡謂. 今費財厚葬, 留歸鬲至, 死者不知, 生者不得,
是謂重惑. 於戲! 吾不爲也.」

4. 《北堂書鈔》 卷92 贏葬反眞

漢書楊王孫傳云: 王孫學黃老之術, 家業千金, 厚自奉養生, 亡所不致. 及病且終, 先令其子曰:「吾欲贏葬以反吾眞, 必亡易吾意.」

〈端燈侍女像〉 河南 南陽 출토

068(3-6) 介子棄觚
부개자가 고를 버리다

부개자傳介子는 나이 열 넷에 글씨 배우기를 아주 좋아하였다. 그러던 중 글씨판인 고觚를 집어던지며 이렇게 탄식하였다.

"대장부로 태어났으니 마땅히 절역絶域에 가서 공훈을 세워야지 어찌 능히 앉아서 이런 한산한 유술儒術에 매어있단 말인가!"

뒤에 그는 마침내 흉노匈奴 사자使者의 목을 치고 돌아와 중랑中郎을 배수받았다. 그리고 다시 그는 누란樓蘭의 왕 머리를 참수한 공로로 의양후義陽侯에 봉해졌다.

傳介子年十四, 好學書, 嘗棄觚而嘆曰:「大丈夫當立功絶域, 何能坐事散儒!」後卒斬匈奴使者, 還拜中郎. 復斬樓蘭王首, 封義陽侯.

【傳介子】 (?~B.C.65) 北地(지금의 甘肅省 慶陽) 출신으로 昭帝 元鳳 年間에 大宛의 사신으로 가서 樓蘭王을 참수하고 돌아와 義陽侯에 봉해짐.《漢書》에 傳이 있음.

【觚】 고대의 木簡.《急就篇》(1)「急就奇觚與群異」의 注에 "觚者, 學書之牘, 或以 記事, 削木爲之. 蓋簡之屬, ……其形或之面, 或八面, 皆可書, 觚者, 棱也, 以有 棱角, 故謂之觚"라 함.《論語》雍也篇에 "子曰: 觚不觚, 觚哉, 觚哉"라 함.

【散儒】 자신을 잘 추스리지 못하는 儒者.《荀子》勸學篇에 "不隆禮, 雖察辯, 散儒也"라 하고 楊倞의 주에 "散, 謂不自儉束, 莊子以不材木爲散木也"라 함.

【中郎】 관직 이름. 中郎長이라고도 하며 五官, 左, 右 세 부서가 있었음.

【樓蘭】 한나라 때 西域 티베트의 나라 이름.《漢書》西域傳에는 "鄯善國"으로 되어 있음. 지금의 티베트 羅布泊 일대. 元封 3년 (B.C.108) 한나라에 복종하였으나 이듬 해(B.C.107) 匈奴와 연합하여 한나라 사신을 죽이자 霍光이 傅介子를 보내어 그 왕을 죽임.

참고 및 관련 자료

1. 漢나라 때 班超, 張騫 등과 함께 이름을 날린 傅介子의 勇猛을 기록함.
2.《漢書》卷70 傅介子傳
傅介子, 北地人也, 以從軍爲官. 先是龜玆·樓蘭皆嘗殺漢使者, 語在西域傳. 至元鳳中, 介子以駿馬監求使大宛, 因詔令責樓蘭·龜玆國.
3.《漢書》卷96上 西域傳(上) 鄯善國(樓蘭)
元鳳四年, 大將軍霍光白遣平樂監傅介子往刺其王. 介子輕將勇敢士, 齎金幣, 揚言以賜外國爲名. 旣至樓蘭, 詐其王欲詐之, 王喜, 與介子飲, 醉, 將其王屛語, 壯士二人從後刺殺之, 貴人左右皆散走. 介子告諭以「王負漢罪, 天子遣我誅王, 當更立王弟尉屠耆在漢者. 漢兵方至, 毋敢動, 自令滅國矣!」介子遂斬王嘗歸首, 馳傳詣闕, 縣首北闕下. 封介子爲義陽侯.

069(3-7) 曹敞收葬
조창이 장례를 치러주다

내가 어릴 때 이런 이야기를 들었다.

평릉平陵 땅의 조창曹敞은 오장吳章의 문하생門下生이었는데 가끔 남의 과실을 질책하기를 좋아하였다. 어떤 이가 그를 경박輕薄하다고 여기자 세상 사람들도 모두가 그를 그런 인물로 치부하고 말았다. 그런데 오장이 뒤에 왕망王莽에게 죽음을 당하자 누구하나 감히 그를 거두어 장례를 치러주는 자가 없었다. 제자들은 모두 성명을 바꾸고 다른 스승을 따르고 말았다. 조창은 당시 사도연司徒掾이었는데 홀로 자신은 오문제자吳門弟子라 밝히고 그의 시신을 거두어 장례를 치러주었다. 그제야 사람들은 비로소 밝고 곧은 자란 용렬한 무리 속에 용납될 수 없다는 사실을 깨닫게 되었다.

이에 평릉 땅 사람들은 조창이 살아있을 때 그 사실을 비석에 새겨 오장의 묘 옆에 세워주었는데 그 비는 용수산龍首山 남쪽의 막령幕嶺에 있다.

余少時, 聞平陵曹敞在吳章門下, 往往好斥人過, 或以爲輕薄, 世人皆以爲然. 章後爲王莽所殺, 人無有敢收葬者. 弟子皆更易姓名, 以從他師. 敞時爲司徒掾, 獨稱吳門弟子, 收葬其尸, 方知亮直者不見容於冗輩中矣. 平陵人生爲立碑於吳章墓側, 在龍首山南幕嶺上.

【平陵】 지명. 漢 昭帝의 陵이 있음. 지금의 陝西省 興平縣 동북쪽.

【曹敞】 云敞의 誤記가 아닌가 함. 《西京雜記校注》에 "疑曹敞系云敞之誤"라 함. 《漢書》 云敞傳 참조.

【吳章】 人名. 자는 偉君. 平陵人으로 《尙書》에 밝았으며 王莽 때 博士에 올랐으나 왕망의 미움으로 살해됨.

【王莽】 (B.C.45~A.D.23) 자는 巨君. '新'을 건립하였던 인물. 재위 A.D.8~A.D.23년. 西漢末 成帝 때 新都侯에 봉해졌다가 元始 5년(A.D.5) 平帝를 독살하고 이듬해 2살의 劉嬰을 태자로 삼음. 다시 初始 원년(A.D.8)에 스스로 稱帝. 국호를 '新'이라 함. 그 뒤 更始 元年(A.D.23) 농민군에 의해 장안에서 죽음. 《漢書》 王莽傳 참조.

【司徒掾】 司徒의 속관. 한나라 때는 丞相을 大司徒라 하였으며 三公의 하나.

【龍首山】 龍頭原. 001(1-1)참조.

【幕嶺】 용두원에 있는 고개 이름.

참고 및 관련 자료

1. 어려움 속에 지조를 지킨 曹敞의 일화를 기록함.

2. 《漢書》 卷67 云敞傳

云敞字幼(儒)(孺), 平陵人也. 師事同縣吳章, 章治尙書經爲博士. 平帝以中山王卽帝位, 年幼, 莽兼政. 自號安漢公. 以平帝爲成帝後, 不得顧私親, 帝母及外家衛氏皆留中山, 不得至京師. 莽長子宇. 非莽鬲絶衛氏, 恐帝長大後見怨. 宇與吳章謀, 夜以血塗莽門, 若鬼神之戒, 冀以懼莽. 章欲因對其咎. 事發覺, 莽殺宇, 誅滅衛氏, 謀所聯及, 死者百餘人. 章坐要斬, 磔尸東市門. 初, 章爲當世名儒, 敎授尤盛, 弟子千餘人, 莽以爲惡人黨, 皆當禁(固)(錮), 不得仕宦. 門人盡更名他師. 敞時爲大司徒掾, 自劾吳章弟子, 收抱章尸歸, 棺斂葬之, 京師稱焉.

070(3-8) 文帝思賢館
문제의 사현관

　문제文帝가 태자太子를 위해 '사현원思賢苑'을 지어 주어 빈객들을 초청할 수 있게 해 주었다. 그 원苑에는 당황堂隍이 여섯 채였으며 그 객관客館은 모두가 넓고 높은 건물이었고 병풍과 휘장, 자리 등이 모두가 심히 아름다웠다.

　文帝爲太子立思賢苑以招賓客, 苑中有堂隍六所, 客館皆廣廡高軒, 屛風幃褥甚麗.

【文帝】西漢 제 3대 황제 劉恒. 재위 B.C.179~B.C.157년.
【太子】劉啓. 뒤에 제 4대 황제인 景帝. 재위 B.C.156~B.C.141년.
【堂隍】건물. 殿堂.

참고 및 관련 자료

1. 文帝가 그의 아들 劉啓를 위해 '思賢苑'을 지어준 고사.
2. 盧文弨의 《抱經堂本》에는 標題가 '文帝思賢館'으로 되어 있으나 貴州人民出版社 全譯叢書本에는 '文帝思賢苑'으로 고쳐져 있다.

071(3-9) 廣陵死力
광릉왕이 용력 때문에 죽다

광릉왕廣陵王 유서劉胥는 용력勇力이 있어 항상 따로 우리를 만들어 놓고 곰과 격투를 연습하곤 하였다. 뒤에 능히 빈손으로 곰을 쳐 이길 수 있게 되어 어느 곰 하나 그에게 목이 부러지지 않는 것이 없었다. 그러나 그도 결국 뒤에는 짐승에게 상처를 입어 뇌가 함몰되어 죽고 말았다.

廣陵王胥有勇力, 常於別圃學格熊. 後遂能空手搏之, 莫不絶脰. 後爲獸所傷, 陷腦而死.

【勇力】힘. 힘으로 해결하려는 용맹.《晏子春秋》卷一에 "莊公奮乎勇力, 不顧于行義, 勇力之士, 無忌于國"이라 함.
【廣陵王】漢 武帝의 아들. 劉胥. 죽은 후 시호는 厲王.
【格】擊. 挌과 같음.
【脰】頸項. 목. 목덜미.

> 참고 및 관련 자료

1. 劉胥의 勇力과 그 末路를 기록함.
2.《漢書》卷63 武五子傳 廣陵厲王 劉胥
胥壯大, 好倡樂逸游, 力扛鼎, 空手搏熊彘猛獸. 動作無法度, 故終不得爲漢嗣. 胥謂太子霸曰:「上遇我厚, 今負之甚. 我死, 骸骨當暴. 幸而得葬, 薄之, 無厚也.」卽以綬自絞死. 及八子郭昭君等二人皆自殺. 天子加恩, 赦王諸子皆爲庶人, 賜謚曰厲王. 立六十四年而誅, 國除.

072(3-10) 辨爾雅
이아에 대한 변석

곽위郭威는 자가 문위文偉이며 무릉茂陵 사람이다. 독서를 좋아하였으며 《이아爾雅》는 주공周公이 지은 것이라 주장을 폈다. 그《이아》속에 "장중효우張仲孝友"의 구절이 있는데 장중張仲은 선왕宣王 때 사람으로 주공이 지은 것이 아님이 분명하다. 내가 일찍이 양자운揚子雲, 揚雄에게 이 문제를 물었더니 그는 이렇게 대답해 주었다.

"공자孔子의 제자 중에 자유子游, 자하子夏의 무리들이 기록한 것으로 육예六藝를 해석하기 위한 것이다."

가군家君께서는 이렇게 풀이하였다.

"〈외척전外戚傳〉에 사일史佚이 그 아들에게 《이아》를 가르쳤다는 기록이 있는 것으로 보아 《이아》는 소학小學이다."

그리고 또 《대대례기大戴禮記》에 대하여는 이렇게 고증하였다.

"공자가 노魯 애공哀公에게 《이아》를 가르치셨다."

이로 보아 《이아》는 이미 일찍이 출현한 책이다. 구전舊傳 학자들은 모두가 주공이 지은 것이라 하였는데 "장중효우"와 같은 예는 뒷사람 누군가가 보충해 넣은 것이리라.

郭威, 字文偉, 茂陵人也. 好讀書, 以謂爾雅周公所制, 而爾雅有「張仲孝友」, 張仲, 宣王時人, 非周公之制明矣. 余嘗以問揚子雲, 子雲曰:「孔子門徒游·夏之儔所記, 以解釋六藝者也.」家君以爲:「外戚傳稱『史佚教其子以爾雅』, 爾雅, 小學也.」又記言:「孔子教魯哀公學爾雅.」爾雅之出遠矣. 舊傳學者皆云周公所制也.「張仲孝友」之類, 後人所足耳.

【郭威】人名. 자세한 내용은 알 수 없음.

【茂陵】지명. 지금의 陝西省 興平縣에 한 무제의 능묘가 있음. 038(2-7)참조.

【爾雅】책 이름. "十三經" 중의 하나. 고대 사전이며 어휘집.《漢書》藝文志에 20篇으로 저록되어 있으나 지금은 3권 19편으로 되어 있음.

【周公】西周 초기의 정치가. 성인. 文王의 아들이며 武王의 아우. 魯에 봉해짐.

【張仲孝友】"장중이 효성스럽고 우애가 있었다"는 뜻. 참고란을 볼 것.

【宣王】周의 宣王(?~B.C.782). 姬靖(姬靜). 厲王의 아들로 B.C.828~B.C.782 재위. 周公으로부터 300여 년 뒤임.

【揚子雲】揚雄. 043(2-12)참조.

【孔子】(B.C.551~B.C.479). 이름은 丘. 자는 仲尼.

【子游】공자의 제자.

【子夏】역시 공자의 제자.《論語》先進篇에 "文學, 子游, 子夏"라 함.

【六藝】六經을 말함. 漢代에는 '經'을 '藝'라고도 칭하였음.

【家君】아버지. 자신의 부친을 일컫는 말. 본《西京雜記》작자의 아버지. 만약 작자가 劉歆일 경우 그의 아버지는 劉向임.

【外戚傳】《史記》에는 外戚世家가 있고《漢書》에는 外戚傳이 있으나 본 내용과 관련된 사항은 없음.

【史佚】주나라 때의 史官.

【小學】文字學의 총칭. 隋唐이후 이 小學이 '文字學'. '聲韻學'. '訓詁學'으로 세분화 됨.

【大戴禮記】예에 관한 잡다한 기록을 모은 책. 戴德이 편찬한 것으로 알려진 본문의 "공자가 노대공에게 이아를 가르쳤다"는 것은 斷章取義한 것으로 사실과 맞지 않음.

【魯哀公】춘추말기 魯나라 군주. 재위는 B.C.494~B.C.468.

【足】增補. 補充의 뜻.

1. 十三經의 하나인 《爾雅》의 作者 문제를 다룸.

2. 「張仲孝友」

○ 《爾雅》釋訓

張仲孝友, 善父母爲孝, 善兄弟爲友.

○ 《詩經》小雅 六月

侯誰在矣, 張仲孝友. 《毛箋》:「張仲, 賢臣也.」鄭箋:「張仲, 吉甫之友, 其性孝友.」

3. 《上廣雅表》. 張揖

昔在周公踐阼, 理政六年, 制禮以導天下. 著爾雅一篇以釋其義.

4. 《五經異義》鄭玄

玄之聞也. 爾雅者, 孔子門人所作. 以釋六藝之旨, 蓋不誤也.

5. 《大戴禮記》小辨.

魯哀公曰: 寡人欲學小辨以觀於政, 其可乎? ……子曰: 辨而不小, 夫小辨破言, 小言破義, 小義破道, 小道不通, 通道必簡. 是故循弦以觀於樂, 足以辨風矣. 爾雅以觀於古, 足以辨言矣.

〈散氏盤〉

073(3-11) 袁廣漢園林之侈
원광한의 원림에 대한 사치

무릉茂陵의 부호 원광한袁廣漢은 돈을 끈으로 꿰어 갈무리하여 거만巨萬 금이나 되었으며 집안의 동복僮僕만도 팔구백 명이나 되었다.

그는 또 북망산北邙山 아래에 정원을 만들었다. 동서의 길이가 4 리, 남북이 5 리나 되었으며 흐르는 물길을 돌려 그 안으로 흐르게 하였다. 돌을 얽어 산을 만들었으며 그 높이가 10여 길이나 되었고, 몇 리가 되도록 이어지게 하였다. 그리고 그 안에 백앵무白鸚鵡, 자원앙紫鴛鴦, 모우牦牛, 청시靑兕 등을 길러 기이하고 괴상한 길짐승, 날짐승이 멋대로 그 안에 쌓였다.

모래를 쌓아 주서洲嶼를 만들고 물길을 막아 파도가 생기게 하고, 그 속에 강 갈매기, 바다 학을 길러 스스로 알을 배고 새끼치도록 하여 그 임지林池에 연만延漫하도록 하였다.

기이한 나무, 이상한 풀을 갖추어 심지 않은 것이 없었다. 건물은 모두 빙빙 돌아 연속되게 하였고 겹친 누각에 긴 회랑回廊을 꾸몄으며 해시계가 한 바퀴 돌도록 능히 두루 다 구경할 수 없을 정도였다. 그러나 광한이 뒤에 죄를 지어 주살당하고 그 정원도 관원官園으로 몰수되자 그곳의 조수초목은 모두 상림원上林苑으로 옮겨지고 말았다.

茂陵富人袁廣漢, 藏鏹巨萬, 家僮八九百人. 於北邙山下築園, 東西四里, 南北五里, 激流水注其內, 構石爲山, 高十餘丈, 連延 數里. 養白鸚鵡, 紫鴛鴦, 牦牛, 靑兕, 奇獸怪禽, 委積其間. 積沙 爲洲嶼, 激水爲波潮, 其中致江鷗海鶴, 孕雛産鷇, 延漫林池.

奇樹異草, 靡不具植. 屋皆徘徊連屬, 重閣修廊, 行之移晷不能
徧也. 廣漢後有罪誅, 沒入爲官園, 鳥獸草木, 皆移植上林苑中.

【武陵】한 무제의 능묘가 있는 곳. 지금의 陝西省 興平縣. 038(2-7) 참조.
【袁廣漢】人名. 자세한 사적은 알 수 없음.
【鏹】「繦」과 같음. 돈을 꿰는 끈.
【北邙山】北邙岩. 北邙坂으로도 불리며 長安의 북쪽. 지금의 咸陽 북쪽부터
　興平 일대. 洛陽에도 역시 北邙山이 있음. 078(3-16) 참조.
【牦牛】티베트에서 나는 꼬리가 긴 소의 일종. 야크.
【上林苑】한 나라 임금의 苑池. 028(1-28) 참조.

참고 및 관련 자료

1. 부호 袁廣漢의 호사함과 그 소유가 上林苑으로 옮겨간 사실을 기록함.
2. 《太平廣記》卷236
茂陵富人袁廣漢, 藏鏹巨萬, 家僮八九百人. 於北芒山下築園, 東西四里, 南北三里,
激流注其內, 搆石爲山, 高十餘丈, 連延數里. 養白鸚鵡, 紫鴛鴦, 牦牛, 靑兕,
奇獸怪禽, 積委其間. 移沙爲洲嶼, 激水爲波潮, 其中育江鷗海鶴, 孕雛産鷇,
延漫林池. 奇樹異草, 靡不具植. 屋徘徊重屬, 間以修廊, 行之移晷, 不能徧也.
廣漢後得罪誅, 沒入官, 其園鳥獸草木, 皆移植於上苑中矣.

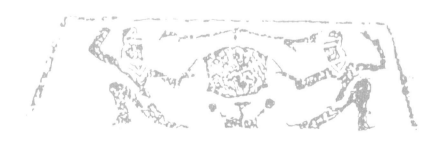

074(3-12)　五柞宮石麒麟
오작궁의 석기린

　　오작궁五柞宮에는 다섯 그루의 떡갈나무柞가 있는데 모두가 세 사람이 함께 껴안을 만큼 크며 윗가지는 그늘이 수십 무畝를 덮을 만큼 대단하다. 그 궁궐의 서쪽에는 '청오관靑梧觀'이 있으며 그 건물 앞에 세 그루의 오동나무가 있다. 그 나무 아래에는 석기린石騏驎 두 개가 있으며 그 옆구리에 문자文字가 새겨져 있는데 이는 진시황秦始皇의 여산驪山 무덤 위에 있던 것이다. 그 머리는 높이가 일장삼척一丈三尺이나 된다. 동쪽에 있는 것은 앞쪽 왼쪽다리가 부러졌고 그 부러진 자리에는 붉은 색깔이 마치 핏자국 같다. 부로父老들은 그 석기린은 신기神氣가 있어 몸에 피를 머금고 있으며 그것이 근육에까지 통한다고 하였다.

　　五柞宮有五柞樹, 皆連三抱, 上枝蔭覆數十畝. 其宮西有靑梧觀, 觀前有三梧桐樹. 樹下有石麒麟二枚, 刊其脅爲文字, 是秦始皇驪山墓上物也. 頭高一丈三尺. 東邊者前左脚折, 折處有赤如血. 父老謂其有神, 皆含血屬筋焉.

【五柞宮】한나라의 離宮. 한 武帝 後元 2년(B.C.87)에 건설하였으며 지금의 陜西省 周至縣 동남쪽에 있음.
【靑梧觀】한나라의 宮觀이름.
【騏驎】麒麟. 전설상의 짐승 이름.
【父老】나이 많은 노인들.

1. 오작궁과 기린석상의 신비한 異跡을 기록함.

2.《漢書》卷6 武帝紀 後元二年二月

「乙丑, 立皇子弗陵爲皇太子, 丁卯, 帝崩于五柞宮」注:「張晏曰: 有五柞樹, 因以名宮也.」

3.《太平廣記》卷406

漢五柞宮, 有五柞樹, 皆連抱, 上枝覆蔭數十里. 宮西有靑梧觀, 觀前有三梧桐樹. 樹下有石麒麟二枚, 刊其脅爲文字, 是秦始皇驪山墓上物也. 頭高一丈三尺. 東邊左脚折, 折處有赤如血. 父老謂有神, 皆含血屬筋焉.

함양궁에 보관된 기이한 물건들

고조高祖 유방劉邦이 처음으로 함양궁咸陽宮에 들어서서 그곳의 창고를 두루 돌아보게 되었다. 그 창고 안의 금옥진보金玉珍寶는 말로 다할 수 없는 것들이었다. 그 중에 특히 놀라운 것이 있었다. 바로 푸른 옥으로 만든 다섯 개의 등잔이었는데 높이는 7척 5촌이며 꿈틀거리는 용모양의 조각을 하였고 그 용이 입에 등잔을 물고 있는 모습이었다. 등불을 밝히면 그 비늘이 모두 움직여 그에 반사되는 빛이 환하기가 마치 수많은 별들이 방안에 가득한 것 같다.

다시 주조鑄造한 동인銅人이 12개 있는데 그 앉은키는 3척이며 하나의 자리에 둘러 앉아 있고 금琴, 축筑, 생笙, 우竽의 악기 하나씩을 가지고 있는 모습이었다. 그 악기는 모두가 꽃무늬를 화려하게 장식하였으며 동인들은 엄연儼然하기가 마치 살아 있는 사람 같다. 자리 밑에는 2개의 동관銅管이 있어 그 위쪽 입구는 높이가 수 척尺이 되고 그 관이 자리의 뒤쪽으로 나와 있다. 그 중 하나는 속이 비어 있고, 다른 하나는 속에 끈이 들어 있는데 그 끈은 손가락 굵기로 한 사람으로 하여금 그 빈 관을 불게 하고 또 달리 한 사람에게는 끈을 당기게 하면 여러 악기들이 모두 소리를 내어 실제로 연주하는 악기소리와 조금도 다르지 않았다.

거문고琴는 길이가 6척에 13현絃이며 26개의 휘徽가 있고 모두가 일곱 가지 보물로 장식되어 있었다. 그리고 그 명문銘文은 '번여지악璠璵之樂'이라 새겨져 있었다. 옥관玉管은 길이가 2척 3촌, 6개의 구멍이 있어 불어보면 거마車馬가 산 속 수풀을 지날 때처럼 그 은은한 바퀴소리가 차례대로 울려나오다가 불기를 그치면 역시 그러한 음향도 더 들리지 않는 것이었다. 그의 명문은 '소화지관昭華之琯'이라 되어 있었다. 또

네모난 거울이 있어 그 폭은 4척, 높이는 5척 9촌으로 겉과 속이 모두 투명하였다. 사람이 곧바로 그 앞에 다가와서 비춰보면 그 영상이 거꾸로 보인다. 손으로 가슴, 심장을 쓰다듬으면서 다가서면 창자, 위, 오장이 모두 보여 그 뚜렷한 모습에 어떤 막힘도 없다. 사람이 몸 속에 질병이 있을 때 가슴을 쥐고 와서 비춰보면 그 병이 어디에 있는지 알 수 있다. 또 여자들이 사악한 음심을 품고 있으면 몸 속의 쓸개가 부풀고 심장이 뛰는 것이었다.

진시황秦始皇은 항상 궁녀들을 비춰 보게 하여 쓸개가 부풀고 심장이 뛰는 자는 죽여 버렸다고 한다. 고조는 이들을 모두 봉폐封閉해 놓고 항우項羽를 기다렸다. 항우는 이 물건들을 몽땅 동쪽으로 가져가 버렸으며 그 뒤에는 그 물건들의 소재를 알 수 없다.

高祖初入咸陽宮, 周行庫府, 金玉珍寶, 不可稱言. 其尤驚異者, 有青玉五枝燈, 高七尺五寸, 作蟠螭, 以口銜燈, 燈燃, 鱗甲皆動, 煥炳若列星爾盈室焉. 復鑄銅人十二枚, 坐皆高三尺, 列於一筵上, 琴筑笙竽, 各有所執, 皆綴花彩, 儼若生人. 筵下有二銅管, 上口高數尺, 出筵後. 其一管空, 一管內有繩, 大如指, 使一人吹空管, 一人紐繩, 則衆樂皆作, 與眞樂不異焉. 有琴長六尺, 安十三絃, 二十六徽, 皆用七寶飾之, 銘曰: 「璠璵之樂」. 玉管長二尺三寸, 二十六孔, 吹之則見車馬山林, 隱轔相次, 吹息, 亦不復見. 銘曰: 「昭華之琯」. 有方鏡廣四尺, 高五尺九寸, 表裏有明, 人直來照之, 影則倒見. 以手捫心而來, 則見腸胃五臟, 歷然無礙. 人有疾病在內, 則掩心而照之, 則知病之所在. 又女子有邪心, 則膽張心動. 秦始皇常以照宮人, 膽張心動者則殺之. 高祖悉封閉以待項羽, 羽併將以東, 後不知所在.

【高祖】劉邦. B.C.206년 유방이 군대를 이끌고 咸陽에 입성함.

【咸陽宮】원래 戰國시대 秦孝公이 건립함. 지금의 陝西省 咸陽市 동쪽 20리 지역에 故址가 있음. 秦始皇이 六國을 통일한 후 부호 20만 戶를 그 곳으로 이주시키고 궁전을 건설하였음.

【琴筑笙竽】모두 古代의 악기.

【徽】거문고 현의 끈. 뒤에는 音節을 표시한 것을 '휘'라 함.

【璠璵】원래는 魯나라에서 나는 美玉. '번여지악'은 '번여처럼 아름다운 음악'이라는 뜻. 《太平廣記》에는 '璵璠之樂'으로 되어 있음.

【昭華】역시 고대의 美玉.

【秦始皇】(B.C.259~B.C.210) 嬴政. 재위는 B.C.246~B.C.210. 戰國時代를 마감하면서 六國을 統一함. 《史記》秦始皇本紀 참조.

【項羽】(B.C.232~B.C.202) 項籍. 자는 羽. 下相 출신으로 叔父 項梁과 함께 거병하여 秦을 멸망시킴. 그 뒤 스스로 西楚覇王이라 하였으며 뒤에 劉邦에게 垓下에서 패하여 자살함.

참고 및 관련 자료

1. 咸陽宮에 보관되어 있던 진귀한 물건들과 그에 얽힌 내용을 기록함.

2. 《初學記》卷25 「燈」

漢高祖入咸陽宮, 秦有靑玉五枝燈, 高七尺五寸, 下作蟠螭, 口銜燈. 然則鱗甲皆動, 煥炳若列星盈盈焉.

3. 《初學記》卷25 「鏡」

高祖初入咸陽宮, 有方鏡, 廣四尺九寸, 表裏有明, 人來照之則倒見, 以手掩心來, 卽腸胃五臟, 歷然無碍.

4. 《太平廣記》卷403

高祖初入咸陽宮, 周行庫府, 金玉珍寶, 不可稱言. 其所驚異者, 有玉五枝燈, 高七尺五寸, 下作蟠螭, 以口銜燈, 燈燃, 則鱗甲皆動, 煥炳若列星而盈室焉. 復鑄銅人十二枚, 皆高三尺, 列於一筵上, 琴筑笙竽, 各有所執, 皆結華彩, 若生人. 筵下有二銅管, 上口高數尺, 出筵後. 其一管空, 一管内有繩, 大如指, 使一人吹空管, 一人紐繩, 則琴筑笙竽皆作, 與眞樂不異焉. 玉琴長六尺, 上安十三絃,

二十六徽, 皆用七寶飾之, 銘曰: '璵璠之樂'. 玉管長二尺三寸, 六孔, 吹之則見車馬
山林, 隱轔相次, 吹息, 亦不復見. 銘曰: '昭華之琯'. 有方鏡, 廣四尺, 高五尺九寸,
表裏洞明, 人直來照之, 影則倒見. 以手掩心而來, 則見腸胃五臟, 歷歷無礙.
人有疾病在內者, 則掩心而照之, 必知病之所在. 又女子有邪心, 則膽張心動.
秦始皇常以照宮人, 膽張心動, 則殺之也. 高祖悉封閉, 以待項羽, 羽並將以東,
後不知所在.

5.《太平廣記》卷203
秦咸陽宮中有銅人十二枚, 坐高皆三五尺, 列在一筵上, 琴筑竽笙, 各有所執,
皆組綬華采, 儼若生人. 筵下有銅管, 上口高數尺, 其一管空, 內有繩, 大如指,
使一人吹空管, 一人紐繩, 則琴瑟竽筑皆作, 與眞樂不異.

6.《太平廣記》卷203
秦咸陽宮有琴長六尺, 安十三絃, 二十六徽, 皆七寶飾之, 銘曰: '璵璠之樂'.

7.《太平廣記》卷204
秦咸陽宮有玉笛長二尺三寸, 二十六孔, 吹之則見車馬山林, 隱隱相次, 息亦不見.
銘曰: '昭華之琯'.

〈銅馬車〉1980, 陝西 秦始皇陵 발굴

076(3-14) 鮫魚荔枝
교어와 여지

위타尉佗가 고조高祖에게 교어鮫魚, 여지荔枝를 헌납하자 고조는 포도금
蒲桃錦 네 필을 주어 보답하였다.

尉佗獻高祖鮫魚·荔枝, 高祖報以蒲桃錦四匹.

【尉佗】南越王 이름. 趙佗로도 씀. 南越은 南粵로도 쓰며 지금의 廣東, 廣西일대.
《史記》南越列傳,《漢書》兩粵傳참조. 026(1-26) 참조.
【鮫魚】상어(鯊魚)의 일종이라 함.
【荔枝】과일 이름. 南方에서 나며 껍질을 벗기고 흰 속살을 먹음. 약용으로도
사용함. 楊貴妃가 좋아하여 민폐를 끼친 일을 읊은 蘇東坡의 〈荔枝歎〉이라는
詩가 있음.
【蒲桃錦】'蒲桃'는 '葡萄'의 異表記. '포도금'은 포도 무늬를 넣어서 짠 좋은 비단을
말함.

参고 및 관련 자료

1. 남월왕의 朝貢物에 대한 기록.
2.《史記》卷113 南越王傳 참조.
3.《漢書》卷95 西南夷兩粵朝鮮傳 참조.

077(3-15) 戚夫人侍兒言宮中樂事
척부인의 시녀가
궁중의 즐거웠던 일을 들려주다

척부인戚夫人의 시녀였던 가패란賈佩蘭은 나중에 궁궐을 나와 부풍扶風
사람 단유段儒의 아내가 되었다. 그는 궁중에 있을 때 척부인의 사정을
이렇게 말하였다.

척부인이 고조高祖를 모시고 있을 때 일찍이 조왕趙王 여의如意의 문제를
거론하자 고조는 말없이 생각에 젖어 반나절이 되도록 아무런 말도
하지 않고 탄식만 하며 애처로운 모습으로 해결 방법을 찾지 못하고
있는 것이었다. 이에 고조는 문득 척부인에게 축筑을 연주하게 하였고
고조 자신은 〈대풍가大風歌〉를 불러 이에 화답하였다는 것이다.

또 궁내에 있을 때 때때로 현관絃管의 음악을 연주하며 가무歌舞로써
즐겼고 서로 다투어 요상한 복장을 입고 즐거운 시간을 보낸 적이
있다고도 하였다.

그리고 10월 15일에는 함께 '영녀묘靈女廟'에 들어가 돼지고기와 서미
黍米로 신에게 제사를 드리면서 피리와 축을 연주하여 〈상령上靈〉의
곡조를 노래하였으며 이윽고 흥이 나자 서로 팔을 끼고 땅을 밟으며
그 곡조에 맞추어 〈적봉황래赤鳳凰來〉라는 노래를 하였다고 하였다.

7월 7일이 되면 '백자지百子池'에 가서 우전于闐의 음악을 연주하며
즐기면서 그 음악이 끝나자 오색실로 띠를 만들어 서로 묶어 놀았는데
이를 '상련수相連受'라 하였다.

8월 4일에는 조방雕房의 북쪽 문을 나서서 대나무 그늘 아래에서
바둑을 두었다. 그 바둑에 이기는 자는 일년 내내 복을 받으며 지는
자는 그 해 일년을 질병에 시달린다고 하였기 때문에 실을 길게 늘어뜨려
북극성北極星에 닿도록 하여 장수長壽와 면화免禍를 기원하였다고 하였다.

그리고 9월 9일에는 수유茱萸꽃을 달고 봉이蓬餌를 먹고 국화주菊花酒를 마시면 장수한다고 여겼다. 국화가 필 때에 이를 그 줄기와 잎까지 함께 따서 서미黍米를 섞어 담가두며 이듬해 9월 9일에 비로소 숙성하게 되어 그 때 마신다는 것이다. 그 때문에 그 술을 '국화주'라 한다는 것이었다.

그리고 정월正月 첫 진일辰日에는 못池 가로 나가 얼굴과 몸을 씻고 역시 봉이를 먹으며 요사妖邪를 씻어 없앴다고 하였다.

또 3월 상사上巳에는 흐르는 물가에 음악을 펼쳐 연주하기도 하였다. 척부인은 이렇게 일년의 절기를 보냈다는 것이다.

척부인이 죽자 시녀들은 모두가 다시 평민의 아내가 되었다고 하였다.

戚夫人侍兒賈佩蘭, 後出爲扶風人段儒妻. 說在宮內時, 見戚夫人侍高帝, 嘗以趙王如意爲言, 而高祖思之, 幾半日不言, 嘆息悽愴, 而未知其術, 輒使夫人擊筑, 高祖歌大風詩以和之. 又說在宮內時, 嘗以絃管歌舞相娛, 競爲妖服, 以趣良時. 十月十五日, 共入靈女廟, 以豚黍樂神, 吹笛擊筑, 歌上靈之曲. 旣而相與連臂, 踏地爲節, 歌赤鳳凰來. 至七月七日, 臨百子池, 作于闐樂. 樂畢, 以五色縷相羈, 謂爲相連愛. 八月四日, 出雕房北戶, 竹下圍棋, 勝者終年有福, 負者終年疾病, 取絲縷就北辰星求長命乃免. 九月九日, 佩茱萸, 食蓬餌, 飮菊花酒, 令人長壽. 菊花舒時, 並採莖葉, 雜黍米釀之, 至來年九月九日始熟, 就飮焉, 故謂之菊花酒. 正月上辰, 出池邊盥濯, 食蓬餌, 以祓妖邪. 三月上巳張樂於流水. 如此終歲焉. 戚夫人死, 侍兒皆復爲民妻也.

【戚夫人】 한 고조 유방의 寵姬. 趙王 如意의 生母로 太子冊立 문제로 呂后와 다투었다가 고조가 죽은 후 呂后에게 참살당함. 《史記》 呂后本紀 및 《漢書》 外戚傳 참조.

【賈佩蘭】 척부인의 시녀이며 뒤에 본문 내용대로 段儒의 아내가 된 여인.

【扶風】 右扶風. 漢代 京畿 지역의 행정구역 이름으로 三輔의 하나. 지금의 陝西省 長安縣 동쪽.

【段儒】 人名. 가패란의 남편.

【如意】 고조 유방과 척희 사이에 난 아들. 고조가 심히 사랑하여 태자로 삼으려 하였으나 呂后와 重臣 및 商山四皓의 반대로 무산됨. 010(1-10) 참조.

【大風歌】 고조 유방이 황제가 된 후 고향에 돌아가 잔치를 열고 부른 노래.

【靈女廟】 女神을 모시는 사당.

【靈】 祭神에 올리는 樂曲이름.

【赤鳳凰來】 옛날 琴曲 이름. 蔡邕의 《琴操》에는 이 음악이 周成王 때 지어진 것이라 하였음. 《搜神記》에는 巫俗이라 하였음.

【百子池】 못 이름.

【于闐】 한나라 때 西域 여러 나라 중의 하나. 于寘으로도 쓰며 지금의 티베트 和田縣 일대.

【相連受】 '受'는 '綬'와 같음. 서로 띠를 이어 묶는 실끈.

【雕房】 아름답게 조각하여 꾸민 방. 후궁의 어떤 건물.

【北辰星】 北極星. 《爾雅》 釋天에 "北極謂之北辰"이라 함.

【茱萸】 식물이름. 약재로도 쓰며 고대에 이 꽃을 머리에 꽂고 9월9일 重陽節에 避邪하는 풍속이 있었음. 《太平御覽》 32에 "九月九日律中無射而數九, 俗於此日, ……折茱萸房以揷頭, 言辟惡氣, 而御初寒"이라 하였고, 王維의 〈九月九日憶山東兄弟〉 詩에 "遙知兄弟登高處. 遍揷茱萸少一人"이라 함.

【蓬茸】 쑥을 넣어 만든 떡. 쑥떡의 일종.

【菊花酒】 9월9日에 국화주를 마셔 避禍하고 장수를 기원함. 吳均의 《續齊諧記》 「九日登高」 및 《藝文類聚》 권81에 인용된 《風俗通》을 볼 것.

【上辰】 음력으로 매월 上旬의 辰日.

【上巳】 음력으로 매월 上旬의 巳日.

1. 척부인의 궁중생활과 節日의 풍습을 기록한 것으로 民俗 연구의 중요한 자료가 됨.

2. 盧文弨의 〈抱經堂本〉에는 제목이 '高帝侍兒言宮中樂事'로 되어 있고 《搜神記》에는 '賈佩蘭說宮內事'로 되어 있음.

3. 〈大風歌〉(《史記》 高祖本紀)

「大風起兮雲飛揚, 威加海內兮歸故鄕. 安得猛士兮守四方.」

4. 《搜神記》(干寶) 卷2. 043(2-12) 참조.

戚夫人侍兒賈佩蘭, 後出爲扶風人段儒妻. 說在宮內時, 嘗以弦管歌舞相觀娛, 競爲妖服, 以趨良時. 十月十五日, 共入靈女廟, 以豚黍樂神, 吹笛擊筑, 歌'上靈之曲'. 旣而相與連臂, 踏地爲節, 歌'赤鳳皇來'. 乃巫俗也. 至七月七日, 臨白子池, 作于闐樂. 樂畢, 以五色縷相羈, 謂之相連綬. 八月四日, 出雕房北戶, 竹下圍棋, 勝者終年有福, 負者終年疾病. 取絲縷, 就北辰星求長命, 乃免. 九月, 佩茱萸, 食蓬餌, 飮菊花酒, 令人長命. 菊花舒時, 幷採莖葉, 雜黍米釀之, 至來年九月九日始熟, 就飮焉. 故謂之菊花酒. 正月上辰, 出池邊盥濯, 食蓬餌, 以祓妖邪. 三月上巳, 張樂於流水. 如此終歲焉.

078(3-16) 何武葬北邙
하무가 북망산에 묻힌 곳

하무何武는 북망산北邙山의 박룡판薄龍坂에 묻혔는데 그곳은 왕가王嘉
무덤에서 동북쪽 1리里 되는 곳이다.

何武葬北邙山薄龍坂, 王嘉冢東北一里.

【何武】 (?~A.D.3) 자는 君公. 蜀郡 郫縣 출신. 서한 말기에 延尉. 大司空등을
지냈으며 氾鄕侯에 봉해짐. 뒤에 王莽의 모함에 빠져 자살함. 《漢書》에 傳이
있음.
【北邙山】 장안 북쪽의 지명. 낙양의 북망산과 다름. 073(3-11) 주 참조.
【薄龍坂】 《長安志》14에는 '龍薄坂'으로 되어 있음. 《西京雜記校註》에 "淸王
謨輯辛氏三秦記: 長安城北有始平原, 長數百里, 其人井汲草居, 井深五十丈, 謂之
北芒岩, 何武葬於北芒薄坂. 長安志十四所引亦作龍薄坂. 但諸本皆作薄龍坂"
이라 함.
【王嘉】 자는 公仲. 서한 말의 平陵 출신으로 哀帝 때 丞相을 지냈으며 新甫侯에
봉해짐. 董賢등과 대립하다가 하옥되어 죽음. 《漢書》에 傳이 있음.

> 참고 및 관련 자료

1. 하무와 왕가 같은 절의 있는 인물의 무덤 소재에 대한 기록임.
2. 《漢書》 卷86 何武傳 참조.
3. 《漢書》 卷86 王嘉傳 참조.

079(3-17) 生作葬文
살아서 장례문을 쓰다

두자하杜子夏는 장안長安의 북쪽 4리 되는 곳에 묻혔는데 그는 임종할 때 이런 글을 지었다.

"위군魏郡 사람 두업杜鄴은 뜻을 세움이 충관忠款하였으나 견마犬馬의 충정을 다 펴보지도 못하고 갑자기 먼저 풀잎의 이슬처럼 사라지게 되었다. 그리하여 뼈와 살은 후토后土로 돌아가고 기氣와 혼백魂魄은 세상 어느 곳 퍼지지 않은 곳이 없으리라. 하필이면 옛 고향에 묻힌 다음에야 귀화歸化하겠는가! 그러니 장안의 북쪽 외곽外郭에 묻어다오. 이곳이 바로 내가 편안히 쉴 곳이로다."

죽음에 이르러 그는 다시 돌에다 글을 새겨 이를 묘 옆에 묻어달라고 명하였다. 묘 앞에 송백松柏 다섯 그루를 심었는데 지금까지도 무성하다.

杜子夏葬長安北四里, 臨終作文曰:「魏郡杜鄴, 立志忠款, 犬馬未陳, 奄先草露. 骨肉歸於后土, 氣魂無所不之, 何必故丘, 然後卽化. 封於長安北郭, 此焉宴息.」及死, 命刊石, 埋於墓側. 墓前種松柏樹五株, 至今茂盛.

【杜子夏】杜鄴. 자는 子夏, 魏郡 繁陽 사람으로 茂陵에 옮겨 살았음. 행동이 강직하였고 文字學에 뛰어났으며 많은 책을 소장하고 있었음.《漢書》에 傳이 있음.
【魏郡】한 고조 12년(B.C.195)에 설치하였으며 治所는 鄴縣(지금의 河北省 臨漳縣). 관할지역은 지금의 河北일대였음.

【犬馬】임금에 대한 臣下의 卑稱. 경칭.

【后土】원래 土地之神. 皇天과 상대되어 쓰였음. 여기서는 흙, 땅, 자연. 죽어
시신이 흙으로 변한다는 뜻.

【歸化】죽은 후에 육신과 혼백이 원상태로 돌아가 버림.

참고 및 관련 자료

1. 두업의 겸손함과 죽음 이후의 死生觀에 대해 기록함.

2. 《漢書》卷85 杜鄴傳

杜鄴字子夏, 本魏郡繁陽人也. 祖父及父積功勞皆至郡守, 武帝時徒茂陵. 鄴少孤,
其母張敞女. 鄴壯, 從敞子吉學問, 得其家書. 以孝廉爲郎.

080(3-18) 淮南鴻烈
회남자의 홍렬

회남왕淮南王 유안劉安이 《홍렬鴻烈》 20편을 지었다. 홍鴻은 크다大의 뜻이며 열烈은 밝다明의 뜻으로 결국 예교禮敎를 크게 밝힌다는 말이다. 한편 책이름을 《회남자淮南子》라고도 하고, 또는 《유안자劉安子》라고도 한다. 그는 스스로 이렇게 말하였다.

"글자 속에 모두 풍상風霜의 기운을 띠고 있다."

그러나 양자운揚子雲, 揚雄은 이를 두고 약간의 출입出入이 있다고 비평하였다.(매 글자마다 백 금(金)의 가치가 있다.)

淮南王安著鴻烈二十一篇. 鴻, 大也; 烈, 明也; 言大明禮敎.
號爲淮南子, 一曰劉安子. 自云:「字中皆挾風霜.」揚子雲以爲
一出一入. (字直百金.)

【淮南王劉安】B.C.179~B.C.122. 서한 때 유명한 철학자. 문학가. 064(3-2) 참조.
【鴻烈】《淮南子》,《淮南鴻烈》,《劉安子》 등으로 불리는 책이름. 淮南王 劉安이
  그의 문객 蘇非, 李尙, 伍被 등과 함께 저술하였으며 《漢書》 藝文志의 雜家類에
  "內二十一篇, 外三十三篇"이 저록되어 있으나 지금은 內篇 21편만 전함. 東漢
  때 高誘가 《淮南鴻烈解》를 씀. 고유의 《淮南子敍》에 "鴻, 大也; 烈, 明也.
  以爲大明道之言也"라 함.
【揚子雲】揚雄(B.C.53~A.D.18) 043(2-12) 주 참조.
【字直百金】〈四庫本〉과 〈漢魏叢書本〉 등에는 이 구절이 들어 있으나 이를 衍文
  으로 보는 경우도 있음. '直'은 '値'와 같음.

1. 《淮南子》에 대한 기록임.

2. 《史記》卷118 淮南衡山列傳 참조.

3. 《漢書》卷44 淮南衡山濟北王傳

淮南王安爲人好書, 鼓琴, 不喜弋獵狗馬馳騁, 亦欲以行陰德拊循百姓, 流名譽. 招致賓客方術之士數千人, 作爲內書二十一篇, 外書甚衆, 又有中篇八卷, 言神仙黃白之術, 亦二十餘萬言.

4. 《漢書》卷30 藝文志 雜家類

○ 《淮南內》二十一篇, 王安.

○ 《淮南外》三十三篇. 顏師古:「內篇論道, 外篇雜說.」

〈金縷玉衣〉(漢) 1968 河北 滿城 출토

081(3-19) 公孫子
공손자

공손홍公孫弘이 《공손자公孫子》를 지었다. 형명刑名에 관한 것으로
역시 한 글자가 백 금金의 가치가 있다고 하였다.

公孫弘著公孫子, 言刑名事, 亦謂字直百金.

【公孫弘】 B.C.200~B.C.121. 자는 季. 平津侯에 봉해짐.《史記》,《漢書》에 모두
傳이 있음. 035(2-4) 참조.
【公孫子】 公孫弘의 저술. 그러나《漢書》藝文志에《公孫弘》十篇이 저록되어
있으나 이는 儒家類에 들어 있어 본문 내용의 刑名. 즉 法家 사상으로 같은
책인지 알 수 없음.
【刑名】 戰國時代 諸子百家 중의 法家사상의 한 支派. 申不害가 代表이며 名分과
刑罰을 바로 세워 군주의 권위를 공고히 해야 한다는 주장.

참고 및 관련 자료

1. 본문에 《公孫子》는 法家 사상이라 하였으나 《漢書》藝文志는 儒家類에 속하는
것으로 되어 있음.
2. 《漢書》卷58 公孫弘傳
公孫弘, 菑川薛人也. 少時爲獄吏, 有罪, 免. 家貧, 牧豕海上. 年四十餘, 乃學春秋
雜說.
3. 《漢書》卷30 藝文志 儒家類.
「公孫弘十篇.」

082(3-20) 長卿賦有天才
사마장경은 부에 대해 천재성이 있었다

사마장경司馬長卿의 부賦에 대해 당시 사람들은 모두 전아典雅하고 아름다워 비록 시인詩人의 작품이라도 능히 덧보탤 것이 없다고 칭찬하였다.

양자운揚子雲, 揚雄도 이렇게 말하였다.

"사마장경의 부는 인간 세계에서 나온 것 같지 않다. 신령의 변화가 그렇게 해 준 것인가?"

양자운은 사마상여의 부를 배웠지만 그에 미치지 못하자 그 때문에 그토록 탄복한 것이다.

司馬長卿賦, 時人皆稱典而麗, 雖詩人之作不能加也. 揚子雲曰:「長卿賦不似從人間來, 其神化所至邪?」子雲學相如爲賦而弗逮, 故雅服焉.

【司馬長卿】 司馬相如. 자는 長卿. 漢代 최고의 賦 作家. 039(2-8) 참조.
【揚子雲】 揚雄. 전출.

참고 및 관련 자료

1. 한대 최고의 문학가인 사마상여의 賦에 대한 평가.
2. 《漢書》 卷87(上) 揚雄傳(上)
先是時, 蜀有司馬相如, 作賦甚弘麗溫雅, 雄心壯之, 每作賦, 常擬之以爲式.

3.《太平廣記》卷198

漢司馬相如賦詩, 時人皆稱典而麗, 雖詩人之作, 不能加也. 揚子雲曰:「長卿賦不似從人間來, 其神化所至耶?」子雲學相如之賦而弗迨也, 故雅服焉.

〈執鏡侍女像〉河南 南陽 출토

083(3-21) 賦假相如
부 작품을 사마상여에게 가탁하다

장안長安에 경규지慶虯之라는 인물이 있어 역시 부賦에 뛰어났었다.
일찍이 〈청사부淸思賦〉를 지었으나 당시 사람들이 별로 귀하게 여기지
않았다. 이에 그가 사마상여司馬相如의 작품이라고 가탁하자 드디어
세상에 중시를 받게 되었다.

長安有慶虯之, 亦善爲賦, 嘗爲淸思賦, 時人不之貴也, 乃託
以相如所作, 遂大見重於世.

【慶虯之】人名 사적은 未詳.
【淸思賦】경규지의 賦. 지금은 傳하지 않음.

⬛ 참고 및 관련 자료 ⬛

1. 작품보다는 이름의 가치가 왜곡된 풍토와 사마상여의 명성이 대단하였음을
반증하는 기록이다.

084(3-22) 大人賦
대인부

사마상여司馬相如가 임금에게 부賦를 지어 바치려 하였으나 어떤 것을 써야할 지 몰랐다.

그런데 꿈에 어떤 누런 옷을 입은 노인이 이렇게 말해 주는 것이었다.

"〈대인부大人賦〉를 지어라!"

이리하여 드디어 〈대인부〉를 지었는데 이는 신선神仙의 일을 적은 것으로 임금에게 헌상하자 임금은 그에게 비단 4필을 하사하였다.

相如將獻賦, 未知所爲, 夢一黃衣翁謂之曰:「可爲大人賦!」 遂作大人賦, 言神仙之事以獻之, 賜錦四匹.

【司馬相如】자는 長卿. 전출.

【大人賦】사마상여의 작품. 이를 지어 바치자 무제가 매우 즐거워하였다 함. 신선에 관한 내용.

```
참고 및 관련 자료
```

1. 작품 제작의 신비감을 가미한 내용을 기록함.

2. 《史記》卷117 司馬相如列傳

相如拜爲孝文園令. 天子旣美子虛之事, 相如見上好僊道, 因曰:「上林之事未足美也, 尙有靡者. 臣嘗爲大人賦, 未就, 請具而奏之.」相如以爲列僊之傳居山澤閒, 形容甚臞, 此非帝王之僊意也, 乃遂就大人賦. 其辭曰: (이하는 《大人賦》 작품이 轉載되어 있음.)……相如旣奏大人之頌, 天子大說, 飄飄有凌雲之氣, 似游天地閒意.

3. 《**漢書**》卷57（下）司馬相如傳.

相如拜爲孝文園令. 上旣美子虛之事, 相如見上好僊, 因曰:「上林之事未足美也,
尚有靡者. 臣嘗爲大人賦, 未就, 請具而奏之.」相如以爲列僊之儒居山澤間, 形容
甚臞, 此非帝王之僊意也, 乃遂奏大人賦. 其辭曰: (略) 相如旣奏大人賦, 天子大說,
飄飄有淩雲氣游天地閒意.

4. 《**太平廣記**》卷276

司馬相如, 字長卿, 將獻賦而未知所爲, 夢一黃衣翁謂之曰:「可爲大人賦.」言神
仙之事, 賦成以獻, 帝大嘉賞.

〈飛馬踏燕〉(東漢) 1969 甘肅 武威 雷臺 東漢墓 출토

085(3-23) 白頭吟
백두음

사마상여司馬相如가 장차 무릉茂陵 사람의 딸을 첩妾으로 맞이하려
하자 탁문군卓文君이 〈백두음白頭吟〉을 지어 스스로 절교하겠다고 나섰다.
그러자 사마상여는 포기하고 말았다.

相如將聘茂陵人女爲妾, 卓文君作白頭吟以自絶, 相如乃止.

【司馬相如】 전출.
【茂陵】 지금의 陝西省 興平縣. 漢武帝의 능이 있음. 038(2-7) 참조.
【卓文君】 사마상여와 艶聞故事로 유명한 여인. 卓王孫의 딸. 039(2-8) 참조.
【白頭吟】 樂府의 曲名. 늙어 죽도록 변치 않는 사랑을 원한다는 내용.《玉臺
新詠》에 처음 보임. 그러나 시의 품격으로 보아 漢代詩가 아닌 것으로 봄.
《樂府詩集》등에 실려 있으나 卓文君의 作이라 明記되지 않음. 참고란을
볼 것.

참고 및 관련 자료

1. 사마상여와 卓文君의 염문 후일담인 듯하며 〈白頭吟〉에 대한 중요한 자료임.
2.《玉臺新詠》卷1「古樂府詩六首」皚如山上雪
「皚如山上雪, 皎若雲間月. 聞君有兩意, 故來相決絶, 今日斗酒會, 明旦溝水頭.
躞蹀御溝上, 溝水東西流. 淒淒復淒淒, 嫁娶不須啼. 願得一心人, 白頭不相離.
竹竿何嫋嫋, 魚尾何簁簁. 男兒重意氣, 何用錢刀爲.」

3.《樂府詩集》卷41 相和歌辭 十六 白頭吟

白頭吟二首五解:

《古今樂錄》曰: 「王僧虔≪技錄≫曰:《白頭吟行》歌古『皚如山上雪』篇.」《西京雜記》曰:「司馬相如將聘茂陵人女爲妾, 卓文君作《白頭吟》以自絶, 相如乃止.」《樂府解題》曰: 古辭云:『皚如山上雪, 皎若雲間月.』又云: 願得一心人, 白頭不相離.』始言良人有兩意, 故來與之相決絶. 次言別於溝水之上, 敍其本情. 終言男兒重意氣, 何用於錢力. 若宋鮑照『直如朱絲繩』, 陳張正見『平生懷直道』, 唐虞世南『氣如幽徑蘭』, 皆自傷清直芬馥, 而遭鑠金玷玉之謗, 君恩以薄, 與古文近焉.」一說云:《白頭吟》疾人相知, 以新間舊, 不能至於白首, 故以爲名. 唐元積又有《決絶詞》, 亦出於此.」

「皚如山上雪, 皎若雲間月. 聞君有兩意, 故來相決絶.(一解) 平生共城中, 何嘗斗酒會. 今日斗酒會, 明旦溝水頭. 躞蹀御溝上, 溝水東西流.(二解) 郭東亦有樵, 郭西亦有樵, 兩樵相推排, 無親爲誰驕?(三解) 淒淒復淒淒, 嫁娶亦不啼. 願得一心人, 白頭不相離.(四解) 竹竿何嫋嫋, 魚尾何離蓰. 男兒欲相知, 何用錢刀爲! 齒玄如馬噉其, 川上高士嬉. 今日相對樂, 延年萬歲期.(五解)」

右一曲, 晉樂所奏.:

「皚如山上雪, 皎若雲間月. 聞君有兩意, 故來相決絶, 今日斗酒會, 明旦溝水頭. 躞蹀御溝上, 溝水東西流. 淒淒復淒淒, 嫁娶不須啼. 願得一心人, 白頭不相離. 竹竿何嫋嫋, 魚尾何蓰蓰. 男兒重意氣, 何用錢刀爲!

右一曲, 本辭.」

086(3-24) 樊噲問瑞應
번쾌가 서응에 대하여 묻다

장군 번쾌樊噲가 육가陸賈에게 물었다.

"자고로 임금 된 자는 모두 하늘로부터 명命을 받았다고 하고 상서로운 응험이 있다고 하였는데 정말 그렇습니까?"

육가는 이렇게 대답해 주었다.

"있지요. 무릇 눈꺼풀이 떨면 술과 음식이 생기고, 등불이 갑자기 밝아지면 돈이나 재물이 생기며, 까치가 울면 손님이 오며, 거미가 모여들면 모든 일이 길吉하다 하였습니다. 이런 작은 일도 미리 징조가 있는 것처럼 큰일도 역시 마땅히 그렇습니다. 그러므로 눈꺼풀이 떨리면 기도하게 되고, 등불이 갑자기 환해지면 등불에 대고 고맙다고 절을 하게 되며, 까치가 울면 그에게 먹이를 주고, 거미가 모여들면 이를 죽이지 않고 놓아 줍니다. 그런데 하물며 천하의 큰 보물에 임금 같은 중요한 자리가 천명天命으로부터 오는 것이 아니라면 어찌 얻을 수 있는 일이겠습니까? 상서롭다는 것은 보물을 말하며 신표信票입니다. 하늘이 보물로써 신표를 삼았고 사람의 덕에 응험하게 되는 것이니 그 때문에 상서로운 응험瑞應이라 하는 것입니다. 천명이 없다면 보물의 신표도 없는 것입니다. 힘으로 취할 수 있는 것이 아닙니다."

樊將軍噲問陸賈曰:「自古人君皆云受命於天, 云有瑞應, 豈有是乎?」賈應之曰:「有之. 夫目瞤得酒食, 燈火華得錢財, 乾鵲噪而行人至, 蜘蛛集而百事喜. 小既有徵, 大亦宜然. 故目瞤則咒之, 火華則拜之, 乾鵲噪則餧之, 蜘蛛集則放之, 況天下大寶,人君重位, 非天命何以得之哉? 瑞者, 寶也, 信也. 天以寶爲信, 應人之德, 故曰瑞應. 無天命, 無寶信, 不可以力取也.」

【樊噲】 (?~B.C.189) 沛縣 사람으로 한나라 초기의 將軍. 젊어서 개 백정이었으나 劉邦을 따라와서 部將이 되어 공을 세워 賢成君에 봉해짐. 진나라가 멸망한 후 鴻門宴에서 項羽를 꾸짖고 유방을 구함. 한나라 건국 후에는 丞相이 되었으며 舞陽侯에 봉해짐.《漢記》,《漢書》에 傳이 있음.

【陸賈】 한초의 政論家이며 辭賦家. 楚 땅 출신. 太中大夫에 올랐으며 賦 3편은 전하지 않고《新語》十二篇이 전함.

【瑞應】 상서로운 징조의 응험.

【大寶】 지극한 보물. 여기서는 帝王의 지위를 말함.《周易》繫辭(下)에 "聖人之 位曰大寶"라 함.

참고 및 관련 자료

1. 제왕의 지위가 서응과 관련 있다는 주장이며 이의 증명을 위한 習俗을 제시함.
2.《太平廣記》卷135
樊將軍噲問於陸賈曰:「自古人君, 皆云受命於天, 云有瑞應, 豈有是乎?」陸賈 應之曰:「有! 夫目瞤得酒食, 燈火花得錢財, 午鵲噪而行人至, 蜘蛛集而百事喜. 小旣有徵, 大亦宜然. 故曰目瞤則呪之, 燈火花則拜之, 午鵲噪則餧之, 蜘蛛集則 放之, 況天下之大寶, 人君重位, 非天命何以得之哉? 瑞寶信也. 天以寶爲信, 應人之德, 故曰瑞應. 天命無信, 不可以力取也.」(出《小說》)

087(3-25) 霍妻雙生
곽광의 처가 쌍둥이를 낳다

　　장군 곽광霍光의 아내가 쌍둥이 아들을 낳았는데 누구를 형으로 하고 누구를 아우로 해야 할지를 몰랐다. 어떤 이는 이렇게 말하였다.

　　"먼저 난 아이가 형이며 나중 난 아이가 아우이다. 지금 비록 같은 날에 태어났다고는 하나 역시 먼저 난 아이를 형이라 함이 마땅하다."

　　그런가 하면 또 어떤 이는 이렇게 말하였다.

　　"뱃속에 있을 때 태반의 위에 있던 아이가 형이며 아래 있던 자는 아우여야 한다. 태반 밑에 있던 자가 먼저 나오게 마련이니 지금 먼저 태어난 아이를 아우로 함이 마땅하다."

　　이때 곽광이 이를 듣고 이렇게 말하였다.

　　"옛날 은殷나라 왕 조갑祖甲이 쌍둥이를 낳았는데 이름이 하나는 효囂이고 하나는 양良이었소. 묘일卯日에 난 아이가 효이며 사일巳日에 난 아이는 양이었으니 효를 형으로 여기고 양을 아우로 여겼소. 만약 뱃속에서 위에 있던 아이가 형이어야 한다면 효 역시 마땅히 아우여야 하오. 또 옛날 허許 희공釐公이 쌍둥이 딸을 낳았는데 하나는 요妖, 하나는 무茂라 이름을 지었소. 그리고 초楚나라 대부大夫 당륵唐勒이 쌍둥이 아들과 딸을 낳았을 때는 사내아이는 정부貞夫, 딸아이는 경화瓊華라 지었소. 모두가 먼저 난 자를 형(오빠)이라 하였소. 그리고 근래 정창시鄭昌時, 문장천文長蒨도 모두 아들 쌍둥이를 낳았고, 등공滕公은 딸 쌍둥이를 낳았으며 이려李黎는 일남일녀의 쌍둥이를 낳았는데 모두가 먼저 난 아이를 형으로 여겼소!"

　　이에 곽씨부인도 역시 먼저 난 아이를 형으로 정하였다.

霍將軍妻一産二子, 疑所爲兄弟. 或曰:「前生者爲兄, 後生者爲弟. 今雖俱日, 亦宜以先生爲兄.」或曰:「居上者宜爲兄, 居下者宜爲弟. 居下者前生, 今宜以前生爲弟.」時霍光聞之曰:「昔殷王祖甲一産二子, 曰囂, 曰良. 以卯日生囂, 以巳日生良, 則以囂爲兄, 以良爲弟. 若以在上者爲兄, 囂亦當爲弟. 昔許釐公一産二女, 曰姎, 曰茂. 楚大夫唐勒一産二子, 一男一女, 男曰貞夫, 女曰瓊華, 皆以先生爲長. 近代鄭昌時・文長蒨, 並生二男, 滕公一生二女, 李黎生一男一女, 並以前生者爲長.」郭氏亦以前生爲兄焉.

【霍光】자는 子孟. 霍去病의 아우. 018(1-18) 참조.

【祖甲】殷나라 제 22대 국왕. 武丁의 아들이며 祖庚의 아우.

【囂】원본에는 은(嚚)으로 되어 있으나 《竹書紀年》에는 「효」로 되어 있음.

【許釐公】〈四庫本〉 등에는 "許釐莊公"으로 되어 있음. 許나라는 춘추시대 제후국. 許나라 釐公은 莊公의 아들. 본문의 '莊'은 연문(衍文)으로 보고 있음.

【姎】〈四庫本〉에는 '妖'로 되어 있음.

【唐勒】전국시대 楚나라 人物로 屈原의 뒤를 이은 賦家. 宋玉과 동시대 人物. 《漢書》 藝文志에 그의 賦 4편이 著錄되어 있음.

【鄭昌時】人名. 자세한 사적은 알 수 없음.

【文長蒨】人名. 역시 자세한 사적은 알 수 없음.

【滕公】夏侯嬰(?~B.C.172)을 가리킴. 沛縣사람으로 高祖 劉邦을 따라 起兵하여 太僕에 임명되었고 汝陰侯에 봉해짐. 한때 滕縣令을 지낸 적이 있어 '등공'이라 불림. 《漢書》에 傳이 있음. 095 참조.

【李黎】人名. 자세한 사적은 알 수 없음.

참고 및 관련 자료

1. 쌍둥이의 兄弟 순서에 관한 당시의 습속을 알 수 있음.
2. 《漢書》 卷68 霍光傳. 卷 97(上) 外戚傳 孝宣霍皇后 참조.

088(3-26) 文章遲速
문장을 짓는 속도의 효용

매고枚皐는 문장을 아주 빨리 완성하는 인물이었고 사마장경司馬長卿은 그 속도가 매우 느린 인물이었으나 모두가 일시의 영예를 받았다.

그런데 사마장경의 문장은 수미首尾가 온려溫麗하였고, 매고의 문장은 가끔 누구累句가 있었다. 그 때문에 빨리 가는 것이 좋은 흔적을 남기지 못한다는 것을 알 수 있다. 이를 두고 양자운揚子雲이 이렇게 말하였다.

"군대의 행군이나 전쟁의 급박한 때의 비서치격飛書馳檄은 매고의 방법이면 되고, 낭묘廊廟 아래에서나 조정 안에서의 고문전책高文典冊은 사마상여의 방법이면 된다."

枚皐文章敏疾, 長卿制作淹遲, 皆盡一時之譽. 而長卿首尾溫麗, 枚皐時有累句, 故知疾行無善迹矣. 揚子雲曰:「軍旅之際, 戎馬之間, 飛書馳檄, 用枚皐; 廊廟之下, 朝廷之中, 高文典冊, 用相如.」

【枚皐】 자는 少儒, 淮陽 출신으로 서한시대의 유명한 賦家로 賦 백여 편이 있었다 하나 지금은 전하지 않음.《漢書》에 傳이 있음.

【長卿】 司馬相如(前出).

【累句】 잘못된 곳. 겹쳐서 매끄럽지 못한 문장의 병폐.

【揚子雲】 揚雄(前出).

【飛書馳檄】 매우 급한 공문이나 檄文.

【廊廟】 조정이나 太廟. 궁중

【高文典冊】 詔令制誥 등의 公文.

1. 매고와 사마상여의 문장 완성 속도와 그의 효용성을 논함.

2. 《**漢書**》卷51 枚皋傳

上有所惑, 輒使賦之. 爲文疾, 受詔輒成, 故所賦者多. 司馬相如善爲文而遲, 故所作少而善於皋. 皋賦辭中自言爲賦不如相如, 又言爲賦乃非, 見視如倡, 自悔類倡也.

〈楚王墓兵馬俑〉(西漢) 1984 江蘇 徐州 楚王墓 출토

서경잡기

西京雜記

卷四〈089-113〉

〈長信宮鎏金宮女銅燈〉（西漢）1968년 河北 滿城 출토

西京雜記

089(4-1) 眞算知死
숭진이 자신이 죽을 날짜를 계산하여 알다

안정安定의 숭진嵩眞과 현토玄菟의 조원리曹元理는 모두가 산술算術에 밝았으며 둘 다 성제成帝 때의 인물이다.

숭진이 일찍이 스스로의 수명은 73세라고 하여 수화綏和 원년 정월 25일 포시晡時에 해당하는 날에 죽을 것이라고 벽에다 기록해 두었다. 그런데 그는 수화 원년 정월 24일 신시申時에 숨을 거두었다. 그러자 그의 아내는 이렇게 말하였다.

"내가 남편이 산명算命하는 것을 보았더니 그는 한 개의 산가지를 더 계산하는 것이었다. 이를 보고 바로잡아 줄까하고 생각하였지만 그 나름대로 또 다른 이유가 있겠지 하고 감히 말을 하지 못하였다. 그런데 지금 와서 보니 과연 하루가 차이가 난다."

숭진은 죽기 전에 또한 이렇게 일러 두었다.

"북망산北邙山의 청룡靑隴 위에 한 그루의 가櫔나무가 있는 곳에서 서쪽으로 약 네 길 정도 되는 곳을 7척 깊이로 파라. 그곳에 내가 묻히고자 한다."

숭진이 죽은 후 가족들은 그가 말한 지역을 파 보았더니 과연 땅속에 오래된 빈 곽槨이 하나 있는 것이었다. 이에 숭진의 시신을 그 곽에 넣어 장례를 치렀다.

安定嵩眞, 玄菟曹元理, 並明算術, 皆成帝時人. 眞嘗自算其年壽七十三, 綏和元年正月二十五日晡時死, 書其壁以記之. 至二十四日晡時死. 其妻曰:「見眞算時, 長下一算, 欲以告之,

慮脫有旨, 故不敢言, 今果校一日.」眞又曰:「北邙靑隴上, 孤櫬
之西四丈所, 鑿之入七尺, 吾欲葬此地.」及眞死, 依言往掘, 得古
時空槨, 卽以葬焉.

【安定】郡 이름. 元鼎 3년(B.C.114)에 설치. 치소는 高平(지금의 寧夏 固原).
　　　　관할지역은 지금의 甘肅省과 寧夏일대.
【嵩眞】人名. 〈四庫本〉과 《津逮秘書》, 《學津討原》, 《太平廣記》 卷215 등의
　　　　本에는 모두 "皇甫嵩眞"으로 되어 있음. 이로 보아 姓이 '皇甫'이며 이름이
　　　　'嵩眞'으로 여겨짐.
【玄菟】郡 이름. 漢 元帝 元封 4년(B.C.107)에 설치. 지금의 遼寧省 동부. 吉林省
　　　　韓半島 북부지역.
【曹元理】人名. 자세한 사적은 알 수 없음.
【算術】推算. 계산하여 알아맞힘.
【成帝】西漢 9대 황제. 劉鷔. 재위 B.C.32~B.C.7년.
【綏和】成帝의 연호. 元年은 B.C.8년.
【晡時】申時. 오후 3시부터 5시 사이.
【北邙】산 이름. 지역이름. 073 주 참조.
【櫬】나무이름. 櫬. 일명 山椒나무. 木棺으로 사용하며 무덤 앞에 심음.
【槨】外槨.

📖 참고 및 관련 자료

1. 신비한 算術의 내용을 기록한 것임.
2. 《太平廣記》 卷215
漢安定皇甫嵩眞, 玄菟曹元理, 並善算術, 皆成帝時人. 眞常自算其年壽七十三,
於綏和元年正月二十五日晡時死, 書其屋壁以記之. 二十四日晡時死. 其妻曰:
「見算時, 常下一算, 欲以告之, 慮脫有旨, 故不告, 今果先一日也.」眞又曰:「北邙
靑塚上, 孤櫬之西四丈所, 鑿之入七尺, 吾欲葬此地.」及眞死, 依言往掘, 得古時
空槨, 卽以葬焉.

090(4-2) 曹算窮物
조원리가 모든 물건을 다 계산하다

조원리曹元理가 일찍이 친구 진광한陳廣漢을 찾아간 적이 있었는데 진광한은 이런 부탁을 하였다.

"나에게 두 개의 곳간에 쌀이 들어 있는데 그게 몇 섬石이나 되는지 그만 잊었소. 그대가 계산 좀 해 주시오."

조원리는 이에 젓가락으로 10여 번 돌리더니 이렇게 말하였다.

"동쪽 곳간에는 7백 4십 9섬 20되 7홉이오."

그리고는 다시 10여 번 돌리고 나서 이렇게 계산하였다.

"서쪽 곳간에는 6백 9십 7섬 여덟 말이로군!"

이에 진광한은 이를 크게 써서 곳간의 문에 써 붙여 놓았다.

뒤에 그 쌀을 꺼내어 보니 서쪽 곳간에는 697섬 7말 9되였는데 그 속에 쥐 한 마리가 있어 크기가 1되 무게에 해당하였다. 그리고 동쪽 곳간은 규합圭合만큼의 차이도 없었다. 조원리는 그 다음 해에 다시 진광한의 집에 들르게 되었는데 진광한은 자기 쌀의 수량을 맞추어 본 사실을 일러 주었다. 그러자 조원리는 손으로 책상을 치면서 이렇게 탄식하였다.

"끝내 쥐가 쌀과는 다른 것임을 알지 못하였구나. 이런 실력으로는 차라리 내 얼굴을 벗겨버림만 못하다."

진광한이 그를 달래기 위해 술자리를 마련하였는데 안주는 사슴고기 말린 것 몇 저름뿐이었다. 조원리는 다시 암산闇算을 하여 이렇게 말하였다.

"저자藷蔗 농장이 25구區나 되니 그곳에서 마땅히 1,536매枚의 소출이 있겠고, 준치蹲鴟가 37무畮나 되니 마땅히 673섬石이 나겠군. 천 마리의 소는 이백 마리의 송아지를 낳았고, 일만 마리의 닭은 오만 마리의 병아리를 거느리고 있군."

그는 그 집안의 양羊, 돼지, 거위, 오리의 숫자를 모두 맞히어 내었으며 과라효책果蓏肴蔌이 있는 곳도 모두 알아 내고는 이렇게 핀잔하였다.

"이렇게 물자와 산업이 큰데 어찌 차려 놓은 음식은 겨우 이 정도인가?"

그러자 진광한은 부끄러운 나머지 이렇게 둘러댔다.

"갑작스럽게 오신 손님이라 주인이 그에 맞게 갑작스럽게 응대할 수 없군요."

이에 조원리는 다시 이렇게 말하였다.

"조두俎豆에 찐 돼지가 한 마리 있고 부엌에는 여지荔枝가 한 쟁반 있으니 모두 가히 갖다 차릴 수 있겠군."

진광한은 재배하며 사죄하고 스스로 가서 이들을 가져다가 하루종일 즐겁게 보냈다.

조원리의 그러한 수술數術은 뒤에 남계南季에게 전수되었고, 남계는 이를 항도項瑫에게 다시 항도는 자신의 아들 항륙項陸에게 이어졌다. 모두가 그 분수分數는 이어받았지만 그 현묘玄妙함을 이어받지 못하였다.

元理嘗從其友人陳廣漢, 廣漢曰:「吾有二囷米, 忘其石數, 子爲計之.」元理以食筯十餘轉, 曰:「東囷七百四十九石二升七合.」又十餘轉, 曰:「西囷六百九十七石八斗.」遂大署囷門, 後出米, 西囷六百九十七石七斗九升, 中有一鼠, 大堪一升; 東囷不差圭合. 元理後歲復過廣漢, 廣漢以米數告之, 元理以手擊床曰:「遂不知鼠之殊米, 不如剝面皮矣!」廣漢爲之取酒, 鹿脯數片, 元理復算曰:「諸蔗二十五區應收一千五百三十六枚. 蹲鴟三十七畝, 應收六百七十三石. 千牛産二百犢, 萬雞將五萬雛.」羊豕鵝鴨, 皆道其數, 果蓏肴蔌, 悉知其所, 乃曰:「此資業之廣, 何供饋之褊邪?」廣漢慚曰:「有倉卒客, 無倉卒主人.」元理曰:「俎上蒸独一頭, 廚中荔枝一样, 皆可爲設.」廣漢再拜謝罪, 自入

取之, 盡日爲歡. 其術後傳南季, 南季傳項瑤, 瑤傳子陸, 皆得其
分數, 而失玄妙焉.

【曹元理】 앞장에 거론된 玄菟 출신의 算術家.

【陳廣漢】 人名. 산술에 밝았던 인물로만 알려짐.

【囷】 원통형의 곡식 창고.

【石】 섬. 重量 단위로 120근을 1石으로 함.

【筯】 箸. 젓가락.

【升】 되.

【合】 홉. 《漢書》 律曆志에 "十合爲升, 十升爲斗"라 함.

【署】 署字. 題寫. 기록하여 서명함.

【圭合】 고대 64黍를 1圭라 함. 《後漢書》 津曆志(上)에 "量有輕重, 平以權衡"
이라 하고 注에 《說苑》을 인용하여 "十粟重一圭, 十圭重一銖, 二十四銖重一兩"
이라 함. 여기서는 아주 미세한 차이를 말함.

【諸蔗】 甘蔗. 사탕수수.

【蹲鴟】 커다란 竽頭. 菱根. 그 모습이 매가 웅크리고 있는 모습 같아 붙여진
이름.

【果蓏】 오이, 호박류의 일종.

【肴蔌】 魚肉과 채소의 총칭. 먹을거리.

【荔枝】 남방 출산의 과일의 일종. 식용과 약용으로 쓰임.

【南季·項瑤·項陸】 모두 人名. 자세한 내용은 알 수 없음.

【分數】 대체적인 法則. 일반 내용.

1. 조원리의 算術의 오묘함과 그의 전승에 대해 기록한 것임.

2. 《太平廣記》卷215

元理嘗從眞玄菟友人陳廣漢, 廣漢曰:「吾有二囷米, 忘其碩數, 子爲吾計之.」
元理以食著十餘轉, 曰:「東囷七百四十九石二斗七合. 西囷六百九十七石八斗.」
遂大署囷門, 後出米, 西囷六百九十七石七斗九升, 中有一鼠, 大堪一升; 東囷不
差圭合. 元理後歲復遇廣漢, 廣漢以米數告之, 元理以手擊牀曰:「遂不知鼠之食米,
不如剝面皮矣!」廣漢爲之取酒, 鹿脯數臠, 元理復算曰:「甘蔗二十五區, 應收一
千五百三十六枚. 蹲鴟三十七畝, 應收六百七十三石. 千牛産二百犢, 萬雞將五
萬雛.」羊豕鵝鴨, 皆道其數, 果蓏殼核, 悉知其所, 乃曰:「此資業之廣, 何供具
之褊?」廣漢慙曰:「有倉卒客, 無倉卒主人.」元理曰:「俎上蒸肫一頭, 廚中荔枝
一盤, 皆可以爲設.」廣漢再拜謝罪, 入取, 盡日爲歡. 其術後傳南季, 南季傳項滔,
項滔傳子陸, 皆得其分數, 而失其立妙焉.

091(4-3) 因獻命名
바쳐온 물건에 의해 아이 이름을 짓다

　　장군 위청衛靑이 아들을 낳자 어떤 사람이 왜마騧馬를 바쳤다. 이에 위청은 자신의 아들 이름을 '왜騧'라 하고 자字를 '숙마叔馬'라 하였다. 그러나 뒤에 이름은 '등登'이라 하고 자를 '숙승叔昇'이라 고쳤다.

　　衛將軍靑生子, 或有獻騧馬者, 乃命其子曰騧, 字叔馬. 其後改爲登, 字叔昇.

【衛靑】 자는 仲卿(?~B.C.106). 河東 平陽 출신으로 衛皇后의 아우이며 이름난 장군. 漢 武帝에게 重用되어 大將軍에 올랐으며 長平侯에 봉해짐. 元朔 2년(B.C.127) 흉노를 정벌하고 다시 元狩 4년(B.C.119) 霍去病과 함께 흉노의 주력부대를 격파함. 그의 아들 衛伉, 衛不疑, 衛登도 공을 세워 이름을 날림.《史記》와《漢書》에 모두 傳이 있음.
【騧馬】 누런 색에 검은 입의 말.
【衛登】 위청의 아들.《漢書》衛靑傳, 外戚恩澤侯袁 등 참조.

> 참고 및 관련 자료

1. 衛登의 字와 이름에 대해 기록함.
2.《史記》卷111 衛將軍驃騎列傳 참조.
3.《漢書》卷55 衛靑霍去病傳 참조.

092(4-4) 董賢寵遇過盛
동현이 분에 넘치는 총애를 받다

애제哀帝가 동현董賢을 위해 북궐北闕 아래에다가 큰 집을 지어 주었다. 그 집은 앞뒤로 전殿을 다섯 개 겹치게 하고, 서로 마주보는 문이 여섯이나 되었으며, 기둥과 벽은 모두가 구름과 꽃, 그리고 산신山神과 수괴水怪를 그렸고, 어떤 것은 비단으로 입혔으며 또는 금과 옥으로 장식하였다.

남문南門은 세 겹이었는데 그 문 이름도 '남중문南中門', '남상문南上門', '남편문南便門'이라고 써 붙이기까지 하였다.

또 동서로 각각 세 개의 문이 있었는데 그 방향에 따라 역시 그와 같이 이름을 제題하여 써서 걸었다. 누각樓閣과 대사臺榭는 서로 연결되어 있고, 산과 못을 만들어 완상玩賞의 물건을 채워 모두가 그 화려한 조탁彫琢을 실컷 부린 것이었다.

哀帝爲董賢起大第於北闕下, 重五殿, 洞六門, 柱壁皆畫雲氣華藹, 山靈水怪, 或衣以綈錦, 或飾以金玉. 南門三重, 署曰南中門·南上門·南便門. 東西各三門, 隨方面題署亦如之. 樓閣臺榭, 轉相連注, 山池玩好, 窮盡雕麗.

【哀帝】西漢 10대 황제 劉欣(B.C.26~B.C.1) 3세에 定陶王이 되었고 18세에 太子가 되었으며 재위는 6년(B.C.6~B.C.1).

【董賢】(B.C.23~B.C.1) 자는 聖卿. 雲陽(지금의 陝西省 淳化) 사람으로 哀帝의
佞臣. 大司馬에 올라 高安侯에 봉해졌으며 권력의 남용과 사치를 부리다가
애제가 죽자 자살함.《漢書》佞幸傳 참조.
【南便門】다른 本에는 '南更門'으로 되어 있음.

참고 및 관련 자료

1. 佞臣 董賢의 사치에 대해 기록함.
2.《漢書》卷93 佞幸傳 董賢

董賢字聖卿, 雲陽人也. …… 詔將作大匠爲賢起大第北闕下, 重殿洞門, 木土之
功窮極技巧, 柱檻衣以綈錦. 下至賢家僮僕皆受上賜, 及武庫禁兵, 上方珍寶.
其選物上弟盡在董氏, 而乘輿所服乃其副也. 及至東園祕器, 珠襦玉神, 豫以賜賢,
無不備具. 又令將作爲賢起冢塋義陵旁, 內爲便房, 剛柏題湊, 外爲徼道, 周垣數里,
門闕罘罳甚盛.

093(4-5) 三館待賓

관사 세 개를 지어 놓고 빈객을 모시다

평진후平津侯는 스스로 포의布衣에서 재상의 지위까지 오른 인물로
이에 동합東閤을 열어 놓고 이를 객관客館으로 사용, 천하의 선비들을
초치하였다.

그리고 제일 첫째 객관을 '흠현관欽賢館'이라 하여 가장 어진 인물들을
모셨고, 두 번째 객관을 '교재관翹材館'이라 하여 재능이 뛰어난 인물들을
모셨으며 세 번째 객관은 '접사관接士館'이라 하여 국사國士들을 모셨다.

따라서 덕이 있고 임무를 맡을 수 있으며 큰 일을 할 수 있는 자,
그리고 음양陰陽을 도와 다스릴 수 있는 자는 '흠현관'에 처하게 하였으며
재능이 있어 구열九列을 감당할 만한 자와 장군으로서 봉록이 이천 석
이상인 자는 '교재관'에 거하며, 하나의 뛰어난 능력이나, 어느 한
방향의 예능을 가진 자는 '접사관'에 거하게 되었다. 그러면서 스스로는
아주 비박菲薄한 생활을 하며 자신이 받는 봉록은 모두 그들을 받들어
모시는 데에 사용하였다.

平津侯自以布衣爲宰相, 乃開東閤, 營客館, 以招天下之士.
其一曰欽賢館, 以待大賢; 次曰翹材館, 以待大才; 次曰接士館,
以待國士. 其有德任毗贊・佐理陰陽者, 處欽賢之館. 其有才堪
九列・將軍二千石者, 居翹材之館. 其有一介之善・一方之藝,
居接士之館. 而躬自菲薄・所得俸祿, 以奉待之.

【平津侯】公孫弘을 가리킴. 035(2-4) 참조.

【翹材】 재능이 특출함.

【陰陽】 고대인은 天地萬物이 陰陽으로 이루어졌으며 이를 잘 조화시키는 것이
국가안위의 기본이라 믿었음.

【九列】 九卿.

【菲薄】 검소하고 박실한 생활.

참고 및 관련 자료

1. 공손홍의 人材重示에 대한 내용을 기록함.

2. 《漢書》 卷58 公孫弘傳

時上方興功業, 妻擧賢良. 弘自見爲擧首, 起徒步, 數年至宰相封侯, 於是起客館,
開東閣以延賢人, 與參謀議.

094(4-6) 閩越鵰蜜
민월왕이 바친 한조와 석밀

민월왕閩越王이 고제高帝에게 석밀石蜜 5곡斛과 밀촉蜜燭 2백 매枚, 그리고 백한白鵰, 흑한黑鵰 각 1쌍 씩을 바쳤다. 고제는 아주 기뻐하며 그 사신에게 후한 보답을 주어 보냈다.

閩越王獻高帝石蜜五斛, 蜜燭二百枚, 白鵰黑鵰各一雙. 高帝大悅, 厚報遣其使.

【閩越王】高祖 5년(B.C.202) 無諸를 閩越王에 봉하였으며 관할 지역은 지금의 福建省 일대. 閩粵, 東粵로도 쓰며 〈四庫本〉에는 '南越王'으로 되어있음. 당시 민월왕은 趙佗였음. 026 주 참조.
【高帝】漢 高祖 劉邦.
【石蜜】자연산 꿀. 그러나 交趾人은 사탕수수를 역시 '石蜜'이라 부르기도 하였다 함.
【蜜燭】밀랍으로 만든 초.
【鵰】새의 일종으로 꿩처럼 생겼으며 관상용으로 기름.

참고 및 관련 자료
1. 남방에서 보내온 진기한 물건에 대한 기록.
2. 026. 076 참조.

095(4-7) 滕公葬地
등공의 장지

등공滕公 하후영夏侯嬰이 수레를 타고 '동도문東都門'에 이르자 말이 울면서 발을 뻗친 채 더 나가려 하지 않는 것이었다. 말이 그 자리에서 한참을 뛰기만을 계속하자 등공은 사졸을 시켜 말이 뛰는 그 땅을 파 보게 하였다. 석 자尺쯤 파 들어가자 그곳에 석곽石槨이 묻혀 있었다.

등공이 촛불을 밝혀 비춰 보았더니 그 석곽에 글씨가 새겨져 있었다. 이에 물로 그 글씨를 씻어 내었더니 글자가 모두 옛 글씨체로 이상하여 좌우 누구도 해독하지 못하는 것이었다. 이에 숙손통叔孫通에게 물어 보았더니 숙손통은 이렇게 설명해 주었다.

"이는 과두문자科斗文字입니다. 지금 쓰는 글자로 이를 다시 써 보면 이렇습니다. 즉 '이 좋은 무덤 자리가 캄캄하게 묻혀 있으나 삼천 년 후에는 햇볕을 보리라. 아. 등공이 바로 이방에 거居하게 되리라.'"

그러자 등공이 이렇게 탄식하였다.

"아! 하늘이여. 내 죽으면 곧 이곳에 안장시키라는 뜻인가요?"

그리고 그는 죽은 후 드디어 그 곳에 묻히게 되었다.

滕公駕至東都門, 馬鳴, 蹋不肯前, 以足跑地久之. 滕公使士卒掘馬所跑地, 入三尺所, 得石槨. 滕公以燭照之, 有銘焉. 乃以水寫其文, 文字皆古異, 左右莫能知. 以問叔孫通, 通曰:「科斗書也. 以今文寫之, 曰:『佳城鬱鬱, 三千年見白日. 吁嗟滕公居此室.』」滕公曰:「嗟乎, 天也! 吾死其卽安此乎?」死遂葬焉.

【滕公】夏侯嬰. 087 주 참조.

【東都門】한대 長安城 북쪽의 宣平門.

【叔孫通】薛縣 출신으로 秦末에 博士에 올랐음. 뒤에 項羽의 속관이었으나
劉邦에게 옮겨 稷嗣君이라 불림. 漢 王朝 건립 후 典章制度를 마련함.《史記》,
《漢書》에 傳이 있음.

【科斗】蝌蚪. 올챙이. '蝌蚪文'은 그 모양이 올챙이처럼 글씨 시작은 두텁고
끝 부분은 가늘어 붙여진 이름. 周代 大篆의 일종으로 孔壁에서 나온 古文經은
이 科斗文字로 되어 있었음. 옻즙으로 썼기 때문에 생겨난 글자체임.

【今文】漢代 통용되던 隷書體의 글자를 당시에 '今文'이라 불렀음.

【佳城】고대 墓地의 다른 말. 이곳이 原出典임.

참고 및 관련 자료

1. 夏侯嬰의 묘지에 대한 신비한 내용을 기록한 것.

2.《博物志》(晉, 張華). 卷7「異聞」

漢滕公薨, 出葬東都門外, 公卿送葬, 駟馬不行, 踟地悲鳴, 跑蹄下地, 得石室,
有銘曰:「佳城鬱鬱, 三千年, 見白日, 吁嗟滕公居此室!」遂葬焉.

3.《藝文類聚》卷40 禮部(下)「冢墓」

博物志曰: 漢滕公夏侯嬰死. 公卿送葬至東都門外, 馬不行, 殯地悲鳴, 得石槨.
有銘曰:「佳城鬱鬱, 三千年見白日, 吁嗟滕公居此室!」乃葬之.

4.《北堂書鈔》卷92 駟馬不行

漢滕公夏侯嬰死. 公卿送葬至東郭門外, 駟馬不行, 棓地悲鳴, 卽掘馬蹄下, 得石槨.
其銘曰:「佳城鬱鬱, 三千年, 見白日. 于嗟滕公居此室!」乃葬斯地, 謂爲馬冢.

5.《初學記》卷14 葬(第九)

博物志云: 漢滕公夏侯嬰死. 送葬至東都門外, 駟馬不行, 掊地悲鳴, 卽掘馬蹄下.
得石. 其銘云:「佳城鬱鬱, 三千年見白日, 于嗟滕公居此室!」乃葬斯地. 謂之馬冢.

6.《事文類聚》卷67.《太平御覽》卷556에도 인용되어 있음.

096(4-8) 韓嫣金彈
한언의 황금 탄환

한언韓嫣은 총알 쏘는 놀이를 좋아하여 항상 금으로 탄환을 만들어 썼다. 그러면서 쏘아 찾지 못하고 잃는 탄환이 하루에도 10여 개나 되었다. 장안長安에서는 이를 두고 이런 말이 퍼졌다.

"춥고 배고프거든 금탄환을 찾아라!"

서울京師의 아이들은 매번 한언이 탄환을 쏘러 나섰다는 말이 들리면 곧 그를 졸졸 따라 다니며 그 탄환이 떨어지는 자리를 보아 두었다가 즉시 달려가 줍곤 하였다.

韓嫣好彈, 常以金爲丸. 所失者日有十餘. 長安爲之語曰:「苦飢寒, 逐金丸.」京師兒童每聞嫣出彈, 輒隨之, 望丸之所落, 輒拾焉.

【韓嫣】한 무제의 佞臣. 자는 王孫. 관이 上大夫에 올랐으며 교만하게 굴다가 太后에게 미움을 사서 죽음을 당함.《漢書》佞幸傳 참조.
【彈丸】총알.

> ### 참고 및 관련 자료

1. 幸臣 韓嫣의 탄환 놀이를 적음.
2.《漢書》卷93 佞幸傳 韓嫣
韓嫣字王孫, 弓高侯穨當之一孫也. 武帝爲膠東王時, 嫣與上學書相愛. 及上爲太子, 愈益親嫣. 嫣善騎射, 聰慧. 上卽位, 欲事伐胡, 而嫣先習兵, 以故益尊貴, 官至上大夫, 賞賜儗鄧通.

3.《太平廣記》卷236

韓嫣好彈, 常以金爲丸. 一日所失者十餘. 長安爲之語曰:「苦饑寒, 逐金丸.」
京師兒童每聞嫣出彈, 輒隨逐之, 望丸之所落, 而競拾取焉.

〈彩繪陶舞俑〉(西漢, 명기) 1954 陝西 長安 출토

097(4-9) 司馬良史
훌륭한 역사가 사마천

사마천司馬遷이 발분發憤하여 《사기史記》130편篇을 짓자 선배들은
모두 그를 '양사지재良史之才'라 칭하였다. 그가 백이伯夷를 〈열전列傳〉의
첫 머리에 놓은 것은 백이가 선善하면서도 아무런 보답이 없다고 여겼기
때문이요, 〈항우본기項羽本紀〉를 쓴 것은 항우가 최고의 지위에 올랐으면
서도 덕德과는 관계가 없는 인물이라고 여겼기 때문이었다. 또 그가
굴원屈原과 가의賈誼를 함께 전傳에 넣어 쓴 것은 두 사람의 사지辭旨와
억양抑揚이 '슬프나 다침이 없다悲而不傷'라고 보았기 때문이다. 사마천은
역시 근대의 위대한 재인才人이다.

司馬遷發憤作史記百三十篇, 先達稱爲良史之才. 其以伯夷
居列傳之首, 以爲善而無報也; 爲「項羽本紀」, 以踞高位者, 非關
有德也. 及其序屈原, 賈誼, 辭旨抑揚, 悲而不傷, 亦近代之偉才也.

【司馬遷】 B.C.145? 혹은 B.C.135~B.C.86? 자는 子長. 夏陽(지금의 陝西省 韓城)
　출신으로 서한의 史學家.《史記》를 완성함.《史記》太史公自序.《漢書》司馬遷傳
　참조.
【先達】 先輩. 여기서는 劉向이나 揚雄 등을 지칭함.
【良史】 훌륭한 史家.
【伯夷】 叔齊와 함께 殷末周初의 人物.《史記》卷61에 列傳의 제일 처음에
　실음.
【項羽】 항우는 자립하여 西楚霸王이라 함. 帝王의 지위에 오른 것이 아니지만
　사마천이 이를 本紀에 넣음.

【屈原】 (B.C.340?~B.C.278) 戰國時代 楚나라 大夫이며 楚辭의 대가.

【賈誼】 (B.C.200~B.C.168) 西漢시대의 政論家이며 文學家. 文帝 초에 博士가 되어 大中大夫에 올랐으나 죄를 짓고 長沙로 쫓겨남. 그 때 屈原과 자신을 비교하여 〈弔屈原賦〉를 지었으며 司馬遷은 이의 공통점을 살려 〈屈原賈生列傳〉 으로 묶음.

참고 및 관련 자료

1. 司馬遷 《史記》의 체제와 저술 의도를 밝힘.

2. 《史記》 卷130 太史公自序

○「末世爭利, 維彼奔義; 讓國餓死, 天下稱之. 作《伯夷列傳》第一.」

○「秦失其道, 豪杰幷猶; 項梁業之, 子羽接之, 殺慶救趙, 諸侯立之; 誅嬰背懷, 天下非之. 作《項羽本紀》第七.」

○「作辭以諷諫, 連類以爭義, 《離騷》有之. 作《屈原賈生列傳》第二十四.」

3. 《史記》 卷61 伯夷列傳

「或曰:『天道無親, 常與善人. 若伯夷·叔齊, 可謂善人者非耶? 積仁潔行如此而 餓死.……天之報施善人, 其如何哉?」

4. 《漢書》 卷62 司馬遷傳 贊

論大道則先黃老而後六經, 序遊俠則退處士而進姦雄, 述貨殖則崇勢利而羞賤貧, 此其所蔽也. 然自劉向·揚雄博極群書, 皆稱遷有良史之材, 服其善序事理, 辨而 不華, 質而不俚, 其文直, 其事核, 不虛美, 不隱惡, 故謂之實錄. 烏呼! 以遷之博 物洽聞, 而不能以知自全, 旣陷極刑, 幽而發憤, 書亦信矣. 迹其所以自傷悼, 小雅巷伯之倫. 夫唯大雅「旣明且哲, 能保其身, 難矣哉!

098(4-10) 梁孝王忘憂館時豪七賦

양효왕의 망우관에서
당시 호걸들이 지은 일곱 편의 부

양효왕梁孝王이 '망우관忘憂館'에서 놀면서 여러 선비들을 불러모아 각자 부賦 한 편씩을 짓도록 하였다.

梁孝王遊於忘憂之館, 集諸遊士, 各使爲賦.

【梁孝王】劉武. 漢 文帝의 아들.《史記》梁孝王世家 참조. 059(2-28) 참조.
【忘憂館】양효왕이 만든 궁실 이름.

참고 및 관련 자료

1. 양효왕이 賦를 좋아하여 선비들을 초치, 부를 지은 내용으로 이하 7편의 부는 賦 文學 연구의 중요한 자료가 됨.
2.《史記》卷58 梁孝王世家
招延四方豪桀, 自山以東游說之士, 莫不畢至, 齊人羊勝・公孫詭・鄒陽之屬. 公孫詭多奇邪計, 初見王, 賜千金, 官至中尉, 梁號之曰公孫將軍. 梁多作兵器弩弓矛數十萬, 而府庫金錢且百巨萬, 珠玉寶器多於京師.
3.《漢書》卷47 文三王傳 梁孝王 劉武
招延四方豪桀, 自山東游士莫不至: 齊人羊勝・公孫詭・鄒陽之屬. 公孫詭多奇邪計, 初見日, 王賜千金, 官至中尉, 號曰公孫將軍. 多作兵弩弓數十萬, 而府庫金錢且百金巨萬, 珠玉寶器多於京師.
4. 本《西京雜記》卷2. (059. 2-28)「梁孝王宮囿」참조.

(1) 매승의 유부 枚乘柳賦

매승枚乘은 〈유부柳賦〉을 지었는데 그 글은 다음과 같다.

"망우忘憂의 관사. 가지 늘어뜨린 나무. 그 가지는 연약하게 굽어 있고 색깔은
자줏빛을 머금고 있네. 잎은 무성하여 녹색을 토해내고 바람·구름 그 사이로
들락날락 거리며 새들이 오고 가누나.

위아래 오르내리며 아름다운 노랫소리 지저귀는 새, 노란 옷에 붉은 다리 꾀꼬리
일세!

매미는 목청 높여 울어대고 거미는 가는 실을 토해내는데 섬돌아래 풀들은
우거져 있고 하늘에는 밝은 햇볕 겨르롭도다.

아! 가늘고 가는 버드나무는 그 가벼운 실 줄기를 흩날리누나. 군왕君王의 그
도량 연목淵穆하기도 하지. 여러 인재 인솔하여 즐기는 모습!

소신小臣은 식견 없는 귀머거리 장님. 다행히도 참여하여 이런 글을 펴 보이네.
아! 즐거움이여! 술 동이엔 표옥漂玉 같은 아름다운 술. 술잔엔 금장金漿의
좋은 술을 부어 바치네.(양나라 사람들이 사탕수수로 빚은 술을 금장이라 함)

만반진수 훌륭한 음식 육포六庖에 가득하고 가냘프고 맑은 음악 풍상風霜과
함께 가물가물. 쟁굉鎗鍠같은 큰 소리 추즐啾喞 같은 작은 소리, 소조蕭條하고
적료寂寥하네. 준예儁乂한 영웅호걸 옷깃 마주하고 도포자락 이어지네. 소신은
홍모鴻毛의 보탬도 되지 못하면서 공허하게 좋은 음식, 좋은 술 먹고 마시네.
비록 황하가 맑아지고 바닷물이 다 닳게 된다해도 임금에게 그 어떤 풍경도
도와드리지 못하네."

枚乘爲「柳賦」, 其辭曰:
「忘憂之館, 垂條之木. 枝逶遲而含紫, 葉萋萋而吐綠. 出入風雲,
去來羽族. 旣上下而好音, 亦黃衣而絳足. 蜩螗屬響, 蜘蛛吐絲.
階草漠漠, 白日遲遲. 于嗟細柳, 流亂輕絲. 君王淵穆其度, 御群

英而玩之. 小臣瞽矇, 與此陳詞. 于嗟樂兮! 於是罇盈縹玉之酒,
爵獻金漿之醪(梁人作諸蔗酒, 名金漿). 庶羞千族, 盈滿六庖.
弱絲淸管, 與風霜而共雕, 鎗鍠啾唧, 蕭條寂寥. 儔乂英旄, 列襟
聯袍. 小臣莫效於鴻毛, 空銜鮮而嗽醪. 雖復河淸海竭, 終無增
景於邊撩.」

【枚乘】(?~B.C.140) 자는 叔. 淮陰人으로 吳王 劉濞의 郞中 벼슬을 지냈으나
　　뒤에 梁 孝王의 門客이 되어 辭賦로 이름을 날림. 武帝 때 賦 9편을 지었으나
　　지금은 〈七賢〉 등 3편만 전함. 《漢書》에 傳이 있으며 《枚叔集》 輯佚本이 있음.
【透迤】 '逶迤'. 늘어진 모습. 쌍성 연면어로 '위이'로 읽음.
【萋萋】 무성한 모습. 〈抱經堂〉본에는 '萋微'로 되어 있음.
【羽族】 새무리. 鳥類.
【好音】 《詩經》 邶風 燕燕에 "燕燕于飛, 上下其音"이라 함.
【黃衣】 꾀꼬리.
【蜩螗】 매미. 쌍성연면어의 物名.
【遲遲】 햇볕이 밝고 따뜻함. 《詩經》 豳風 七月에 "春日遲遲, 采蘩祁祁"라 하였고
　　朱熹 〈詩集傳〉에 "遲遲, 日長而暄也"라 함.
【瞽矇】 장님과 귀머거리. 여기서는 작자가 아무런 견문이 없다는 겸양의 뜻을
　　나타낸 것.
【六庖】 君王의 廚房. 《西京雜記校注》에 "六庖, 指君王之廚房"이라 함.
【鴻毛】 지극히 미세함. 지극히 가벼움. 미미함을 뜻함.

┌─────────────────────┐
│ 참고 및 관련 자료 │
└─────────────────────┘

1. 枚乘이 버드나무를 두고 읊은 〈柳賦〉를 실음.
2. 《漢書》 卷51 枚乘傳
「枚乘字叔, 淮陰人也, 爲吳王濞郞中.」

(2) 노교여의 학부 路喬如鶴賦

노교여路喬如는 〈학부鶴賦〉를 지었는데 그 글은 다음과 같다.

"흰 새 머리에는 붉은 벼슬. 못 가에서 날개를 힘껏 퍼덕이네. 다시 긴 다리를 들어 뛰어도 보네. 흰 깃을 펼쳐들고 마음껏 날아 보려고, 그 긴 목을 굽혀 이리저리 보면서 걷다가 모래톱을 쪼아 보면서 서로 중얼거리네.

어찌 저 노을 속 붉은 하늘 잊어버리고, 갑자기 이 좋은 곳 연못가 우리에서 서성이는가? 그 모습 맑은 물에 매혹되었다간 높이 날지 못하리. 좋은 음식 먹으면서도 편안한 것은 아닐세. 알겠도다. 들을 떠도는 새, 그 야성野性은 있지만 아직도 둥지의 얽매임을 벗어나지 못하였을 뿐 다만 우리 임금의 넓은 사랑을 믿고 비록 야생조류조차 그 은혜를 안고 있음을. 바야흐로 신나게 날아올라 노래하며 춤추며 붉은 빛 멋진 난간을 휘돌며 즐거워하고 있네."

路喬如爲「鶴賦」, 其辭曰:
「白鳥朱冠, 鼓翼池干. 擧修距而躍躍, 奮皓翅之翨翨. 宛修頸而顧步, 啄沙磧而相歡. 豈忘赤霄之上, 忽池籞而盤桓. 飮淸流而不擧, 食稻粱而未安. 故知野禽野性, 未脫籠樊, 賴吾王之廣愛, 雖禽鳥兮抱恩. 方騰驤而鳴舞, 憑朱檻而爲歡.」

【路喬如】梁 孝王의 門客.
【池干】연못가. '干'은 원래 '于'로 되어 있음.
【翨翨】매우 빨리 비상하는 모습.
【池籞】禁苑. 연못 위를 그물로 덮어 새를 기르는 우리.
【盤桓】어슬렁거림. 첩운연면어.

1. 노교여가 鶴를 두고 지은 賦를 실음.
2. 《古文苑》卷3에도 轉載되어 있음.

(3) 공손궤의 문록부 公孫詭文鹿賦

공손궤公孫詭는 〈문록부文鹿賦〉를 지었는데 그 글은 다음과 같다.

"어미사슴 멋진 모습 나의 괴槐나무 정원을 찾아 왔네. 나의 괴나무 잎을 먹으면서
내게 고맙다는 듯 우네. 그 바탕은 마치 보드라운 비단 털 같고 그 무늬는
흰 비단 색깔일세. 유유呦呦하고 서로 부르는 소리는 〈소아小雅〉의 〈녹명鹿鳴〉
시詩 그대로일세. 산림에 몇 년을 은거함이 한탄스럽더니 내 지금 양왕梁王을
오늘에야 만났네."

公孫詭爲「文鹿賦」, 其詞曰:
「麀鹿濯濯, 來我槐庭. 食我槐葉, 懷我德聲. 質如細縛, 文如
素蓁. 呦呦相召, 小雅之詩. 歎丘山之比歲, 逢梁王於一時.」

【公孫詭】梁 孝王의 門客. 羊勝과 함께 爰盎을 죽이려다 쫓기자 자살함.《漢書》
梁孝王傳 참조.
【文鹿】무늬 있는 사슴. 꽃사슴.
【麀鹿濯濯】《詩經》大雅 靈臺에 "麀鹿濯濯. 白鳥鶴鶴"이라 함. '濯濯'은 살쪄서
아름다운 모습.
【呦呦相召】《詩經》小雅 鹿鳴에 "呦呦鹿鳴, 食野之苹. 我有嘉賓, 鼓瑟吹笙"이라 함.
【比歲】몇 년. 산림에 은거만 하고 있는 것을 한탄하였다가 드디어 양왕을 만나게
되었다는 뜻.

1. 공손궤가 사슴을 두고 노래한 賦.
2. 《史記》卷58 梁孝王世家

其夏四月, 上立膠東王爲太子. 梁王怨袁盎及議臣, 乃與羊勝·公孫詭之屬陰使人刺殺袁盎及他議臣十餘人. 逐其賊, 未得也. 於是天子意梁王, 逐賊, 果梁使之. 乃遣使冠蓋相望於道, 覆按梁, 捕公孫詭·羊勝. 公孫詭·羊勝匿王後宮. 使者責二千石急, 梁相軒丘豹及內史韓安國進諫王, 王乃令勝·詭皆自殺, 出之. 上由此怨望於梁王. 梁王恐, 乃使韓安國因長公主謝罪太后, 然后得釋.

3. 《漢書》卷47 文三王傳 梁孝王 劉武

其夏, 上立膠東王爲太子. 梁王怨爰盎及議臣, 乃與羊勝·公孫詭之屬謀, 陰使人刺殺爰盎及他議臣十餘人. 賊未得也. 於是天子意梁, 逐賊, 果梁使之. 遣使冠蓋相望於道, 覆案梁事, 捕公孫詭·羊勝. 皆匿王後宮. 使者責二千石急, 梁相軒丘豹及內史安國皆泣諫王, 王乃令勝·詭皆自殺, 出之. 上由此怨望於梁王. 梁王恐, 乃使韓安國因長公主謝罪太后, 然後得釋.

(4) 추양의 주부 鄒陽酒賦

추양鄒陽은 〈주부酒賦〉를 지었는데 그 글은 다음과 같다.

"맑은 술은 주酒라 하고 탁한 술은 예醴라 하며 맑은 것은 성스럽고 총명한 인물이요, 탁한 것은 고집 세고 어리석은 자와 같네. 모두가 알맞은 비를 맞고 자란 저 언덕의 밀을 누룩으로 만들고, 저 들녘의 좋은 쌀을 빚어 만든 것이지. 창풍倉風이 들어가지 못하게 하고, 가을이 되어도 열지 않고 두었었네.
아! 이처럼 똑같은 재료지만 그 맛은 달라졌도다. 이처럼 재주는 다르나 함께 군왕 한 분을 모시고 있네. 술 빛깔 역역醳醳하고 그 달콤한 맛 이니泥泥하네. 술 이미 잘 빚어졌고 녹색 술 단지도 열었도다. 용수를 박아 술을 걸러내고 한편으론 손으로 술을 짜네. 서민은 이 술로 즐거움을 삼지만 군자는 이 술로 예禮를 삼는다네. 그 품류는 사락沙洛, 녹영淥郢, 오정烏程, 약하若下, 고공高公

등의 청주淸酒가 있고 관중關中의 백박주白薄酒는 색깔이 청벽淸碧하고 액즙液汁
은 순주醇酒로서 한 번 마시면 천일千日이 지나야 깨어난다네.

훌륭하신 군주가 번방藩邦을 다스리며 편안히 해 주면서 한가로움도 많으시네.
백발의 노인들을 불러모으고 정숙한 빈객들을 모아 놓았네.

넓게 자리잡아 펼쳐 놓고서 아름다운 병풍을 둘러치고는 비단실 곱게 짜서
자리 만들고 서거犀璩로 그 자리 끝 눌러 놓았네. 긴 소맷자락 끌려 날리고
넓은 소매는 펼쳐 올렸네. 한들한들 움직이는 길고 긴 갓끈 모습!

영명하고 훌륭하신 선비들께서 빙그레 웃으시며 참석하셨네. 군왕께선 옥궤玉几
에 기대시고 옥 병풍을 의지하고서는 손을 들어 위로의 말씀을 전하시자 사방
둘러앉은 선비들 모두가 맛난 음식을 실컷 즐긴 표정일세.

이에 술잔이 돌면서 배우들 기예가 볼만해지자 술잔마다 가득 부어진 술!
오른쪽에 궁음宮音이 서서히 펼쳐지자 그 곁엔 역시 치음徵音이 드날리네.
즐거움이 이토록 길어졌어도 누구하나 미친 듯 날뛰지 않네. 이에 군왕께선
더욱 진귀한 음식 내려주셔서 황혼의 취의醉意를 없애 주시네. 새벽의 술 고통을
씻어 주려고. 우리 군왕 억만세億萬歲토록 장수하셔서 항상 그 빛을 일월과
다투시기를."

鄒陽爲「酒賦」, 其詞曰:

「淸者爲酒, 濁者爲醴, 淸者聖明, 濁者頑駿. 皆麴涅丘之麥,
釀野田之米. 倉風莫預, 方金未啓. 嗟同物而異味, 嘆殊才而共侍.
流光醳醳, 甘滋泥泥. 淸醪旣成, 綠瓷旣啓. 且筐且漉, 載簥載齊.
庶民以爲歡, 君子以爲禮. 其品類, 則沙洛漻鄒, 程鄉若下, 高公
之淸. 關中白薄, 淸渚縈停. 凝醳醇酊, 千日一醒. 哲王臨國,
綽矣多暇. 召皤皤之臣, 聚肅肅之賓. 安廣坐, 列雕屏, 綃綺爲席,
犀璩爲鎮. 曳長裾, 飛廣袖, 奮長纓. 英偉之士, 莞爾而卽之.
君王憑玉几, 倚玉屏. 擧手一勞, 四座之士, 皆若哺粱肉焉. 乃縱

酒作倡, 傾盜覆觴. 右曰宮申, 旁亦徵揚. 樂只之深, 不吳不狂. 於是錫名餌, 袪夕醉, 遣朝酲. 吾君壽億萬歲, 常與日月爭光.」

【鄒陽】齊나라 출신으로 辭賦에 뛰어났음. 처음 吳王 劉濞를 섬겼으나 뒤에 梁 孝王의 上客이 됨. 억울하게 옥에 갇혔을 때 올린 上書로 유명함. 景帝 때 弘農都尉에 오름. 《漢書》에 傳이 있음.

【倉風】蒼風.《詩經》王風 黍離에 "悠悠蒼天"이라 하여 蒼天시기의 바람. 창천은 봄 하늘을 뜻함. 따라서 倉風은 春風을 말함.

【金】五行으로 가을.

【篘】縮과 같음. '술을 짜다, 거르다'의 뜻.《左傳》僖公 4년에 "爾貢包茅不入, 王祭不供, 無以縮酒"라 하고 鄭注에 "束茅而灌之以酒爲縮酒"라 함.

【莞爾】빙그레 웃는 모습. 屈原〈漁父辭〉에 "漁父, 莞爾而笑, 鼓枻而去"라 함.

【只】어기조사.《詩經》小雅 南山之臺에 "樂只君子, 德音不已"라 하였고 周南 樛木에도 "樂只君子, 福履綏之"라 함.

【吳】크게 떠듦.《詩經》周頌 絲衣에 "不吳不敖"라 하고 《毛傳》에 "吳. 譁也"라 함.

【錫】賜와 같음.

참고 및 관련 자료

1. 추양의 酒賦는 술에 대한 작품으로 널리 알려져 있음.

2.《漢書》卷51 鄒陽傳

○「鄒陽, 齊人也. 漢興, 諸侯王皆自治民聘賢, 吳王濞招致四方游士,陽與吳嚴忌·枚乘等俱仕吳, 皆以文辯著名. 久之, 吳王以太子事怨望, 稱疾不朝, 陰有邪謀, 陽奏書諫. 爲其事尚隱, 惡指斥言, 故先引秦爲諭, 因道胡·越·齊·趙·淮南之難, 然後乃致其意.」

○「是時, 景帝少弟梁孝王貴盛, 亦待士. 於是鄒陽·枚乘·嚴忌知吳不可說, 皆去之梁, 從孝王游.」

3.《初學記》卷26 酒

鄒陽酒賦

「清者爲酒. 濁者爲醴. 清者聖明. 濁者頑騃. 皆麴涅邱之麥. 釀野田之米. 流光醳釋.
甘滋泥泥. 醪醴旣成. 綠瓷旣啓. 且筐且漉. 載篘載濟. 庶人以爲欣. 君子以爲禮.
其品類則沙洛綠酃. 烏程若下. 齊公之淸. 關中白薄. 靑渚縈醇. 凝醳醇酊. 千日
一醒.」

(5) 공손승의 월부 公孫乘月賦

공손승公孫乘은 〈월부月賦〉를 지었는데 그 글은 다음과 같다.

"달이 떠서 밝은 흰 빛 비추어 오니 군자의 멋진 광채와 다름없도다. 곤계鵾鷄는
난저蘭渚에서 춤추고 귀뚜라미 서당西堂에서 소리내어 우네. 임금께 예악禮樂이
있음은 내게 옷이 있는 것과 같네. 아! 밝은 달이여, 하늘 가운데로 떠올랐도다.
높은 바위산에 가렸을 땐 마치 갈고리 같고 성벽에 가렸을 땐 마치 깨어진
거울 같도다. 조금씩 떠올라 그 빛을 더하다가 드디어 뜰에 비칠 때는 높고
밝도다. 뜨거운 태양이야 달빛만큼 밝지 못하고 백옥 같은 그 흰빛 달만큼
깨끗하랴.
운하 궤도를 돌고돌아 음양은 이토록 정확하도다. 문사文士와 변재辯才가 숲처럼
둘러싸여 나 같은 이 소신은 아무런 재주도 없네."

公孫乘爲「月賦」, 其辭曰:
「月出曒兮, 君子之光. 鵾雞舞於蘭渚, 蟋蟀鳴於西堂. 君有禮樂,
我有衣裳. 狞嗟明月, 當心而出. 隱員巖而似鉤, 蔽修堞而分鏡.
旣少進以增輝, 遂臨庭而高映. 炎日匪明, 皓璧非淨. 躔度運行,
陰陽以正. 文林辯囿, 小臣不佞.」

【公孫乘】梁 孝王의 문객. 기타 사적은 자세히 알 수 없음.

【月出】《詩經》陳風 月出에 "月出皎兮, 佼人僚兮"라 함.
【鵁鶄】황백색의 鶴과 비슷한 새.
【蘭渚】난초가 자라고 있는 물가 모래톱.
【君子禮樂】《古文苑》卷3〈月賦〉의 章樵 주에 "梁王宴樂群士, 衆賓從梁王游, 各由其道, 不愆禮度"라 함.
【猗嗟】찬미와 감탄의 표시.《詩經》齊風 猗嗟에 "猗嗟昌兮, 頎而長兮"라 함.
【纏度】日月五星의 天軌.
【文林辯囿】文士와 辯才가 많음을 뜻함.
【不俊】똑똑하지 못함. 자신을 낮추는 말. 章樵의 주에 "于群英之中, 因有進言, 自愧非材佞口辯也"라 함.

> ### 참고 및 관련 자료
> 1. 공손승의 달에 대한 賦를 실은 것.
> 2.《古文苑》卷3에 전재되어 있음.

(6) 양승의 병풍부 羊勝屛風賦

양승羊勝은 〈병풍부屛風賦〉를 지었는데 그 글은 다음과 같다.

"병풍이 둘러쳐져 우리 군왕 가려 주네. 겹친 꽃무늬에 아름다운 수를 놓았고, 멋진 구슬로 꾸며진 모습, 비단 무늬 장식에 흐르는 황색 비쳐 나오네. 그 그림은 고대의 뛰어난 선비들 화상, 그 모습 온화하고 의기는 양양. 양왕梁王과 어울리는 멋진 병풍, 만수무강하시기를 기원합니다."

羊勝爲「屛風賦」, 其辭曰:
「屛風鞈匝, 蔽我君王. 重葩累繡, 沓璧連璋. 飾以文錦, 映以流黃. 畫以古列顯顯昂昂. 藩后宜之, 壽考無疆.」

【羊勝】齊人으로 梁孝王의 門客. 公孫詭와 함께 爰盎을 살해하려다 쫓겨 자살함.

【輅匝】둘러싸인 모습. 첩운연면어.

【流黃】褐黃色을 뜻함.

【藩后】藩王. 諸侯王. 여기서는 梁 孝王을 지칭함.

참고 및 관련 자료

1. 양승의 병풍을 두고 읊은 賦를 기록한 것.
2. 公孫詭 〈文鹿賦〉(4-10-3) 참고란을 볼 것.

(7) 한안국의 궤부 韓安國几賦

한안국韓安國은 〈궤부几賦〉를 지어 바치려하였으나 이루지 못하자 추양鄒陽이 대신 지어 주었다. 그 글은 다음과 같다.

"높이 솟은 나무, 구름을 넘지르고 그 가지 늘어져서 번원煩冤한 곁에 어린 가지 붙어서 자라네. 왕이王爾나 공수반公輸班 같은 뛰어난 장인匠人들이 도끼를 메고 와서 그 곁가지 부여잡고 높은 가지를 타고 오르네. 그 꼭대기 측량할 수 없는 데까지 올라가 멋진 가지 베어서 내려왔도다. 한쪽 눈 감고서 곧게 재어 보고 한 귀를 닫고서 두드려 보네. 제齊나라에서 바쳐온 금도끼로써, 초楚나라에서 달려온 이름난 목수가 이를 다듬어 이 궤几를 만들었다네. 그 모습 신기함을 그 무엇과 비유할까? 마치 용이 서리고 말이 내닫는 듯. 봉황이 떠나고 난鸞새가 돌아온 듯, 군왕께서 그 궤에 기댄 모습은 성덕이 날로날로 뛰어 오르는 것 같네."

양효왕은 추양과 한안국에서 벌주 세 되를 내렸으며 매승과 노교여 에게는 비단을 내리되 사람마다 다섯 필匹씩 주었다.

韓安國作「几賦」, 不成, 鄒陽代作, 其辭曰:

「高樹凌雲, 蟠紆煩冤, 旁生附枝. 王爾公輸之徒, 荷斧斤, 援葛虆, 攀喬枝. 上不測之絶頂, 伐之以歸. 眇者督直, 聾者磨礱. 齊貢金斧, 楚入名工. 迺成斯几, 離奇仿佛, 似龍盤馬迴, 鳳去鸞歸. 君王憑之, 聖德日躋.」

鄒陽·安國罰酒三升, 賜枚乘·路喬如絹, 人五匹.

【韓安國】(?~B.C.127). 자는 長儒. 梁國 成安(지금의 河南省 臨汝縣) 출신. 처음 양 효왕의 中大夫를 지냈으며 武帝 때 御史大夫를 거쳐 衛尉에 오름. 《史記》, 《漢書》에 傳이 있음.

【煩冤】곱게 굽은 모습. 첩운연면어.

【王爾】고대의 名匠.

【公輸班】魯班. 춘추시대 魯나라의 名匠.

참고 및 관련 자료

1. 추양이 한안국을 대신하여 지어준 궤(几), 즉 几案을 두고 쓴 글을 실음.

2. 《史記》卷108 韓長孺列傳

御史大夫韓安國者, 梁成安人也, 後徙睢陽. 嘗受韓子·雜家說於騶田生所. 事梁孝王爲中大夫.

3. 《漢書》卷52 韓安國傳

韓安國者長孺, 梁成安人也. 後徙睢陽. 嘗受韓子·雜說鄒田生所. 事梁孝王, 爲中大夫. 吳楚反時, 孝王使安國及張羽爲將, 扞吳兵於東界. 張羽力戰, 安國持重, 以故吳不能過梁. 吳楚破, 安國·張羽名由此顯梁.

099(4-11) 五侯進王
오후가 모두 왕으로 진급하다

양효왕梁孝王이 입조入朝하자 황상皇上은 그를 한 가족으로 여겨 잔치를 베풀어 주었다. 그리고 다시 양효왕 여러 아들에 대해서조차 묻는 것이었다. 이에 양효왕 머리를 조아리며 이렇게 말하였다.

"다섯 아들이 있습니다."

그러자 황상은 즉시 그 아들들에게 열후列侯를 삼아 주었으며, 그에 맞는 의상과 기복器服을 하사하였다. 양효왕이 죽자 양나라를 다섯으로 나누었고 그 다섯 후侯를 모두 왕王으로 삼아 주었다.

梁孝王入朝, 與上爲家人之宴. 乃問王諸子, 王頓首謝曰:「有五男.」卽拜爲列侯, 賜與衣裳器服. 王薨, 又分梁國爲五, 進五侯皆爲王.

【梁孝王】劉武. 漢 文帝의 아들.(전출)
【皇上】여기서는 양 효왕의 형 劉啓. 즉 景帝. 재위는 B.C.156~B.C.141년.
【列侯】爵位의 12등급 중에 徹侯가 최고였음. 그러나 漢 武帝 劉徹의 이름을 避諱하여 '列侯'라 함.

⬭ 참고 및 관련 자료

1. 양 효왕은 竇太后와 文帝. 景帝의 사랑을 받았으나 본문의 이면에는 漢 王室이 중앙집권을 강화하기 위해 藩國을 약화시키고자 한 의도가 들어 있다고 여겨짐.

2.《**史記**》卷58 梁孝王世家

及聞梁王薨, 竇太后哭極哀, ……景帝哀懼, 不知所爲. 與長公主計之, 乃分梁爲五國, 盡立孝王男五人爲王, 女五人皆食湯沐邑, ……梁孝王長子買爲梁王, 是爲共王; 子明爲濟川王, 子彭離爲濟東王, 子定爲山陽王, 子不識爲濟陰王.

3.《**漢書**》卷47 文三王傳 梁孝王 劉武

孝王慈孝, 每聞太后病, 口不能食, 常欲留長安侍太后. 太后亦愛之. 及聞孝王死, 竇太后泣極哀, 不食, 曰:『帝果殺吾子!』帝哀懼, 不知所爲. 與長公主計之, 乃分梁爲五國, 盡立孝王男五人爲王, 女五人皆食湯沐邑. 奏之太后, 太后乃說, 爲帝壹餐. ……梁孝王子五人爲王. 太子買爲梁共王, 次子明爲濟川王, 彭離爲濟東王, 定爲山陽王, 不識爲濟陰王, 皆以孝景中六年同日立.

〈採桑圖〉(商) 청동기 문양

100(4-12)　河間王客館
하간왕의 객관

　　하간왕河間王 유덕劉德이 '일화궁日華宮'을 짓고 객客들이 거할 관사館舍 20여 개를 마련하여 학사學士들을 대접하였다. 그러면서 자기 자신의 생활을 그 빈객들보다 낫게 하지 않았다.

　　河間王德築日華宮, 置客館二十餘區, 以待學士. 自奉養不逾賓客.

【河間王】 河間의 獻王. 이름은 劉德. 景帝의 아들이며 學問을 좋아하였음.《漢書》 景十三王傳 참조.
【日華宮】 하간헌왕 유덕이 지은 궁궐.《三輔黃圖》(3)의 曜華宮에 "日華, 曜華宮, 營構不在三輔, 然皆漢之諸王所建"이라 함.

　　참고 및 관련 자료

1. 하간 헌왕 유덕의 學士 우대에 대한 기록.
2.《漢書》卷53 景十三王傳 河間獻王 劉德
河間獻王德以孝景前二年立, 修學好古, 實事求是. 從民得善書, 必爲好寫與之, 留其眞, 加金帛賜以招之. 繇是四方道術之人不遠千里, 或有先祖舊書, 多奉以奏獻王者, 故得書多, 與漢朝等.

101(4-13) 年少未可冠婚
나이가 어려 아직 관혼의 예를 치를 수 없다

양효왕梁孝王의 아들 유가劉賈가 아버지를 따라 황상皇上을 뵙게 되었다. 그는 나이가 매우 어렸지만 두태후竇太后는 억지로라도 그에게 관례冠禮를 거쳐 혼인까지 시켜 주려고 하였다. 이에 황상이 효왕에게 이렇게 제의하였다.

"아이에게 관례는 시켜 주어도 되겠지."

효왕은 이에 머리를 조아리며 이렇게 사양하였다.

"제가 알기로《예기禮記》에 스무 살이 되어야만 비로소 관례를 치르며, 관례를 치르면 자字를 갖게 되며, 자는 덕을 표시하는 것이라 하였습니다. 스스로 생각건대 아이는 뛰어난 재능도, 높은 덕행도 없으니 어찌 억지로 관례를 치를 수 있겠습니까?"

그러나 황제는 이렇게 말하였다.

"이 아이는 관례를 치를 만하다."

그리고 며칠이 지나자 황제는 다시 이렇게 말하였다.

"아이에게 짝을 지어 혼인을 시켜주어도 되겠지."

효왕은 머리를 조아리며 이렇게 말하였다.

"제가 알기로《예기》에 서른 살이 되어야만 비로소 아내를 맞아 가정을 이룰 수 있다고 하였습니다. 아이가 어리고 무지하여 장중해야 할 아버지로서의 모습을 갖추고 있지 못한데 어찌 능히 강제로 그런 어린 아이에게 아내를 짝지어 줄 수 있겠습니까?"

그러나 황상의 의견은 꺾이지 않았다.

"그 아이이게는 그래도 짝을 지어 주어야 한다."

며칠이 흐른 후 유가가 조정에 나타나 문람門欖을 타넘다가 그만 신발이 벗겨지고 말았다. 황상은 이를 본 후 이렇게 말하였다.

"아이가 정말 어리군!"

그리고는 태후에게 더 이상 그에게 관례나 혼례를 고집하지 말도록 품고稟告하였다.

梁孝王子賈從朝, 年幼, 竇太后欲强冠婚之. 上謂王曰:「兒堪冠矣.」王頓首謝曰:「臣聞禮二十而冠, 冠而字, 字以表德. 自非顯才高行, 安可强冠之哉?」帝曰:「兒堪冠矣.」餘日, 帝又曰:「兒堪室矣.」王頓首謝曰:「臣聞禮三十壯有室. 兒年夢悼, 未有人父之端, 安可强室之哉?」帝曰:「兒堪室矣.」餘日, 賈朝至閾而遺其舄, 帝曰:「兒眞幼矣.」白太后未可冠婚之.

【劉賈】《史記》梁孝王世家와 《漢書》梁孝王傳에 의하면 梁 孝王에게는 買, 明, 彭離, 定, 不識 등 다섯 아들이 있었으며 여기서 '賈'는 '買'의 誤字가 아닌가 함.

【竇太后】(?~B.C.135?. B.C.129?) 漢 文帝의 황후. 뒤에 皇太后가 되었으며 黃老術을 좋아하였음. 《漢書》外戚傳 참조.

【冠禮】古代 남자의 成年式. 《禮記》曲禮(上)에 "男子二十, 弱而冠"이라 함.

【室】아내를 맞아 가정을 이룸. 《禮記》曲禮(上)에 "三十曰壯, 有室"이라 하였고 鄭玄의 注에 "有室, 有妻也"라 함.

【夢悼】'夢稚'와 같음. 어리고 유치함. 悼는 7살을 가리킴. 《禮記》曲禮(上)에 "七年曰悼"라 함.

【帝曰: 兒堪室矣】이 구절에 대해 盧文弨와 羅根澤은 그 위의 "帝曰兒堪室矣"와 함께 모두 衍文으로 보고 있음. 〈抱經堂叢書〉본의 盧文弨 校에 "各本有帝曰兒堪冠矣. 六字乃衍文. 下文亦重帝曰兒堪室矣. 本亦有不重者, 今案, 兩處皆不當有, 去之爲淨"이라 함.

【閾】문지방. 門檻.

【舄】신. 신발.

1. 梁 孝王과 그 후손에 대한 두태후의 사랑과 고집을 표현한 것.
2. 《史記》卷58 梁孝王世家 참조.
3. 《漢書》卷47 文三王傳 梁孝王劉武 참조.

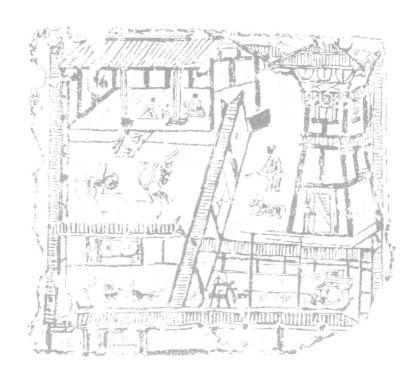

102(4-14) 勁超高屏
병풍을 뛰어 넘는 높이뛰기 재주

    강도왕江都王 유비劉非는 매우 강단이 있고 민첩해서 7척尺 높이의 병풍을 뛰어넘을 정도였다.

    江都王勁捷, 能超七尺屏風.

【江都王】劉非. 漢 景帝의 아들. 원래 汝南王에 봉해졌으며 '吳楚七國'의 난을 평정한 공로로 江都王에 봉해짐. 27세에 죽었으며 氣力이 있고 사치와 호사를 부림.
【七尺】《校注》에 "漢代七尺, 大約相當於今之一公尺七十左右"라 하여 대략 1m 70cm 정도의 높이라 함.

> **참고 및 관련 자료**

1. 강도왕 유비의 높이뛰기 능력을 신기하게 여겨 기록한 것.
2. 《漢書》 卷53 景十三王傳 江都易王 劉非
江都易王非以孝景前二年立爲汝南王. 吳楚反時, 非年十五, 有材氣, 上書自請擊吳. 景帝賜非將軍印, 擊吳. 吳已破, 徙王江都, 治故吳國, 以軍功賜天子旗. 元光中, 匈奴大入漢邊, 非上書願擊匈奴, 上不許. 非好氣力, 治宮館, 招四方豪桀, 驕奢甚. 二十七年薨, 子建嗣.

103(4-15)　元后鷰石文兆
제비가 원후에게 물어온 무늬 돌의 징조

원후元后가 시집가기 전에 일찍이 흰 제비가 하얀 돌을 물고 나타났다. 그 돌은 손가락 크기 만한 것이었으며 원후의 반짇고리 광주리에 떨어졌다. 원후가 이를 주워들었더니 스스로 갈라져 두 조각이 되는 것이었다. 그리고 그 속에 이렇게 새겨져 있었다.

"천지의 어머니가 되리라.母天地"

원후가 이 돌을 얼른 닫았더니 드디어 다시 합해지는 것이었다. 이에 원후는 이를 보물로 여겨 소장하였다. 뒤에 그는 황후皇后가 되고 나서도 항상 그것을 옥새玉璽와 함께 상자에 놓어 보관하면서 이를 '천새天璽'라 하였다.

元后在家, 嘗有白鷰銜白石, 大如指, 墜后績筐中. 后取之, 石自剖爲二. 其中有文曰:「母天地.」后乃合之, 遂復還合, 乃寶錄焉. 後爲皇后, 常幷置璽笥中, 謂爲天璽也.

【元后】漢 元帝의 皇后이며 成帝의 生母. 이름은 王政君. 王莽의 고모이기도 함. 王禁의 딸로 그가 황후가 되고 집안이 모두 顯貴해짐.《漢書》元后傳 참조.
【績筐】반짇고리. 針線筐.
【璽笥】옥새를 보관하는 상자.

1.《詩經》商頌 玄鳥의 '天命玄鳥, 降而生商'과 같은 天命說을 기록한 것.

2.《漢書》卷98 元后傳

孝元皇后, 王莽之姑也. ……初, 李親任政君在身, 夢月入其懷. 及壯大, 婉順得
婦人道. 嘗許嫁未行, 所許者死. 後東平王聘政君爲姬, 未入, 王薨. 禁獨怪之,
使卜數者相政君,「當大貴, 不可言.」禁心以爲然, 乃敎書, 學鼓琴. 五鳳中, 獻政君,
年十八矣, 入掖庭爲家人子.

3.《太平廣記》卷135

元后在家, 嘗有白鸎銜石, 大如指, 墮后績筐中. 后取之, 石自剖其二. 其中有文曰:
「母天后地.」乃合之, 遂復還合, 乃寶錄焉. 後爲皇后, 常置璽笥中, 謂爲天璽也.

104(4-16) 玉虎子
옥호자

한漢나라 조정에서는 옥으로 호랑이 형상을 만들어 이를 변기便器로 사용하여 시중侍中으로 하여금 관장하게 하였으며 황제가 출행할 때면 이를 가지고 따르도록 하였다.

漢朝以玉爲虎子, 以爲便器, 使侍中執之, 行幸以從.

【侍中】원래 丞相의 속관. 황제의 좌우에서 모시게 되면서 권세가 높아짐.
【行幸】임금의 出行을 뜻함.

참고 및 관련 자료

1. 궁중의 특이한 변기와 그 사용에 대해서 기록한 것.

105(4-17) 紫泥
자니

중서령中書令에서는 무도현武都縣에서 나는 자니紫泥를 새실璽室의 봉니封泥로 썼으며 녹색 비단실로 그 위를 장식하였다.

中書以武都紫泥爲璽室, 加綠綈其上.

【中書】中書令의 약칭. 한 무제 때 환관을 등용하여 詔令, 命令을 널리 선포토록
함.
【武都】지명. 지금의 甘肅省 서쪽. 서남쪽.
【紫泥】보랏빛 인주.

참고 및 관련 자료
1. 옥새 관리에 대한 내용을 기록한 것.

106(4-18) 日射百雉
하루에 꿩 백 마리씩 잡다

　무릉茂陵의 문고양文固陽은 원래 낭야郎琊 사람으로 들꿩을 훈련시켜 이를 매개로 하여 꿩을 사냥하는데 뛰어난 재주를 가지고 있었다.

　매번 춘삼월이 되면 띠 풀로 가림 판을 만들어 자신을 은폐하고 해시鮭矢라는 화살로 쏘아 잡는 방법으로 하루에 백여 마리 이상을 사냥하는 것이었다.

　그러자 무릉의 경박輕薄한 자들이 그의 사냥 방법을 보고는 방법을 바꾸어 모두가 여러 가지 보물로 가림 판을 만들고 청주青州의 갈대줄기로 노시弩矢를 만들어 가벼운 기마騎馬에 요상한 복장을 하고 도로를 서로 몰려다니며 즐거움을 삼는 무리 행동을 하게 되었다. 문고양이 죽자 그의 아들이 역시 아버지가 하던 일을 이어 받자 동사마董司馬가 이를 매우 좋아하여 그를 상객上客으로 삼았다.

　茂陵文固陽, 本瑯琊人, 善馴野雉爲媒, 用以射雉. 每以三春之月, 爲茅障以自翳, 用鮭矢以射之, 日連百數. 茂陵輕薄者化之, 皆以雜寶錯廁翳障, 以青州蘆葦爲弩矢, 輕騎妖服, 追隨於道路, 以爲歡娛也. 陽死, 其子亦善其事, 董司馬好之, 以爲上客.

【茂陵】지명. 038주 참조.
【文固陽】인명. 자세한 사적을 알 수 없음.
【琅邪】지금의 山東半島 동남부를 관할하던 郡.
【三春】봄 석달. 孟春(음력정월), 仲春(2월), 季春(3월).

【翳】은폐함. 가림.

【觟矢】화살 이름.

【錯厠】복잡하게 얽음. 쌍성연면어.

【靑州】지금의 山東省 德州市 齊河縣, 濟南市 등 일대를 관할하던 漢代 13刺史部
의 하나.

【董司馬】董賢(B.C.23~B.C.1) 漢 哀帝의 佞臣. 22세에 大司馬에 올랐음.《漢書》
佞幸傳 참조. 092 참조.

참고 및 관련 자료

1. 꿩 사냥의 습속을 기록한 것임.

2.《文選》卷9 潘岳〈射雉賦〉참조.

107(4-19) 鷹犬起名
매와 사냥개의 이름들

무릉茂陵 소년 이형李亨은 아주 뛰어난 사냥개를 풀어 교활한 야수들 사냥에 쫓아다니는 것을 좋아하였다. 그런가하면 응요鷹鷂라는 매를 가지고 꿩이나 토끼사냥에도 뛰어나 명수라는 이름을 얻고 있었다. 그리고 사냥개에게는 '수호修毫', '이첩釐睫', '백망白望', '청조靑曹' 등의 이름을 붙여주었고, 매鷹에게는 '청시靑翅', '황모黃眸', '청명靑冥', '금거金距'라는 이름들을, 또 다른 종류의 매인 요鷂에게는 '종풍요從風鷂', '고비요孤飛鷂' 등의 이름으로 불렀다.

그 외에 양만년楊萬年이란 자는 맹견猛犬이 있었는데 이름을 '청박靑駁'이라 하여 무려 백 금金이나 주고 산 것이었다.

茂陵少年李亨, 好馳駿狗, 逐狡獸, 或以鷹鷂逐雉兔, 皆爲之佳名. 狗則有修毫·釐睫·白望·靑曹之名, 鷹則有靑翅·黃眸·靑冥·金距之屬, 鷂則有從風鷂·孤飛鷂. 楊萬年有猛犬, 名靑駁, 買之百金.

【李亨】人名. 자세한 사적은 알 수 없음.《太平廣記》에는 '李亨'으로 되어 있음.
【鷂】새 이름. 솔개의 일종.
【楊萬年】人名. 자세한 사적은 알 수 없음.

1. 西漢時代 사냥의 풍습과 매, 사냥개에 대한 애호의 정도를 알 수 있음.
2. 《太平廣記》卷193

茂陵少年李亨, 好馳駿狗, 逐狡獸, 或以鷹鶻逐雉兎, 皆爲嘉名. 狗則有修豪·釐睫·
白望·靑曹之名, 鷹則有靑翅·黃眸·靑冥·金距之屬, 鶻則有從風·孤飛之號.

〈漁人圖〉 明, 戴進(그림)

108(4-20) 長鳴雞
장명계

성제成帝 때 교지交趾와 월휴越嶲에서 장명계長鳴鷄를 헌상하여 왔다. 그 닭이 새벽을 지켜 올 때 그 시각에 누호漏壺의 물이 떨어져 시간이 맞는가를 시험해 보았더니 구각晷刻과 차이가 없이 정확하였다. 닭이 긴 울음을 내면 한 식경食頃이나 되도록 울음소리가 이어졌으며 그 닭은 발톱 또한 길어 싸움에도 뛰어났다.

成帝時, 交趾·越嶲獻長鳴雞, 伺雞晨, 卽下漏驗之, 晷刻無差, 雞長鳴則一食頃不絶, 長距善鬪.

【成帝】西漢 9대 황제. 劉驁. 재위는 B.C.6~B.C.1.
【交趾】지금의 越南. 廣西, 廣東을 관할하던 郡 이름.
【越嶲】郡이름. 지금의 雲南과 四川省 남부지역을 관할하였음.
【晨】닭이 새벽을 알리는 것.《尙書》牧誓에 "牝鷄無晨"이라 함.
【漏】自擊漏. 고대의 물시계.《說文解字》에 "漏, 以銅受水, 刻節, 晝夜百刻"이라 함.
【晷】해시계.

참고 및 관련 자료

1. 長鳴鷄의 신비한 능력에 대해 기록한 것.
2.《太平廣記》卷461
漢成帝時, 交趾·越嶲獻長鳴雞, 伺晨雞, 卽下漏驗之, 晷刻無差, 長鳴一食頃不絶, 長距善鬪.

109(4-21) 陸博術
육박술

　허박창許博昌은 안릉安陵 사람으로 육박陸博이라는 놀이에 뛰어나 두영竇嬰은 그를 좋아한 나머지 항상 함께 거처할 정도였다. 그는 자신의 기술에 대해 이렇게 설명하였다.

　"방반方畔은 도장道張으로 드러내어 보여주고, 장반張畔은 도방道方으로 보여주며, 장구張究로는 현고玄高를 누르고, 현고로는 장구를 누른다."

　그리고 또 이렇게 설명하였다.

　"장도張道로 반방畔方을 드러내어 보여주고, 방반方畔으로 도장道張을 드러내며, 장구張究로는 현고를 누르고, 고현高玄으로는 구장究張을 굴복시킨다."

　이에 삼보三輔의 아이들은 모두 그 비법을 외우고 다닐 정도였다. 육박의 방법은 여섯 개의 산가지로 하며 어떤 이들은 이를 구究라 하여 대나무로 만들되 그 길이는 6푼分 정도이다. 어떤 때에는 두 개의 산가지를 쓰기도 한다.

　허박창은 《대박경大博經》이란 책 1권을 지었는데 지금도 전하고 있다.

　許博昌, 安陵人也, 善陸博. 竇嬰好之, 常與居處. 其術曰:「方畔揭道張, 張畔揭道方, 張究屈玄高, 高玄屈究張.」又曰:「張道揭畔方, 方畔揭道張, 張究屈玄高, 高玄屈究張.」三輔兒童皆誦之. 法用六箸, 或謂之究, 以竹爲之, 長六分. 或用二箸. 博昌又作「大博經」一篇, 今世傳之.

【許博昌】人名. 자세한 사적은 알 수 없음.

【安陵】漢 惠帝를 이곳에 장례 지내고 縣을 설치함. 지금의 陝西省 咸陽市 동북쪽.

【陸博】六博. 옛날 博戲의 일종. 黑, 白 6개(모두 12개)의 棋로 하는 놀음. 구체적인
내용은 알 수 없음.

【竇嬰】(?~B.C.131). 자는 王孫. 觀津 출신으로 竇太后의 조카. 七國之亂을 평정
한 공로로 魏其侯에 봉해짐. 武帝 초에 승상에 까지 올랐으나 뒤에 죄를 짓고
살해됨.《史記》,《漢書》에 傳이 있음.

【方畔】놀음의 口訣로 여겨지며 자세한 내용은 알 수 없음.

【三輔】경기 지역. 경조를 둘러싸고 있는 세 지역(전출).

【大博經】《漢志》,《隋志》등에 그 이름이 전하지 않는 것으로 보아 일찍이 失傳된
것으로 여겨짐.

참고 및 관련 자료

1. 한대 성행하던 陸博(六博)의 口訣에 대한 기록임.

110(4-22) 戰假將軍名
전투에서 내세운 거짓 장군의 이름들

　고조高祖가 항우項羽와 해하垓下에서 싸울 때 공장군孔將軍을 왼쪽에, 비장군費將軍을 오른쪽에 배치하고 작전을 벌였는데 이는 모두가 가짜로 그런 이름을 붙인 것이었다.

高祖與項羽戰於垓下, 孔將軍居左, 費將軍居右, 皆假爲名.

【垓下】지금의 安徽省 靈璧縣 南沱河 북쪽 언덕. B.C.202년 項羽의 楚軍과 劉邦의 漢軍이 최후의 결전을 벌인 곳. '四面楚歌'와 項羽의 '垓下歌' 등의 고사를 남김.
【孔將軍・費將軍】유방이 가짜로 세운 장군이라 하나《史記》에는 그러한 설명이 없음. 오히려《史記》正義에 "孔熙(蓼侯)와 陳賀(費侯)로 項羽를 따르다가 劉邦에게로 옮겨온 韓信의 副將"이라고 구체적으로 밝히고 있음.

참고 및 관련 자료

1. 高祖 劉邦이 項羽와의 마지막 決戰인 垓下 싸움에서 기지를 부려 승리한 고사로 역사 기록과는 다름.
2.《史記》卷8 高祖本紀 五年.
五年, 高祖與諸侯兵共擊楚軍, 與項羽決勝垓下. 淮陰侯將三十萬自當之, 孔將軍居左, 費將軍居右, 皇帝在後, 絳侯・柴將軍在皇帝後. 項羽之卒可十萬. 淮陰先合, 不利, 卻. 孔將軍・費將軍縱, 楚兵不利, 淮陰侯復乘之, 大敗垓下. 項羽卒聞漢軍之楚歌, 以爲漢盡得楚地, 項羽乃敗而走, 是以兵大敗. 使騎將灌嬰追殺項羽東城, 斬首八萬, 遂略定楚地. 魯爲楚堅守不下. 漢王引諸侯兵北, 示魯父老項羽頭, 魯乃降. 遂以魯公號葬項羽穀城. 還至定陶, 馳入齊王壁, 奪其軍.

正義:「二人韓信將也. 縱兵擊項羽也. 以'縱'字爲絕句. 孔將軍, 蓼侯孔熙. 費將軍, 費侯陳賀也.」

3.《**史記**》卷7 項羽本紀

項羽軍壁垓下, 兵少食盡, 漢軍及諸侯兵圍之數重. 夜聞漢軍四面皆楚歌, 項王乃大驚曰:「漢皆已得楚乎? 是何楚人之多也!」項王則夜起, 飲帳中. 有美人名虞, 常幸從; 駿馬名騅, 常騎之. 於是項王乃悲歌忼慨, 自爲詩曰:「力拔山兮氣蓋世, 時不利兮騅不逝. 騅不逝兮可奈何, 虞兮虞兮奈若何!」歌數闋, 美人和之. 項王泣數行下, 左右皆泣, 莫能仰視.

4.《**漢書**》卷1(下) 高帝紀 五年

十二月, 圍羽垓下. 羽夜聞漢軍四面皆楚歌, 知盡得楚地, 羽與數百騎走, 是以兵大敗. 灌嬰追斬羽東城.

111(4-23) 東方生
동방생

  동방생東方生은 휘파람을 잘 불었다. 그가 매번 긴 휘파람을 불 때면 문득 먼지조차 일어나 그의 모자에 떨어질 정도였다.

  東方生善嘯, 每曼聲長嘯, 輒塵落帽.

【東方生】東方朔. 033의 주 참조.
【嘯】휘파람.

━━━ 참고 및 관련 자료 ━━━

1. 魏晉時代 高士가 휘파람을 불며 언덕을 소요하는 내용을 선모한 것이 많은데, 이미 漢代에 그러한 분위기가 시작된 것으로 보임.
2. 《史記》卷126 滑稽列傳 참조.
3. 《漢書》卷65 東方朔傳 참조.

112(4-24) 古生雜術
고생의 잡술

경조京兆에 고생古生이란 자가 있었다. 그는 종횡술縱橫術, 췌마술揣摩術, 농시술弄矢術, 요환술搖丸術, 저포술樗蒲術 등에 뛰어난 인물이었다.

그는 도연사都掾史라는 벼슬을 40여 년 하면서 모르는 자를 속이는 수법을 썼다. 이로써 2천 석 이상의 관리들은 모두가 그를 따라다니며 놀아나게 되었고 그는 그 나름대로 이러한 자들의 권위를 등에 업고 남들의 환심을 사게 되었다.

그런데 조광한趙廣漢이 경조윤京兆尹이 되어 수레에서 내려 직무에 부임하자마자 즉시 그를 파면시켜 버렸다. 고생은 이에 마지막으로 집에서 죽고 말았다. 서울의 사람들은 지금도 그러한 놀이, 즉 배희俳戱를 잘하는 자를 모두가 '고연조古掾曹'라 부르고 있다.

京兆有古生者, 學縱橫·揣摩·弄矢·搖丸·樗蒲之術. 爲都掾史四十餘年, 善訑謾. 二千石隨以諧謔, 皆握其權要, 而得其歡心. 趙廣漢爲京兆尹, 下車而黜之, 終于家. 京師至今俳戲皆稱古掾曹.

【京兆】 서울. 수도를 일컫는 말.

【縱橫】 合縱, 連橫의 合稱. 여기서는 縱橫家가 교묘한 말솜씨로 남을 제압하는 능력을 말함.

【揣摩術】 揣는 '취'로도 읽음. 揣測. 남의 마음을 읽고 그에 맞추어 설득함. 종횡가 話術의 한 방법. 《戰國策》 秦策(一)에 "蘇秦, ……得太公陰符之謀, 伏而誦之,

簡練以爲揣摩, ……朞年, 揣摩成”이라 함. 그리고 《論衡》 答佞에 “儀秦排難之
人也, 處擾之世, 行揣摩之術”이라 함.

【弄矢】 고대 일종의 雜戲, 화살을 계속 공중에 던져 떨어뜨리지 않는 재주로
여김.

【搖丸】 역시 고대 雜戲의 일종으로 弄矢와 같이 구슬을 계속 공중에 던져
순환시키는 才技로 여김.

【樗蒲】 ‘樗捕’로도 쓰며 고대 博戲의 일종. 《世說新語》 참조.

【都掾史】 漢代 州郡 長官의 속관.

【趙廣漢】 (?~B.C.65) 자는 子都. 宣帝 때 穎川太守를 지냈으며 뒤에 京兆尹에
오름. 성격이 강직하여 귀척대신의 잘못을 바로 잡다가 피살됨. 《漢書》에 傳이
있음.

【京兆尹】 서울의 최고 관직.

【下車】 ‘수레에서 내리다’의 뜻으로 ‘부임하는 즉시’의 뜻.

【俳戲】 雜戲. 滑稽戲.

참고 및 관련 자료

1. 戲劇의 起源과 연관이 있는 내용임.
2. 《漢書》卷 76. 趙廣漢傳.
廣漢奏請, 令長安游徼獄吏秩百石, 其後百石吏皆差自重, 不敢枉法妄繫留人.
京兆政淸, 吏民稱之不容口. 長老傳以爲自漢興以來治京兆者莫能及.

113(4-25) 婁敬不易㡱衣
누경이 거친 털옷을 갈아입지 않다

누경婁敬이 처음 우장군虞將軍을 통해 고조高祖를 청하여 뵙게 되었다. 그는 전의㡱衣를 입고 양구羊裘를 걸치고 있었다. 우장군은 자기 몸에 입고 있던 옷을 벗어 누경에게 입혀 주려 하였다. 그러자 누경은 이렇게 거절하였다.

"나 누경이 본래부터 비단 옷을 입고 있었다면 당연히 비단옷을 입고 임금을 뵐 것이지만 지금 깨끗하고 화려한 옷을 임시로 입고 나선다면 이는 평상의 모습을 고쳐 보이는 것입니다."

그리고는 감히 양 갖옷을 벗지 아니하고 전의를 입은 채로 고조를 알현하였다.

婁敬始因虞將軍請見高祖, 衣㡱衣, 披羊裘. 虞將軍脫其身上衣服以衣之, 敬曰:「敬本衣帛則衣帛見. 敬本衣㡱, 則衣㡱見. 今捨㡱褐, 假鮮華, 是矯常也.」不敢脫羊裘, 而衣㡱衣以見高祖.

【婁敬】劉敬. 高祖 5년(B.C.202)에 고조를 직접 만나 關中에 首都를 정할 것을 강력히 건의함. 이로써 고조로부터 劉氏 성을 하사받고 郎中이 되었으며 奉春君에 봉해졌다가 다시 關內侯가 되어 建信侯로 불림.《史記》,《漢書》에 傳이 있음.
【虞將軍】婁敬과 같은 고향 출신 장군.
【㡱衣】氈衣와 같음. 갖옷. 가죽으로 만든 옷으로 신분이 낮은 사람이 입는 허름한 옷.

1. 婁敬의 진실된 모습 그대로의 건의에 대한 기록.

2. 《新序》 卷10 善謀(下)

高皇帝五年, 齊人婁敬戍隴西, 過雒陽, 脫輅輓, 見齊人虞將軍曰:「臣願見上言便宜事.」虞將軍欲以鮮衣. 婁敬曰:「臣衣帛, 衣帛見; 衣褐, 衣褐見, 不敢易.」虞將軍入言上, 上召見, 賜食.

3. 《漢書》 卷43 酈陸朱劉叔孫傳 婁敬

婁敬, 齊人也. 漢五年, 戍隴西, 過雒陽, 高帝在焉. 敬脫輓輅, 見齊人虞將軍曰:「臣願見上言便宜.」虞將軍欲與鮮衣, 敬曰:「臣衣帛, 衣帛見; 衣褐, 衣褐見, 不敢易衣.」虞將軍入言上, 上召見, 賜食.(下略)

〈主婦와 侍女〉(漢) 畫像磚

西京雜記

卷五〈114-123〉

〈擊鼓說明陶俑〉(동한)明器 1957년 四川 成都 天回山 출토.
민간 설화모습을 토기로 만든 것.

114(5-1) 母嗜雕胡
어머니가 조호를 좋아하시다

회계會稽 사람 고고顧翱는 어려서 아버지를 잃고 어머니를 모시고 살면서 효성이 지극하였다. 그런데 그의 어머니는 조호雕胡로 지은 밥을 좋아하였다. 그래서 고고는 자기 자녀들을 데리고 항상 그 조호를 뜯으러 다니기도 하였다. 그리고 집으로 돌아와서는 물길을 끌어 들여 도랑을 파서는 스스로 그 조호를 심어 이를 어머니 봉양에 썼으며 그 때마다 넉넉히 준비를 하여 남길 정도였다.

그의 집은 태호太湖에 가까웠는데 나중에 그 호수에 조호가 자생하면서 그 밖의 다른 잡초는 자라지 않는 것이었다. 드디어 고고는 이를 가지고 어머니를 모시게 되었고 그 곳 군현郡縣에서는 그의 집을 여사閭舍로 하여 그의 효성을 표창하게 되었다.

會稽人顧翱, 少失父, 事母至孝. 母好食雕胡飯, 常帥子女躬自採擷. 還家, 導水鑿川, 自種供養, 每有嬴儲. 家亦近太湖, 湖中後自生雕胡, 無復餘草, 蟲鳥不敢至焉, 遂得以爲養. 郡縣表其閭舍.

【顧翱】인명. 자세한 사적은 알 수 없음.
【雕胡】彫胡로도 쓰며 속칭 菱白, 菰米. 그 열매를 밥으로 지어먹을 수 있음. 疊韻語의 物名. 013(1-3) 참조.
【太湖】호수 이름. 會稽 근처의 큰 호수.
【閭舍】동네. 그 지역을 하나의 동네로 승격시켰다는 뜻.

1. 어머니가 조호를 좋아하자 그 봉양으로 빚어진 고사를 적음.
2. 本《西京雜記》卷1. 013(1-13) 참조.

〈紅衣舞女壁畫〉(唐) 1957 陝西 長安 唐墓 출토

115(5-2) 琴彈單鵠寡鳧
단곡과부의 연주

　　제齊 땅 사람 유도강劉道强은 거문고琴를 잘 탔고 능히 〈단곡과부單鵠寡鳧〉라는 농곡弄曲을 지었다. 이 음악을 들어본 자는 모두 그 애처로움에 능히 자신의 감정을 억누를 수 없을 정도였다.

　　齊人劉道强, 善彈琴, 能作單鵠寡鳧之弄. 聽者皆悲, 不能自攝.

【齊】지금의 山東半島. 고대 齊나라 지역.
【劉道强】인명. 자세한 내용은 알 수 없음.
【單鵠寡鳧】곡조 이름. 짝 잃은 슬픔을 노래한 것. '한 마리의 고니와 몇 마리뿐인 오리'라는 뜻. 《太平廣記》에는 '單梟寡鶴'으로 되어 있음.
【弄曲】'弄'은 '小曲'을 뜻함.

　　참고 및 관련 자료

1. 유도강의 거문고 연주 솜씨와 〈單鵠寡鳧〉에 대해서 기록함.
2. 《太平廣記》卷203
齊人劉道强, 善彈琴, 能作單鵠寡鶴之弄. 聽者皆悲, 不能自攝.

116(5-3) 趙后寶琴
조후의 보금

조후趙后에게는 좋은 보금寶琴이 있었는데 이를 '봉황鳳凰'이라 불렀다.
그것은 모두가 금과 옥을 은은하게 새겨 그 모습은 용龍, 봉鳳, 이螭,
난鸞 등과 고대 현인, 열녀列女들의 상을 조각한 것이었다. 조후는 게다가
⟨귀풍송원歸風送遠⟩이라는 곡조도 아주 잘 연주하였다.

　趙后有寶琴, 曰鳳凰, 皆以金玉隱起爲龍鳳螭鸞·古賢列女
之象. 亦善爲歸風·送遠之操.

【趙后】 漢 成帝의 皇后인 趙飛燕.(전출)
【隱起】 은은하게 새겨져 있는 상태. 혹은 器物에 凹入의 방법으로 조각된 圖象
　이나 文字를 일컫는 것이라고도 함.
【列女】 烈女와 같음. 훌륭한 여인들.
【歸風·送遠】 둘 다 거문고 연주곡의 曲名. 혹은 ⟨歸風送遠⟩을 하나의 곡명으로
　보기도 함.

참고 및 관련 자료

1. 조비연의 거문고 연주 솜씨를 기록함.
2. 《太平廣記》 卷203
趙后有寶琴, 曰'鳳凰', 皆以金玉隱起爲龍鳳螭鸞. 古賢列女之象. 亦善爲'歸風
送遠'之操焉.
3. 《漢書》 卷97(下) 外戚傳(下) 孝成趙皇后 및 本《西京雜記》 025, 030, 031,
040 등 참조.

117(5-4) 鄒長倩贈遺有道
추장천이 도를 선물로 주다

공손홍公孫弘이 원광元光 5년에 국사國士로 추천되자 임금이 이를 현량지사賢良之士로 삼아 주었다.

당시 백성으로서 추장천鄒長倩이란 자가 있었는데 그는 공손홍이 원래 가난한 집안에 태어나 수입도 적으리라 여기고 공손홍에게 자신의 옷을 벗어 입혀 주고, 또 자신이 쓰고 있던 모자와 신고 있던 신까지 벗어 주었다. 그리고 풀 한 줌을 베어 주고, 흰 실 한 타래, 당시 저금통인 '박만撲滿' 하나까지 주었다. 그리고 이렇게 편지를 써서 전해 주었다.

"무릇 사람이란 드러나지 않을 때나 드러나 이름이 날릴 때를 물론하고 그 살아갈 도道란 존경심에 있는 것입니다. 비록 금방 베어낸 풀 한 줌과 같이 천하다해도 이는 군자의 덕을 탈락脫落시킬 수 없습니다. 그래서 그대에게 풀 한 줌을 베어 주는 것입니다. 옛 시인詩人들이 흔히 말한

'꼴 한 줌 베어 먹이는   生芻一束
옥같이 깨끗한 나의 친구여'   其人如玉

라고 노래한 뜻이외다. 다섯 가지 실을 엮어 한 섭鑷이 되고, 그 실 두 배가 모이면 한 승升이 되며, 그 실 다시 두 배로 하면 한 직織이 되며, 이를 다시 두 배로 하면 한 기紀가 되고, 다시 두 배로 하면 한 종綜이 되며, 이를 두 배로 하면 한 수繸가 됩니다. 이는 바로 적은 것이 모여 많은 것이 되는 것이며 희미한 것으로부터 현저顯著한 것이

된다는 뜻입니다. 선비가 공훈을 세우고 명절名節을 중시하는 것도 역시 이와 같은 것이니 작은 선善이니 잘 닦을 만한 것이 되랴 하는 것이라고 해서 주의를 기울이지 않는 경우가 있어서는 안 될 것입니다. 따라서 그대에게 흰 실 한 타래를 드리는 것입니다.

또, '박만'이란 흙으로 만든 것으로 돈을 담아 두는 그릇입니다. 그 입구가 좁아 그 입구로는 다시 돈을 꺼낼 수 없습니다. 돈이 가득 차면 그 그릇을 깨어야 합니다. 흙이란 하찮은 물건이고 돈이란 귀중한 재물입니다. 들어가서는 나오지 않고 쌓여서는 흩어지지 않으니 그 까닭으로 깨고 나서야 쓸 수 있는 것입니다.

선비가 거두어 모을 줄만 알고 흩어 쓸 줄 모른다면 이는 '박만'을 깨뜨리는 경우가 생길 것이니 가히 경계로 삼지 않을 수 있겠습니까! 따라서 그대에게 '박만' 하나를 드리는 것입니다.

아! 이들은 모두 중요한 것입니다. 산천이 가로막고 도로가 먼데 게다가 풍찬노숙風餐露宿까지 겪어야 하니 그대 족하足下께서 힘써 공명 功名을 세우소서. 생각건대 바람 아래 풀인 하풍下風처럼 그대의 멋진 소문을 기다리고 있겠소."(공손홍의 답장은 난패爛敗하여 남아 있지 않다.)

公孫弘以元光五年爲國士所推, 上爲賢良. 國人鄒長倩以其家貧. 少自資致, 乃解衣裳以衣之, 釋所著冠履以與之, 又贈以芻一束, 素絲一襚, 撲滿一枚, 書題遺之曰：「夫人無幽顯, 道在則爲尊. 雖生芻之賤也, 不能脫落君子, 故贈君生芻一束. 詩人所謂『生芻一束, 其人如玉』. 五絲爲鑷, 倍鑷爲升, 倍升爲緎, 倍緎爲紀, 倍紀爲緩, 倍緩爲襚. 此自少之多, 自微至著也. 士之立功勳, 效名節, 亦復如之, 勿以小善不足修而不爲也. 故贈君素絲一襚. 撲滿者, 以土爲器, 以蓄錢具, 其有入竅而無出竅, 滿則撲之. 土, 粗物也；錢, 重貨也. 入而不出, 積而不散, 故撲之.

士有聚斂而不能散者, 將有撲滿之敗, 可不誡歟! 故贈君撲滿
一枚. 猗嗟盛歟! 山川阻修, 加以風露. 次卿足下, 勉作功名.
竊在下風, 以俟嘉譽.」(弘答爛敗不存.)

【公孫弘】B.C.200~B.C.121. 平津侯. 西漢의 儒學者이며 武帝때 丞相에 오름.
   《史記》,《漢書》에 傳이 있음. 035(2-4) 참조.
【元光】漢 武帝의 年號. B.C.134~B.C.129년의 6년간. 5년은 B.C.130년. 그러나
   王楙의《野客叢書》권21의 "董仲舒·公孫弘"조에는 元年의 일로 되어 있음.
【賢良】漢代 取士 科目의 하나. 賢良方正科, 혹은 賢良文學科라고도 함.
【國人】國은 漢代 郡國制度에서의 행정지역을 말함. 여기서는 공손홍의 출신
   국인 菑川國을 말함.
【鄒長倩】人名. 자세한 사적은 알 수 없음.
【芻】꼴. 가축에게 먹이는 풀.
【撲滿】저금통. 土器로 만들었으며 入口는 작고 속이 비어 돈을 가득 모은 다음
   깨뜨려야 꺼낼 수 있게 되어 있음.
【脫落】무시하거나 경홀히 여김.
【生芻一束】《詩經》小雅 白駒의 구절. 남의 美德을 칭송한 내용임.
【次卿】공손홍의 字. 그러나《史記》등에는 공손홍의 자를 '季'라 하였음.
【下風】'바람 아래 풀이 눕다'는 뜻으로 엎드려 남의 소식을 듣거나 교화를
   입는다는 말.《論語》顔淵篇에 "君子之德, 風; 小人之德, 草. 草上之風, 必偃"
   이라 함.
【爛敗】腐爛하여 알아볼 수 없음. 공손홍의 답장이 있었으나 기록물이 부패하고
   썩어 알아볼 수 없다는 뜻.

참고 및 관련 자료

1. 추장천이 공손홍에게 현달할지라도 겸양을 중시하라는 간곡한 정의를 기록한
   편지글의 내용을 적음.
2. 王楙의《野客叢書》卷21에도 실려 있음.

3. 《後漢書》徐穉傳.

及郭林宗有母憂, 穉往弔之. 穉生芻一束, 於廬前而去. 衆怪不知其故, 林宗曰:
「此必南州高士徐孺子也. 詩不云乎;'生芻一束, 其人如玉.'吾無德以堪之.」

4. 《史記》卷112 平津侯列傳 참조.

5. 《漢書》卷58 公孫弘傳 참조.

〈美人紈扇圖〉明, 작자 미상

118(5-5) 大駕騎乘數
황제 출행의 대가 기승의 수

한漢나라 때 황제가 감천궁甘泉宮과 분음汾陰에서 하늘에 제사지내러 행차할 때의 모습에서 천승만기千乘萬騎에 태복太僕이 고삐를 잡고 대장군이 배승陪乘하며 이를 '대가大駕'라 한다.

◉ 사마司馬의 거가車駕는 넷이며 길 가운데에 배치된다.

◉ 벽악辟惡의 거가는 넷이며 길 가운데 배치된다.

◉ 기도記道의 거가는 넷이며 길 가운데 배치된다.

◉ 정실靖室의 거가는 넷이며 길 가운데 배치된다.

◉ 상거象車와 고취대鼓吹隊 13명은 길 가운데 배치된다.

◉ 식도후式道侯 2인은 수레 하나. (좌우로 한 명씩)

◉ 장안도위長安都尉 4인. 말을 탄다. (좌우 각각 2인)

◉ 장안정장長安亭長 10인. 수레를 탄다. (좌우 각각 5인)

◉ 장안령長安令 거가는 셋. 길 가운데 배치된다.

◉ 경조연사京兆掾史 3인. 수레 하나. (세 부분으로 나뉨)

◉ 경조윤京兆尹은 거가 넷. 길 가운데 배치된다.

◉ 사례부경조종사司隸部京兆從事, 도부종사都部從事, 별가別駕는 수레 하나. (세 부분으로 나뉨)

◉ 사례교위司隸校尉 수레 넷. 길 가운데 배치된다.

◉ 정위廷尉 수레 넷. 길 가운데 배치된다.

◉ 태복太僕, 정종正宗은 종사從事를 인솔하며 수레 넷이다. (좌우)

◉ 태상太常, 광록光祿, 위위衛尉는 수레 넷. (세 부분으로 나뉨)

◉ 태위외부도독영사太尉外部都督令史, 적조속賊曹屬, 창조속倉曹屬, 호조속戶曹屬, 동조연東曹掾, 서조연西曹掾은 수레 하나. (좌우 각 셋)

◉ 태위太尉는 수레 넷. 길 가운데 배치된다.

◉ 태위사인太尉舍人, 제주祭酒는 수레 하나. (좌우 배치)

◉ 사도열종司徒列從은 태위太尉, 왕공王公과 같은 기마騎馬. (영사令史와 창을 든 관리 역시 각 8명. 고취鼓吹 1부대)

◉ 중호군中護軍의 기마는 길 가운데에 배치된다. (좌우 각 3행이며 창과 방패. 활과 화살을 든 부대. 고취대 각 1부대 씩)

◉ 보병교위步兵校尉, 장수교위長水校尉. 수레 하나. (좌우)

◉ 군대는 말을 탄다. 백 명. (좌우)

◉ 기마부대 10. (좌우 각 5부대)

◉ 전군장군前軍將軍. (좌우 각 2행. 창과 방패, 칼과 방패, 고취 각 1부대, 7명씩)

◉ 사성射聲, 익군교위翊軍校尉, 수레 셋. (좌우 2줄, 주순, 도순, 고취 각 1부대 7명씩)

◉ 효기장군驍騎將軍, 유격장군遊擊將軍, 수레 셋. (좌우 2줄, 극순, 도순, 고취 각 1부대. 7명씩)

◉ 황문전부고취黃門前部鼓吹. 좌우 각 1부대. 13명. 수레 넷.

◉ 전황휘기前黃麾騎. 길 가운데 배치.

✹ 이로부터 8 교校로 분리. (좌4, 우4)

◉ 호가어사護駕御史는 말을 탄다. (좌우)

◉ 어사중승御史中丞은 수레 하나. 길 가운데 배치.

◉ 알자복사謁者僕射는 수레 넷.

◉ 무강武剛는 거마 넷. 길 가운데.

◉ 구유九斿는 거마 넷. 길 가운데.

◉ 운한雲罕은 거마 넷. 길 가운데.

◉ 피헌皮軒은 거마 넷. 길 가운데.

◉ 흡극闟戟는 거마 넷. 길 가운데.

◉ 난기鸞旗는 거마 넷. 길 가운데.

◉ 건화建華는 거마 넷. 길 가운데. (좌우)

◉ 호분중랑장虎賁中郞將은 거마 둘. 길 가운데.

◉ 호가상서랑護駕尚書郞 세 명. 기마騎馬. (세 부분으로 나뉨)

◉ 호가상서護駕尚書 셋. 길 가운데.

◉ 상풍오相風烏는 거마 넷. 길 가운데.

❋ 이로부터는 다시 12 교校로 나뉨 (좌우 각 6씩)

◉ 전중시어殿中侍御 기마. (좌우)

◉ 흥병중랑興兵中郞 기마. 길 가운데.

◉ 고화高華. 길 가운데.

◉ 필한罼罕. (좌우)

◉ 어마御馬. (세 부분으로 나뉨)

◉ 절節 16. (좌우 각 8씩)

◉ 화개華蓋. 길 가운데.

❋ 이로부터 16 교校로 나뉨. (좌8, 우8)

◉ 강고剛鼓. 길 가운데. 금근거金根車.

❋ 이로부터 다시 20 교校로 나뉘어 길에 가득 참.

◉ 좌위장군左衛將軍.

◉ 우위장군右衛將軍.

◉ 화개華蓋.

　　(이 다음은 기록이 미란靡爛하여 남아 있지 않음.)

漢朝輿駕祠甘泉汾陰, 備千乘萬騎, 太僕執轡, 大將軍陪乘,
名爲大駕.
　司馬車駕四, 中道.
　辟惡車駕四, 中道.

記道車駕四, 中道.

靖室車駕四, 中道.

象車鼓吹十三人, 中道.

式道侯二人, 駕一. (左右一人.)

長安都尉四人, 騎. (左右各二人.)

長安亭長十人, 駕. (左右各五人.)

長安令車駕三, 中道.

京兆掾史三人, 駕一. (三分.)

京兆尹車駕四, 中道.

司隸部京兆從事, 都部從事·別駕一車. (三分.)

司隸校尉駕四, 中道.

廷尉駕四, 中道.

太僕·宗正引從事, 駕四. (左右.)

太常·光祿·衛尉, 駕四. (三分.)

太尉外部都督令史·賊曹屬·倉曹屬·戶曹屬·東曹掾·西曹掾, 駕一. (左右各三.)

太尉駕四, 中道.

太尉舍人·祭酒, 駕一. (左右.)

司徒列從, 如太尉王公騎. (令史持戟吏亦各八人, 鼓吹一部.)

中護軍騎, 中道. (左右各三行, 戟楯弓矢鼓吹各一部.)

步兵校尉·長水校尉, 駕一. (左右.)

隊百匹. (左右.)

騎隊十. (左右各五.)

前軍將軍. (左右各二行, 戟楯·刀楯·鼓吹各一部, 七人.)

射聲·翊軍校尉, 駕三. (左右二行, 戟楯·刀楯·鼓吹各一部, 七人.)

驍騎將軍·遊擊將軍, 駕三. (左右二行, 戟楯·刀楯·鼓吹各一部, 七人.)

黃門前部鼓吹, 左右各一部, 十三人, 駕四.

前黃麾騎, 中道.

自此分爲八校. (左四右四.)

護駕御史騎. (左右.)

御史中丞駕一, 中道.

謁者僕射駕四.

武剛車駕四, 中道.

九斿車駕四, 中道.

雲罕車駕四, 中道.

皮軒車駕四, 中道.

闍戟車駕四, 中道.

鸞旗車駕四, 中道.

建華車駕四, 中道. (左右.)

虎賁中郎將車駕二, 中道.

護駕尚書郎三人, 騎. (三分.)

護駕尚書三, 中道.

相風烏車駕四, 中道.

自此分爲十二校. (左右各六.)

殿中御史騎. (左右.)

興兵中郎騎, 中道.

高華, 中道.

畢罕. (左右.)

御馬. (三分.)

節十六. (左八右八.)

華蓋, 中道.

自此分爲十六校. (左八右八.)

剛鼓, 中道, 金根車.

自此分爲十二校, 滿道.

左衛將軍.

右衛將軍.

華蓋.

(自此後糜爛不存.)

【祠】 원래는 春祭였으나 뒤에 引伸되어 모든 제사를 뜻함.

【甘泉宮】 秦始皇이 건립하였으나 漢 武帝가 증축한 궁궐로 지금의 陝西省 淳化縣 서북쪽의 甘泉山에 있음.

【汾陰】 현이름. 河東郡에 속하였으며 지금의 山西省 萬榮縣. 汾水의 남쪽에 있음. 武帝때 이곳에서 寶鼎이 발견되어 年號를 '寶鼎'으로 바꿈(B.C.116). 이에 제례를 올리고 보정을 甘泉宮으로 옮김.

【太僕】 관명.

【中道】 황제가 출행할 때 左·中·右의 세 줄 중 가운데에 서는 행렬.

【辟惡】 황제 출행시 앞에 나가 사악을 제거하는 일.《古今注》에 "辟惡車, 秦制也. 桃弓葦矢, 所以祓除不祥也"라 함.

【記道】 거리를 계산하여 알리는 임무. 2층 수레로 1리를 갔을 경우 아래 층에서 북을 한 번 울리며, 10리 마다는 위층에서 종을 한 번 친다고 함.

【靖室】 관명. 도로를 청소하는 임무.

【象車】 코끼리가 끄는 수레.

【式道侯】관직 이름. 좌·중·우 셋. 황제의 출행에 길과 宮門을 청소하고 정돈함.

【司隷】관직 이름. 도적과 노예에 대한 일을 관장함.

【廷尉】刑獄을 관장함.

【黃麾】황제의 儀仗에 쓰이는 노란색의 깃발.

【九斿】깃발 이름.《禮記》樂器에 "龍旗九斿, 天子之旌也"라 함. '斿'는 원래 깃발 아래에 묶는 장식용의 천.

【雲罕】수레 앞에서 向導의 역할을 하는 깃발.

【皮軒】호랑이 가죽으로 장식한 수레.

【相風鳥】고대 風向을 관측하던 기구.

【畢罕】천자의 행차에 쓰이는 의장용 대기.

【華蓋】華紋의 큰 日傘.

> ### 참고 및 관련 자료

1. 황제의 행차에 대한 규모를 구체적으로 알 수 있는 귀중한 자료로 평가됨.

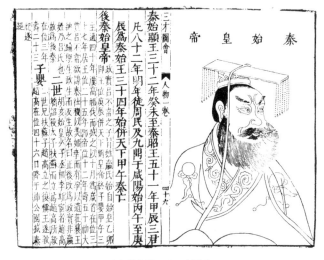

〈秦始皇像〉《三才圖會》

동중서의 기상 변화에 대한 견해

원광元光 원년 7월. 서울에 우박雨雹이 쏟아졌다.

이에 포창鮑敞이 동중서董仲舒에게 물었다.

"우박은 어떤 물건입니까? 무슨 기氣로 인해서 생기는 것입니까?"

이에 동중서는 이렇게 대답하였다.

"음기가 양기를 위협한 것입니다. 천지의 기는 음과 양이 반씩 서로 차지하고 있으며 화기和氣가 그 주위를 돌고 있어 어느 때나 그침이 없습니다. 그런데 양덕陽德이 작용하면 그 화기가 모두 양이 됩니다. 건사지월建巳之月, 즉 4월이 이것입니다. 그러므로 4월을 정양지월正陽之月이라 일컫는 것입니다.

그러나 음덕陰德이 작용하면 그 화기는 모두 음이 됩니다. 건해지월建亥之月, 즉 10월이 이것입니다. 그 때문에 10월을 정음지월正陰之月이라 하는 것입니다. 10월은 비록 음이 작용한다고는 하나 그 음이 고립되어 있지는 않습니다. 이 달은 순전히 음기로 되어 있고 양기는 거의 없습니다. 그 때문에 10월을 양월陽月이라 부르는 것입니다. 옛 시인詩人들이 소위 말한

'세월이 이미 10월이 되었네'   日月陽止

라고 한 것이 이것입니다.

4월은 비록 양이 작용한다고 하나 양이 홀로 존재하지는 않습니다. 이 달은 순전히 양이며 음은 거의 없습니다. 그래서 이 달은 역시 음월陰月이라 하는 것입니다.

10월 이후에는 양기가 비로소 지하에서 생기기 시작하여 점점 흘러

퍼집니다. 그래서 생장生息한다고 말하는 것입니다. 이 때 음기는 점차 거두어 집니다. 그 때문에 사라진다消고 하는 것입니다.

밤낮을 쉬지 않고 점점 생겨나서 드디어 4월에 이르면 순전한 양이 작용하는 것입니다. 또 4월부터 그 뒤로는 음기가 비로소 천상天上에서 생기기 시작하여 점점 흘러 퍼집니다. 그래서 생장한다生息라 하고 양기는 거두어 지기 시작하여 그 때문에 사라진다消라고 하는 것입니다.

밤낮을 쉬지 않고 점점 생겨나서 드디어 10월이 되면 순전한 음이 작용하게 됩니다. 2월과 8월에는 음양이 서로 대등하여 어느 한 쪽의 많고 적음이 없습니다.

이런 것으로 추이推移해 보면 차이가 나거나 틀리는 경우가 없습니다.

운동運動과 억양抑揚이 돌아가며 서로 동박動薄하게 되면 훈훈한 기운이 증기蒸氣를 일으켜 풍우風雨와 운무雲霧, 뇌전雷電, 설박雪雹이 생기게 되는 것입니다.

증기가 위로 올라가 뭉치면 비가 되고 아래로 내려와 뭉치면 안개가 됩니다. 바람이란 그 기가 불어 움직이는 현상이며 구름이란 그 기이며 우레는 그것이 서로 충격할 때 나는 소리이며 번개는 그것이 충격할 때 나는 빛입니다.

두 기가 처음 서로 증기가 될 때에는 있는 듯도 하고 없는 듯도 하며, 차있는 듯도 하고 비어 있는 것도 같으며, 모난 것도 같고 둥근 것 같기도 합니다.

서로 붙들고 서로 모여 그 물체가 약간 무거워집니다. 그래서 비는 허공을 타고 떨어지는 것입니다. 바람이 많으면 그 합치는 속도가 빨라집니다. 그 까닭으로 빗방울은 커지되 성기게 내립니다. 그러나 바람이 적으면 합치는 속도가 느려집니다. 그래서 비는 가늘되 빽빽이 내립니다.

그것이 차가운 계절일 경우에는 비가 하늘에서 응결하여 그 물체는 그래도 가볍고 미세하지만 바람에 의해 서로 부딪혀 그 때문에 눈이 되는 것입니다.

차가움이란 높이에 따라 다릅니다. 위가 따뜻하고 아래가 추우면

위에서 큰 빗방울로 뭉치게 되고 아래에서는 얼어붙고 빙산水霰이 되는 것이니 이것이 눈입니다. 우박은 그 빙산이 흘러내리는 것입니다. 음기가 위쪽으로 치켜 올라가면 비는 응결하여 우박이 됩니다.

태평한 시대에는 바람이 불어도 가지를 흔드는 정도이지 우는 소리를 내지 않습니다. 그저 동물이 그 발함을 이용하여 허물벗고 씨앗이 싹트게 될 뿐입니다. 빗방울도 흙은 파낼 정도로 세지 않으며 그저 식물의 잎과 줄기를 윤택하게 해줄 뿐입니다.

그런가 하면 우레도 사람을 놀라게 하지 않으며 그 호령號令을 통해 만물이 깨어나게 해줄 뿐이며, 번개도 사람의 눈을 어지럽게 하지 않으며 광요光耀라는 것을 널리 보여줄 뿐입니다. 또 안개는 시야를 꽉 막을 정도로 심하지 않으며 그저 침음피박浸淫被泊할 뿐입니다. 눈은 나뭇가지를 짓눌러 봉쇄할 정도로 피해를 주지 않으며 그저 독과 해를 죽여줄 뿐입니다.

그리고 구름은 오색五色을 띠어 경사스러움을 나타내며 3가지 색깔이 모여 상서로운 모습을 만들어 보여 줍니다. 이슬은 그 맛을 집결시켜 단 맛을 만들어 주며 윤기를 집결시켜 기름기를 생성시킵니다.

이러한 이유는 성인聖人이 위에 있어 음양이 화和하고 풍우가 때맞추어 베풀어지기 때문입니다.

그러나 정치에 비무紕繆가 많으면 음양이 순조롭지 못합니다. 바람은 지붕을 걷어가고 비는 하수河水를 넘치게 하며, 눈은 소의 눈높이까지 쌓이고, 우박은 당나귀나 말도 맞아 죽을 정도입니다. 이는 모두가 음양이 서로 어그러져 침려祲沴의 요괴妖怪가 되기 때문입니다."

포창이 다시 이렇게 물었다.

"4월에는 음이 없고 10월에는 양이 없다 하였는데 그대는 어떻게 하여 음기는 고립된 것이 아니며 양기는 홀로 존재하지 않는 다는 것을 밝힐 수 있습니까?"

동중서는 이렇게 설명하였다.

"음양이 비록 다르기는 하나 그 자질은 하나의 기氣입니다. 양이 작용하면 이는 곧 기가 양이 되는 것이며 음이 작용하면 그 기가 음이 되는 것입니다.

그 음양의 시기는 다르다고 하나 그 두 가지 체體는 상존常存하는 것입니다.

이는 마치 한 솥 속의 물과 같아서 그 밑에 불을 가하기 전에는 순음純陰이지만 불을 지펴 지극히 더워지면 이는 순양純陽이 되는 것입니다. 순양이 되면 음이 없지만 불을 끄고 물이 다시 차가워지면 이 땐 다시 음이 되는 것입니다. 순음이 되면 양이 없어지지만 다시 불을 가하여 물이 더워지면 이는 다시 양으로 바뀝니다. 그러므로 건사시월(4월)은 순양이 되지만 모두가 전혀 음을 받아들이지 않는 것은 아닙니다. 다만 양이 주재하고 그 양기가 극점에 달하였을 뿐입니다.

냉이나 채조菜藻 같은 나물이 바짝 말라버리는 것은 음기가 그것을 죽였기 때문입니다. 그러나 건해지월(10월)은 순음이라 하나 모두가 어떠한 양도 없다는 것은 아닙니다. 다만 음기가 주재하며 그 음기가 극점에 달하였을 뿐입니다. 이때 냉이나 채조가 다시 살아나기 시작하는데 이는 양기가 그를 상승시켰기 때문입니다.

가장 명확한 것은 정력葶藶이라는 풀은 성하盛夏에 죽고 관동款冬이라는 식물은 엄동설한에 꽃이 핀다는 사실입니다. 물이 지극한 음에 다다르면 온천溫泉이 되며, 화기火氣가 지극한 양에 이르면 차가운 불꽃이 생깁니다. 따라서 음기 속에 양기가 없을 수 없으며 양이라고 해서 음을 조금도 수용하지 않는다는 것이 아님을 알 수 있습니다."

포창이 다시 물었다.

"겨울에 비가 오면 틀림없이 따뜻해지고, 여름에 비가 내리면 반드시 서늘해지니 이는 무슨 까닭입니까?"

동중서는 이렇게 설명하였다.

"겨울의 기는 거의가 차갑습니다. 양기가 위로부터 더욱 밀려 올라가기 때문에 사람들은 따뜻하다고 여기게 되며 증기가 상승하여 눈으로 변합니다. 그러나 여름의 기온은 대개가 따뜻합니다. 그런데 음기가 아래로부터 상승하기 때문에 사람들은 시원함을 느끼게 되며 그렇게 하여 올라간 증기가 비가 되는 것입니다."

포창이 다시 물었다.

"비라는 것이 이미 음양이 서로 증기를 만들어 이루어진 것이라 하였고, 4월은 순양純陽, 10월은 순음純陰이라 하였는데 이때에는 이기二氣가 서로 상박相薄함이 없게 될 것입니다. 그렇다면 비가 오지 않게 됩니까?"

도중서는 이렇게 설명하였다.

"그러나 순양과 순음은 비록 4월과 10월에 있지만 이는 그 달 안에서도 오직 하루밖에 없습니다."

포창이 다시 물었다.

"그 달의 어느 날입니까?"

도중서는 다시 설명하였다.

"순양이 작용하는 때는 하지夏至의 하루 전날이며 순음이 작용하는 날은 동지冬至의 하루 전날입니다. 삭단朔旦, 하지, 동지는 바로 그 정기正氣의 날입니다."

포창이 다시 물었다.

"그렇다면 하지, 동지의 하루 전날은 비가 오지 않습니까?"

동중서의 대답은 다음과 같았다.

"그렇습니다. 자못 비가 오는 경우가 있지만 이는 요사妖事입니다. 화기和氣 속에는 저절로 재려災沴가 생겨나며 이는 능히 음양을 변절시키고 난량暖涼의 조절을 잃게 합니다."

포창이 다시 물었다.

"재려지기災沴之氣란 항상 존재하는 것입니까?"

동중서는 다시 설명하였다.

"그렇지 않습니다. 때때로 생겨날 뿐입니다. 이는 마치 사람의 사지四支, 오장五臟이 보통 때의 많은 시간은 정상이지만 그것이 어떤 병이 나타났을 때에는 사지, 오장이 이미 모두 병든 것과 같은 것입니다."

이에 포창은 몇 발 물러서서 담장 가까이 가서는 몸을 굽혀 읍揖을 하고 물러갔다.

元光元年七月, 京師雨雹. 鮑敞問董仲舒曰:「雹何物也? 何氣而生之?」仲舒曰:「陰氣脅陽氣. 天地之氣, 陰陽相半, 和氣周廻, 朝夕不息. 陽德用事, 則和氣皆陽, 建巳之月是也, 故謂之正陽之月. 陰德用事, 則和氣皆陰, 建亥之月是也, 故謂之正陰之月. 十月陰雖用事, 而陰不孤立, 此月純陰, 疑於無陽, 故謂之陽月, 詩人所謂『日月陽止』者也. 四月陽雖用事, 而陽不獨存, 此月純陽, 疑於無陰, 故亦謂之陰月. 自十月已後, 陽氣始生於地下, 漸冉流散, 故言息也, 陰氣轉收, 故言消也. 日夜滋生, 遂至四月, 純陽用事. 自四月已後, 陰氣始生於天上, 漸冉流散, 故云息也, 陽氣轉收, 故言消也. 日夜滋生, 遂至十月, 純陰用事. 二月·八月, 陰陽正等, 無多少也. 以此推移, 無有差愿. 運動抑揚, 更相動薄, 則薰蒿歊蒸, 而風雨雲霧, 雷電雪雹生焉. 氣上薄爲雨, 下薄爲霧, 風其噫也, 雲其氣也, 雷其相擊之聲也, 電其相擊之光也. 二氣之初蒸也, 若有若無, 若實若虛, 若方若圓. 攢聚相合, 其體稍重, 故雨乘虛而墜. 風多則合速, 故雨大而疏. 風少則合遲, 故雨細而密. 其寒月則雨凝於上, 體尚輕微, 而因風相襲, 故成雪焉. 寒有高下, 上暖下寒, 則上合爲大雨, 下凝爲冰霰雪是也. 雹, 霰之流也, 陰氣暴上, 雨則凝結成雹焉. 太平之世, 則風不鳴條, 開甲散萌而已; 雨不破塊, 潤葉津莖而已; 雷不驚人, 號令啓發而已; 電不眩目, 宣示光耀而已; 霧不塞望, 浸淫被泊而已; 雪不封條, 凌殄毒害而已. 雲則五色以爲慶, 三色而成矞; 露則結味而成甘, 結潤而成膏. 此聖人之在上, 則陰陽和, 風雨時也. 政多紕繆, 則陰陽不調. 風發屋, 雨溢下, 雪至牛目, 雹殺驢馬, 此皆陰陽相蕩, 而爲祲沴之妖也.」敞曰:「四月無陰, 十月無陽, 何以明陰不孤立, 陽不獨存邪?」仲舒曰:「陰陽雖異, 而所資一氣也.
陽用事, 此則氣爲陽; 陰用事, 此則氣爲陰. 陰陽之時雖異, 而二
體常存. 猶如一鼎之水, 而未加火, 純陰也; 加火極熱, 純陽也.
純陽則無陰, 息火水寒, 則更陰矣; 純陰則無陽, 加火水熱, 則更
陽矣. 然則建巳之月爲純陽, 不容都無復陰也, 但是陽家用事,
陽氣之極耳. 薺麥枯, 由陰殺也. 建亥之月爲純陰, 不容都無復
陽也, 但是陰家用事, 陰氣之極耳. 薺麥始生, 由陽升也. 其著者,
葶藶死於盛夏, 款冬華於嚴寒, 水極陰而有溫泉, 火至陽而有
凉焰. 故知陰不得無陽, 陽不容都無陰也.」敞曰:「冬雨必暖,
夏雨必凉, 何也?」曰:「冬氣多寒, 陽氣自上躋, 故人得其暖,
而上蒸成雪矣. 夏氣多暖, 陰氣自下昇, 故人得其凉, 而上蒸成
雨矣.」敞曰:「雨旣陰陽相蒸, 四月純陽, 十月純陰, 斯則無二氣
相薄, 則不雨乎?」曰:「然則純陽純陰, 雖在四月十月, 但月中
之一日耳.」敞曰:「月中何日?」曰:「純陽用事, 未夏至一日,
純陰用事, 未冬至一日. 朔旦・夏至・冬至, 其正氣也.」敞曰:
「然則未至一日, 其不雨乎?」曰:「然. 頗有之, 則妖也. 和氣之中,
自生災沴, 能使陰陽改節, 暖凉失度.」敞曰:「災沴之氣, 其常
存邪?」曰:「無也, 時生耳. 猶乎人四支五臟. 中也有時, 及其病也,
四支五臟皆病也.」敞遷延負牆, 俛揖而退.

【元光】漢 武帝의 연호. B.C.134~B.C.129년. 7년은 B.C.129년.
【雨雹】우박이 내림. 雨는 動詞.
【鮑敞】인명. 자세한 사적은 알 수 없음.
【董仲舒】(B.C.179~B.C.104) 인명. 전출. 045(2-14) 참조.
【用事】執政, 支配, 制御의 뜻.

【建巳之月】夏나라 때의 曆法으로 四月에 해당함. 夏曆은 12地支로 열두 달을 정하여 11월을 子, 12월은 丑, 1월은 寅으로 이어짐. 따라서 建巳之月은 4월에 해당함.

【建亥之月】夏曆으로 10월.

【日月陽止】《詩經》小雅 杕杜의 구절. 日月은 시간, 세월의 뜻. 陽은 陽月, 즉 10월을 뜻함.

【息】滋生, 生長. '消'와 상대되는 의미.

【霰】눈송이.《漢書》五行志에 "雹者, 陰脅陽也; 霰者, 陽脅陰也"라 함.

【紕繆】錯誤, 뒤틀림.

【祲沴】陰陽二氣가 서로 침범하여 생기는 상서롭지 못한 형상.

【薺】냉이. 식물이름.

【葶藶】식물이름. 亭歷, 丁歷으로도 쓰며 狗薺.

【款冬】忍冬. 겨울철의 식물로 넝쿨과 꽃을 약용으로 씀.

【朔旦】음력으로 매월 초하루.

【災沴】재앙. 재해.

【四支】四肢와 같음.

⬭ 참고 및 관련 자료 ⬭

1. 음양이나 천지자연의 변괴현상을 사회질서와 연관시켜 풀이한 것임.

2.《藝文類聚》卷2

西京雜記曰: 太平之代, 雪不封條, 凌弤毒害而已. 自上而下曰雨雪.

3.《初學記》卷2에는《藝文類聚》에 인용된 문장이《詩傳》에서 인용한 것이라고 되어 있음.

西京雜記云: 太平之世, 雪不封條, 凌弤毒害而已. ……詩傳云: 自上而下曰雨雪.

4.《初學記》卷2 雹

洪範五行傳云: 陰陽相脅而雹霰, 盛陰雨雪凝滯而水寒, 陽氣薄之不相入, 則散而爲霰. 盛陽雨水溫煖而湯熱, 陰氣脅之不相入, 則轉而爲雹. 霰者, 陽脅陰也; 雹者, 陰脅陽也.

120(5-7) 郭舍人投壺
곽사인의 투호 놀이

무제武帝 때에 곽사인郭舍人은 투호投壺 놀이에 아주 뛰어난 재주를 가지고 있었다. 그는 대나무로 화살을 만들었으며 대추나무는 쓰지 않았다.

옛날에는 투호 놀이에서 그저 던져 맞히기만 하면 되었지 그것이 다시 튕겨져 되돌아오기를 바라지 않았다. 그 때문에 항아리 속에 팥을 넣어 화살이 들어간 다음 다시 튀어 올라오는 것을 막았다.

그러나 곽사인은 오히려 화살을 힘껏 던져 그것이 다시 던진 사람에게 되돌아오도록 하여 화살 하나로 백여 번이나 사용할 수 있게 하고는 이를 '효驍'라고 불렀다. 그리고는 마치 박희博戲에서 손에 효梟를 꽉 잡고 있는 것과 같이 효걸驍傑처럼 쓸 수 있다고 하였다. 이에 무제를 위해 매번 투호 재주를 보일 때마다 무제는 그에게 금백金帛을 하사해 주었다.

武帝時, 郭舍人善投壺, 以竹爲矢, 不用棘也. 古之投壺, 取中而不求還, 故實小豆於中, 惡其矢躍而出也. 郭舍人則激矢令還, 一矢百餘反, 謂之爲驍. 言如博之擊梟於掌中, 爲驍傑也. 每爲武帝投壺, 輒賜金帛.

【郭舍人】 武帝의 佞臣으로 倡優. 奇智를 써서 무제의 乳母를 구한 사건(033)에 대해 《史記》滑稽列傳에는 東方朔이 아니라 바로 이 곽사인으로 되어 있음. 舍人은 벼슬 이름.

【投壺】고대 유희의 일종으로 화살을 항아리에 던져 넣는 놀이.

【矢】투호에 쓰이는 화살. 주로 대추나무(棗木)나 자목(柘木)으로 만들어 썼음.

【棘】'棗'자로 봄. 대추나무. 가시가 있는 酸棗木으로 재질이 딱딱하고 무게가 있음.

【博戲】六博, 陸博. 109 참조.

【金帛】황금과 비단.

참고 및 관련 자료

1. 곽사인의 특이한 투호 놀이에 대하여 기록함.

2. 《太平廣記》 卷228

武帝時, 郭舍人善投壺, 以竹爲矢, 不用棘也. 古之投壺, 取中而不求還, 故實小豆於中, 惡其矢躍而出也. 郭舍人則激矢令還, 一矢百餘反, 謂之爲驍. 言如博之羿棊梟. 於輩中, 爲驍傑也. 每爲武帝投壺, 輒賜金帛.

121(5-8) 象牙簟
상아로 만든 자리

　무제武帝는 상아象牙로 자리를 만들어 이부인李夫人에게 선물로
주었다.

　　武帝以象牙爲簟, 賜李夫人.

【簟】 대나무로 만든 자리의 일종. 竹席.
【李夫人】 漢 武帝가 아끼던 여인으로 夫人은 궁녀의 직급 칭호. 그의 오빠 李延年이
　그로 인해 顯貴해짐. 049(2-18) 참조.

> 참고 및 관련 자료

1. 궁중 기물의 호사함과 무제의 이부인에 대한 사랑을 기록함.
2. 《太平廣記》 卷229
漢武帝, ……夫以象牙爲箆. 賜李夫人.

122(5-9) 賈誼〈鵩鳥賦〉
가의의 복조부

가의賈誼가 장사長沙에 있을 때 복조鵩鳥라는 새가 그의 승진承塵에 모여들었다. 장사의 풍속에는 복조가 사람 사는 집에 나타나면 주인이 죽는다는 속설이 있었다. 가의는 이에 〈복조부鵩鳥賦〉를 지어 죽음과 삶은 같은 것이며 영화와 욕됨도 똑같은 것이라 여겨 자신의 우루憂累함을 삭여 내었다.

賈誼在長沙, 鵩鳥集其承塵. 長沙俗以鵩鳥至人家, 主人死. 誼作鵩鳥賦, 齊死生, 等榮辱, 以遣憂累焉.

【賈誼】(B.C.200~B.C.168) 漢初의 文學家이며 政論家.《史記》에 屈原과 함께 傳이 있음. 097(4-9) 참조.
【長沙】지명. 西漢시대 제후국의 하나. 지금의 湖南省 長沙市.
【鵩鳥】새 이름. 밤에 우는 소리를 사람들이 매우 싫어하였다 함. '山鴞'라고도 함.
【承塵】침실이나 평상 위에 쳐 놓은 장막.

> 참고 및 관련 자료

1. 賈誼가 〈복조부〉를 짓게된 동기를 기록함.
2. 《史記》 卷84 屈原賈生列傳
賈生爲長沙王太傅三年, 有鴞入賈生舍, 止于坐隅. 楚人名鴞曰服. 賈生旣以適居長沙, 長沙卑濕, 自以爲壽不得長, 傷悼之, 乃爲賦以自廣. 其辭曰:(이하는 〈鵩鳥賦〉의 原文임.)

3. 《漢書》 卷48 賈誼傳.

誼爲長沙傅三年, 有服飛入誼舍, 止於坐隅. 服似鴞, 不祥鳥也. 誼旣以適居長沙, 長沙卑濕, 誼自傷悼, 以爲壽不得長, 乃爲賦以自廣. 其辭曰:(이하는 〈鵩鳥賦〉 의 原文임.)

4. 《搜神記》 卷9 (243, 9-4).

賈誼爲長沙王太傅, 四月庚子日, 有鵩鳥飛入其舍, 止于坐偶, 良久乃去. 誼發書 占之, 曰:「野鳥入室, 主人將去.」誼忌之, 故作〈鵩鳥賦〉, 齊死生而等禍福, 以致 命定志焉.

5. 《史記》 卷84, 《漢書》 卷48, 《文選》 卷13에 실려 있는 〈鵩鳥賦〉 참조.

고대 부엌 그림 〈脩魚圖〉

123(5-10) 金石感偏
금석의 감응에 편차가 있다

이광李廣이란 자가 형제들과 더불어 명산冥山의 북쪽으로 사냥을 나갔다가 누워 있는 호랑이를 만났다. 활로 쏘았더니 한 화살에 그 호랑이는 죽고 마는 것이었다. 그는 그 호랑이의 두골頭骨을 잘라 이를 베개로 만들어 자신이 맹수를 정복하였다고 과시하였다. 그리고 그 호랑이 모습을 구리로 주조鑄造하여 변기便器를 만들어 그 호랑이를 미워하고 모욕을 준다는 표시를 하였다.

그 뒤 어느 날 그들이 다시 명산의 남쪽으로 사냥을 나섰다가 또다시 누워 있는 호랑이를 발견하고 활을 쏘았다. 그런데 그 화살이 아주 깊이 들어가 화살끝 깃털조차 보이지 않는 것이었다. 가까이 다가가 보았더니 그것은 호랑이가 아니라 바위였는데 그 모습이 마치 호랑이 같았던 것이었다. 그래서 이번에는 물러나 활을 다시 쏘아 보았다. 그랬더니 활촉은 깨어지고 화살대는 부러졌으며 바위에는 아무 자국도 없는 것이었다.

나는 일찍이 양자운揚子雲, 揚雄에게 이런 사실을 물어본 적이 있었는데 양자운은 이렇게 설명하는 것이었다.

"지성至誠이면 금석金石도 열 수 있는 것이오."

나는 그의 설명에 다시 이런 예를 들었다.

"옛날 어떤 사람이 동해東海에 배를 저어 놀이를 나갔다가 풍파가 거세어 배가 표류하여 어떻게 제어할 수가 없었습니다. 배는 바람에 따라 떠내려가서 어디로 가는지 알 수 없게 되었습니다. 하루 밤낮을 떠돌다가 조그만 섬에 닿게 되자 함께 탔던 사람들이 신이 나서 살았다고 좋아하였습니다.

이에 바윗돌 근처로 내려 배를 묶어 놓고 그 섬에 올라 밥을 지어먹으려 하였습니다. 그런데 밥이 다 익기도 전에 그 섬은 가라앉고 말았습니다. 배에 남아 있던 자들이 이 모습을 보고 얼른 묶었던 줄을 끊었고 배는 다시 표류하였습니다.

방금 그 섬 하나는 큰 물고기였으며 노하여 수염을 뒤흔들며 파도를 일으키고 물결을 내뿜으며 사라졌는데 그 빠르기가 마치 풍운風雲과도 같았습니다. 그것을 섬인 줄 잘못 알고 올랐다가 죽은 자가 10여 명이나 되었습니다.

또 제가 잘 아는 진호陳縞라는 친구는 본질이 아주 순박한 사람입니다. 그가 종남산終南山에 나무하러 갔다가 저녁 늦게 돌아오게 되었습니다. 자신의 집으로 달려가다가 미처 다다르지 않았을 때 장승상張丞相의 묘 앞에 석마石馬가 세워져 있는 것을 보고 이를 사슴인줄 잘못 알고는 도끼로 내리쳤습니다. 그랬더니 도끼는 부서지고 그 자루는 부러지고 말았는데 석마는 조금도 손상이 없었습니다.

이 두 가지 경우는 모두가 지성으로 한 일입니다. 그런데 끝내 물에 빠져 죽고 만 경우와 도끼만 깨어지는 일이 생기고 말았습니다. 어찌하여 금석의 감응에 그런 편차偏差가 있습니까?"

그러자 양자운은 나에게 어떤 응답도 하지 않는 것이었다.

李廣與兄弟共獵於冥山之北, 見臥虎焉. 射之, 一矢卽斃. 斷其髑髏以爲枕, 示服猛也. 鑄銅象其形爲溲器, 示厭辱之也. 他日, 復獵於冥山之陽, 又見臥虎, 射之, 沒矢飮羽. 進而視之, 乃石也, 其形類虎. 退而更射, 鏃破簳折而石不傷. 余嘗以問揚子雲, 子雲曰:「至誠則金石爲開.」余應之曰:「昔人有遊東海者, 旣而風惡, 船漂不能制, 船隨風浪, 莫知所之. 一日一夜, 得至一孤洲, 共侶歡然. 下石植纜, 登洲煮食. 食未熟而洲沒, 在船者斫斷其纜,船復漂蕩. 向者, 孤洲乃大魚, 怒掉揚鬐, 吸波吐浪而去, 疾如風雲. 在洲死者十餘人. 又余所知陳縞, 質木人也, 入終南山采薪, 還晚, 趨舍未至, 見張丞相墓前石馬, 謂爲鹿也, 卽以斧摳之, 斧缺柯折, 石馬不傷. 此二者亦至誠也, 卒有沈溺缺斧之事, 何金石之所感偏乎?」子雲無以應余.

【李廣】(?~B.C.119) 西漢 때의 유명한 장군. 李陵의 조부. 文帝 때 武騎常侍를 지냈으며 武帝 때 右北平太守가 되어 匈奴를 격파함. '漢飛將軍'으로 불렸음. 《史記》와 《漢書》에 傳이 있음.

【冥山】산 이름. 石城山, 固城山으로도 불림. 지금의 河南省 信陽縣 동남쪽에 있음.

【溲器】尿器. 오줌통.

【揚子雲】揚雄. 043 주 참조.

【陳縞】인명. 자세한 사적은 알 수 없음.

【張丞相】張蒼.《西京雜記校注》에 "漢有二張丞相, 文帝相張蒼, 成帝相張禹. 據漢書張禹傳載, 禹年老, 請平陵肥牛亭自治冢塋. 肥牛亭在咸陽縣西北, 渭河北岸, 此信於終南山見張丞相墓, 終南山在渭水之南, 故所見之墓, 非張禹墓, 當是張蒼墓" 라 함.

참고 및 관련 자료

1. 작자가 "至誠所至, 金石爲開"의 문제에 대해 양웅과 토론을 벌인 내용을 기록한 것.

2.《太平廣記》卷466

昔人有遊東海者, 旣而風惡舡破, 補治不能制, 隨風浪, 莫知所之. 一日一夜, 得一孤洲, 共侶懼然. 下石植纜, 登洲煮食. 食未熟而洲沒, 在船者砍斷其纜, 舡復漂蕩. 向者, 孤洲, 乃大魚, 吸波吐浪, 去疾如風. 在洲上死者十餘人.

3.《搜神記》卷11. (263. 11-1) 熊渠子射石

楚熊渠子夜行, 見寢石, 以爲伏虎, 彎弓射之, 沒金鍛羽. 下視, 知其石也. 因復射,矢摧無跡. 漢世復有李廣, 爲右北平太守, 射虎得石, 亦如之. 劉向曰:「誠之至也, 而金石爲之開, 況如人乎! 夫唱而不和, 動而不隨, 中必有不全者也. 夫不降席而匡天下者, 求之己也.」

4.《史記》卷109 李將軍列傳

廣出獵, 見草中石, 以爲虎而射之, 中石沒鏃, 視之石也. 因復更射之, 終不能復入石矣. 廣所居郡聞有虎, 嘗自射之. 及居右北平, 虎騰傷廣, 廣亦竟射殺之.

5.《漢書》卷54 李廣傳

廣出獵, 見草中石, 以爲虎而射之, 中石沒矢, 視之, 石也. 他日射之, 終不能復入矣. 廣所居郡聞有虎, 常自射之. 及居右北平射虎, 虎騰傷廣, 廣亦射殺之.

6.《事物紀原》「虎枕」

李廣與兄游獵冥山北, 見猛虎, 一矢斃. 斷其頭爲枕, 示服也.

〈二人長袖舞畫像〉(漢)

서경잡기

西京雜記

卷六〈124-132〉

〈婦人開門圖〉(金代) 山東 歷城 大官莊 太和 元年(1201) 벽화

124(6-1) 文木賦
문목부

노魯 공왕恭王이 문목文木을 얻어 이를 베어 기구器具들을 만들어 만족해하며 감상하고 있었다. 이에 중산왕中山王 유승劉勝이 이를 두고 부賦를 지었다.

"아름다운 그 나무 잎을 늘어뜨리고 저 높은 산마루에서 자랐네. 은하수에 닿을 듯 높은 모습에 잎은 늘어졌었고, 나뭇가지 태양의 궤도까지 가로질러 뻗쳐 올랐지. 어린 새 외롭게 먹이 기다리고 외로운 암수 새들 이리 저리 날아들어 시끄럽게 짖어댔었지. 무거운 눈을 지고 견디기도 하였고, 모진 바람 이겨내며 버티기도 하였지. 그러면서 천지의 나이와 같이 살리라 하였네.

뛰어났다는 목수장이 이를 모르고 왕자도 그 나무 멋지다 여겨, 드디어 노반魯班, 왕이王爾로 하여금 도끼 들고 찾아가 베라고 하였네. 그 나무 쓰러지는 소리 하늘이 무너지는 듯. 꽃다운 잎은 다 흩어지고 가지와 줄기는 꺾이고 부러졌네. 껍질을 벗기고 다듬어 보니 그 무늬 화려하게 나타났다네. 그 문장文章 마치 용이 서린 듯. 호랑이가 걸터앉은 듯. 다시금 난새가 모이고 봉황이 날아 오르는 듯. 푸른 실 보랏빛 수대綬帶를 띤 모습, 또 어떤 곳은 환벽環璧, 규장珪璋 같기도 하네. 첩첩산중에 겹친 봉우리가 있는가 하면, 연이은 파도에 겹쳐 오르는 물결 같고, 또는 번갯불 치는 모습에 피어나는 구름이며, 얇은 안개 피어나고 짙은 안개 솟아나네. 사슴 떼 준마들이 얽혀 모여 내 닫는 듯. 수탉, 수꿩이 무리 지어 노니는 듯. 푸른색 수를 놓은 원앙 무늬 이불인 듯. 연꽃 조문藻文에 마름풀 무늬일세. 색깔은 황금에 비해 여유가 있고 바탕은 옥과 섞어 놓아도 구별할 수 없을 정도!

이를 다듬어 기구를 만드니 굽고 곧고 퍼지고 말린 모습, 못에 비친 수죽修竹인

듯, 산봉우리에 솟은 우뚝한 소나무 모습인 듯.

이를 다듬어 악기를 만드니 고운 소리 휘감기어 봉황이 아홉 마리 새끼를 거느리며 서로 종알대는 듯. 용이 다섯 아들 이끌고 읊조리는 소리인 듯.

이를 다듬어 병풍을 만드니 울불鬱弗하고 궁륭穹窿한 멋진 모습.

다시 이를 다듬어 장궤杖几를 만드니 미려함의 극치요, 아름다움의 끝일세.

이를 다시 다듬어 침안枕案을 만드니 그 무늬 최찬璀璨하고 표병彪炳하고 환한渙汗하네.

이를 다듬어 반우盤盂를 만드니 완물玩物을 담다가 지주踟躕하게 만드네!

아! 군자여 그 즐거움 얼마만할까!"

공왕은 크게 기뻐하며 그를 돌아보고 웃으면서 그에게 준마駿馬 두 필을 내려주었다.

魯恭王得文木一枚, 伐以爲器, 意甚玩之. 中山王爲賦曰:「麗木離披, 生彼高崖. 拂天河而布葉, 橫日路而擢枝. 幼雛羸縠, 單雄寡雌, 紛紜翔集, 嘈嗷鳴啼. 載重雪而梢勁風, 將等歲於二儀. 巧匠不識, 王子見知. 乃命班爾, 載斧伐斯, 隱若天崩, 豁如地裂. 華葉分披. 條枝摧折. 旣剝旣刊, 見其文章. 或如龍盤虎踞, 復似鸞集鳳翔. 青綢紫綬, 環璧珪璋. 重山累嶂, 連波疊浪. 奔電屯雲, 薄霧濃雰. 麏宗驥旅, 雉族雊群. 蜿繡鴬錦, 蓮藻芰文. 色比金而有裕, 質參玉而無分. 裁爲用器, 曲直舒卷, 修竹映池, 高松植巘. 制爲樂器, 婉轉蟠紆, 鳳將九子, 龍導五駒. 制爲屏風, 鬱弗穹窿. 制爲杖几, 極麗窮美. 制爲枕案, 文章璀璨, 彪炳渙汗. 制爲盤盂, 采玩踟躕. 猗歟君子, 其樂只且.」

恭王大悅, 顧盼而笑, 賜駿馬二匹.

【魯恭王】劉餘, 漢 景帝의 아들. 孔壁에서 古文을 얻은 것으로 유명함. 060(2-29) 참조.

【文木】무늬 목. 월남 交趾에서 나며 목질이 細密하고 무늬가 있음. 色은 검고 무거워 고급 가구 재료로 쓰임.

【中山王】劉勝. 中山靖王. 漢 景帝의 아들이며 恭王의 아우. 景帝 3年에 中山에 봉해짐. 중산은 지금의 河北省 唐縣, 定縣 일대.《漢書》에 傳이 있음.

【天河】은하수.

【羸㲉】'羸'는 '파리하게 지친 상태'를 뜻하며, '㲉'는 둥지에서 어미의 먹이를 먹는 상태의 어린 새를 일컫는 말.

【日路】태양의 궤도.

【嘈嗷】벌레나 새의 울음소리. 첩운 상성어(象聲語)

【二儀】乾坤, 즉 天地.

【魯班】고대의 名匠, 公輪班.

【王爾】역시 고대의 名匠.

【珪璋】조회 때 잡고 있는 玉器, 圭笏.

【麔】숫 사슴. '麚'와 같음.

【蠋】나방의 애벌레. 푸른색으로 누에처럼 생겼음.

【藻】水草의 일종으로 同心圓등의 무늬를 상징함.

【鬱㠀·穹隆·璀璨·彪炳·渙汗·跙踦·猗與】모두 쌍성첩운의 연면어. 형태, 상황을 나타내는 音韻語.

【只且】句末語氣詞.《詩經》王風 揚之水에 "其樂只且"라 함.

참고 및 관련 자료

1. 〈文木賦〉를 짓게된 동기를 적음. 수사와 연면어 활용의 미려함을 엿볼 수 있음.
2. 《漢書》卷53 景十三王傳 中山靖王劉勝 참조.
3. 《漢書》卷53 景十三王傳 魯恭王劉餘 참조.

125(6-2) 廣川王發古冢
광천왕의 고분 파헤치기

광천왕廣川王 유거질劉去疾은 무뢰無賴한 소년들을 불러모아 제멋대로 돌아다니며 사냥하기를 좋아하여 법도가 없었다. 그런가하면 그 국내國內의 무덤에 있는 소장품을 모두 파헤쳐 버렸다.

내가 아는 원맹爰猛이란 친구의 말을 들어 보았더니 원맹의 조부는 광천왕 밑에서 중위中尉 벼슬을 하였었는데 매번 광천왕에게 간언을 하였지만 듣지 않자 병이 들고 늙었다는 핑계로 물러나 집으로 돌아와 버렸다고 하였다.

그 할아버지는 광천왕이 파헤친 무덤은 헤아릴 수 없을 정도로 많았으며 기이한 사건도 수백 가지라고 하였다는 것이다. 그가 나에게 들려준 10여 가지 사건을 지금 기록해보면 다음과 같다.

廣川王去疾, 好聚亡賴少年, 遊獵畢弋無度, 國內冢藏, 一皆發掘. 余所知爰猛, 說其大父爲廣川王中尉, 每諫王不聽, 病免歸家. 說王所發掘冢墓不可勝數, 其奇異者百數焉. 爲余說十許事, 今記之如左.

【廣川王】劉去疾.《漢書》景十三王傳에는 '廣川王去'로 되어 있음. 漢 武帝의 형인 廣川惠王 劉越의 손자. 온갖 놀이와 노름 등을 좋아하였으며 포악하였다 함.
【畢弋】畢은 짐승을 잡는 그물, 弋은 줄 달린 화살. 사냥을 뜻함.
【國內】廣川國. 漢代 郡國制度에서의 封國의 경내
【爰猛】人名. 자세한 내용을 알 수 없음.
【大父】祖父. 할아버지를 뜻함.

【中尉】원래 京師의 治安을 담당하였으나, 제후국에도 역시 이 관직을 두어 치안과 범인 체포의 임무를 맡았음.

참고 및 관련 자료

1. 劉去疾의 불량한 행동과 무덤 파괴의 내용을 기록함.
2. 《漢書》 卷53 景十三王傳　廣川王劉越
去卽繆王齊太子也, 師受易, 論語, 孝經皆通, 好文辭方技博弈倡優.
3. 《太平廣記》 卷389
廣川王去疾, 好聚亡賴少年, 遊獵畢弋無度, 國內塚藏, 一皆發掘. 爰猛說, 大父爲廣川王中尉, 每諫王不聽, 病免歸家. 說王所發掘塚墓, 不可勝數, 其奇異者百數. 爲劉向說十許事, 記之如左.

(1) 위양왕 무덤 魏襄王冢

위魏 양왕襄王의 무덤은 모두가 무늬 돌로 곽槨을 만들었는데 그 높이는 8척쯤 되며 그 폭과 너비는 40명을 수용할 수 있을 정도였다.

손으로 그 곽을 문지르자 매끄러운 윤기가 마치 금방 다듬은 것과 같았다. 무덤 속에는 석상石床, 석병풍石屛風이 있었으며 완연한 모습이 조금도 바래거나 손상됨이 없었다.

그러나 그 관구棺柩 속의 명기明器와 유물의 종적은 보이지 않았으며 다만 석상 위에 옥타호玉唾壺 하나와 동검銅劍 두 자루, 그 밖에 금옥잡구金玉雜具만이 있었을 뿐이었다. 모두가 금방 만든 것과 같았으며 광천왕은 이를 모두 가져다가 자신이 사용하였다고 한다.

魏襄王冢, 皆以文石爲槨, 高八尺許, 廣狹容四十人. 以手捫槨, 滑液如新. 中有石床·石屛風, 宛然周正. 不見棺槨明器蹤跡, 但床上有玉唾壺一枚·銅劍二枚. 金玉雜具, 皆如新物, 王取服之.

【魏襄王】戰國時代 魏나라 군주. 이름은 嗣. 시호는 襄王. B.C.317~B.C.295
(혹 B.C.302) 재위.
【明器】고대 대나무, 나무, 陶器, 土器, 俑등을 만들어 죽은 자의 무덤에 수장하는
여러 물건들. 來世에 사용토록 한 것임. '盟器'로 표기된 곳도 있음.
【唾壺】침을 뱉는 그릇. 痰盂.

> ### 참고 및 관련 자료

1. 위양왕의 무덤에 대한 내용임.
2. 《晉書》束晳傳에 "太康二年, 汲郡人不準盜發魏襄王墓, 或言安釐王冢. 得竹
書數十車. 其紀年十三篇. 記夏以來至周幽王爲犬戎所滅"이라 하였는데 본문대로
漢代에 이미 위양왕의 무덤이 파헤쳐졌다면 《竹書紀年》은 安釐王의 무덤일 가능성
이 있음.
3. 《太平廣記》卷389
魏襄王冢, 以文石爲槨, 高八尺許, 廣狹容三十人. 以手捫槨, 滑易如新. 中有石床·
石屛風, 宛然周正. 不見棺柩明器蹤跡, 但見床上玉唾盂一枚·銅劍二枚. 金雜具,
皆如新, 王自取服之.

(2) 애왕 무덤 哀王冢

위魏 애왕哀王의 무덤은 뒷부분이 모두 쇠를 녹여 부어 봉쇄하였기
때문에 사흘을 파고서야 겨우 열어볼 수 있었다.

그러자 누런 공기가 마치 안개처럼 피어 나와 사람의 코와 눈을
덮쳤으며 그 냄새는 아주 매워 코를 자극하여 무덤 안으로 들어갈
수가 없었다.

그래서 병사를 시켜 이를 지키게 하였더니 7일이 지나서야 겨우
그 공기와 냄새가 그쳤다.

처음 그 무덤의 입구에 들어서자 경약扃鑰도 없었으며 하나의 석상
石床이 있었다. 그 길이는 넉 자 정도였고 그 위에 돌로 만든 작은

탁자卓子가 있었다. 그리고 그 좌우에 각각 세 사람이 서서 모시고 있는 모습이 있었다. 모두가 무사武士의 복장에 칼을 차고 있는 형상이었다. 다시 다음 입구로 다가가자 석문石門에 빗장이 채워져 있었으며 이를 두드려보고 열자 관구棺柩가 보이는데 검은 광채가 사람을 비추었다. 칼로 이를 쳤지만 칼이 들어가지 않아 불에 달군 톱으로 이를 썰었다. 그랬더니 그 관은 짐승 가죽을 섞어 옻칠로 붙인 관목棺木으로 되어 있었으며 몇 촌寸의 두께에다가 그런 판자가 수십 층 겹쳐져 있었다. 사람의 힘으로는 움직일 수도 없어 결국 손을 놓고 말았다.

다시 입구로 다가갔더니 돌문이 있었다. 자물쇠를 열고 들어서자 그 곳엔 너비와 길이가 7척쯤 되는 석상石床이 있었으며 석병풍, 동장구銅帳鉤 하나씩이 있었다. 어떤 것은 석상 위에 있었고 어떤 것은 지하에 있었다. 아마 동장銅帳이 썩어 동구銅鉤가 석상에서 밑으로 떨어진 것으로 보였다.

돌 베개 하나가 있었는데 그 위에는 먼지가 가득 앉아 있었으며 그 먼지가 높이 쌓인 것으로 보아 의복이 썩은 것이 아닌가 하였다.

석상의 양쪽 끝에는 석부인石夫人이 각각 20명씩 있었다. 모두가 한쪽으로 시립侍立하고 있는 형상이었으며 어떤 것은 손에 수건과 빗, 거울 등을 들고 있는 모습이었고 또 어떤 것은 쟁반에 음식을 받쳐들고 있는 모습이기도 하였다.

그밖에 다른 물건은 없었고 다만 철경鐵鏡 몇 백 개만이 있었다.

哀王冢, 以鐵灌其上, 穿鑿三日乃開. 有黃氣如霧, 觸人鼻目, 皆辛苦不可入. 以兵守之, 七日乃歇. 初至一戶, 無扃鑰. 石床方四尺, 床上有石几, 左右各三石人立侍, 皆武冠帶劍. 復入一戶, 石扉有關鑰, 叩開, 見棺柩, 黑光照人, 刀斫不入, 燒鋸截之, 乃漆雜兕革爲棺, 厚數寸, 累積十餘重, 力不能開, 乃止. 復入一戶, 亦石扉, 皆鑰得石床, 方七尺. 石屏風銅帳鉤一具, 或在床上,或在地下, 似是帳麋杇, 而銅鉤墮落床上. 石枕一枚, 塵埃朏朏, 甚高, 似是衣服. 床左右石婦人各二十, 悉皆立侍, 或有執巾櫛鏡鑷之象, 或有執盤奉食之形. 無餘異物, 但有鐵鏡數百枚.

【哀王】 전국시대 魏나라 군주. 襄王의 아들로 재위 23년.
【扄】 밖에서 채우는 문의 자물쇠. 문고리. 門栓.
【銅帳】 구리로 된 허리띠 끈.
【銅鉤】 구리로 된 허리띠 고리 부분.

참고 및 관련 자료

1. 魏 哀王 무덤의 내용을 아주 생생하게 기록함. 《太平廣記》에는 '襄王冢'으로 되어 있음.
2. 《太平廣記》 卷389
襄王冢, 以鐵灌其上, 穿鑿三日乃開. 黃氣如霧, 觸人鼻目皆辛苦, 不可入. 以兵守之, 七日迺歇. 初至戶, 無扄鑰. 石床方四尺, 上有石几, 左右各三石人立侍, 皆武冠帶劍. 復入一戶, 石扉有關鎖, 扣開, 見棺柩, 黑光照人, 刀斫不能入, 燒鋸截之, 乃漆雜兒革爲棺, 厚數寸, 累積十餘重, 力少不能開, 迺止. 復入一戶, 亦石扇, 皆鑰, 得石牀, 方七尺. 石屛風, 銅帳鏤一具, 或在牀上, 或在地下, 似幬帳麋杇, 而銅鏤墮落, 牀上石枕一枚, 牀上塵埃朏朏甚高, 似是衣服. 牀左右石婦人各二十, 悉皆立侍, 或有執巾櫛鏡鑷之象, 或有執盤奉食之形. 無餘異物, 但有鐵鏡數百枚.
3. 《初學記》 卷25
廣川王去疾, 發魏哀王冢, 有石屛風.

(3) 위왕자 저거 무덤 魏王子且渠冢

위魏나라 왕자 저거且渠의 무덤은 매우 얕고 협소하였으며 관구棺柩도 없었다. 다만 석상이 있었으며 너비는 6척, 길이는 한 길 정도였고 석병풍이 있었다. 석상 아래에는 모두가 운모석雲母石으로 깔려있었다.

석상 위에는 두 구의 시신이 있어 남녀 하나씩이었으며 나이는 스무살 안팎 정도로 보였다. 모두가 동쪽으로 머리를 두고 있었으며 나체로 누워 있어 옷이나 이불도 덮여 있지 않았다. 살결과 피부, 얼굴색은 마치 살아 있는 것과 같았으며 머리카락과 이빨, 손톱 역시 살아 있는 사람과 같았다.

광천왕은 너무 두려움을 느낀 나머지 감히 가까이 가지를 못하였고 나와서는 그 무덤을 봉하여 예전과 같게 해 두었다.

魏王子且渠冢, 甚淺狹, 無棺柩, 但有石床, 廣六尺, 長一丈, 石屏風, 床下悉是雲母. 床上兩屍, 一男一女, 皆年二十許, 俱東首, 裸臥無衣衾, 肌膚顏色如生人, 鬢髮齒爪亦如生人. 王畏懼之, 不敢侵近, 還擁閉如舊焉.

【且渠】 본문 내용대로 전국시대 魏나라 王子. 기타 자세한 내용은 알 수 없음. '저거'로 읽는다. 고대 인명은 대체로 쌍성첩운으로 되어 있으며 '且'는 '雎'와 동일하게 쓰였다.

【雲母】 광석의 일종으로 돌비늘. 얇고 투명한 광석임.

◉ 참고 및 관련 자료

1. 魏 王子 且車의 무덤에 대한 내용을 기록함.

2. 《太平廣記》 卷389

魏王子且渠冢, 甚淺狹, 無柩, 但有石牀, 廣六尺, 長一丈, 石屏風, 牀下悉是雲母. 牀上兩尸, 一男一女, 皆二十許, 俱東首, 裸臥無衣衾, 肌膚顏色如生人, 鬢髮齒牙爪, 不異生人. 王懼, 不敢侵, 還擁閉如舊.

(4) 원앙의 무덤 袁盎冢

원앙袁盎의 무덤은 와기瓦器로 관곽棺槨을 만들었으며 기물器物은 하나도 없었고 오직 구리 거울 하나 뿐이었다.

袁盎冢, 以瓦爲棺槨, 器物都無, 唯有銅鏡一枚.

【袁盎】(?~B.C.148) '爰盎'으로도 표기하며 자는 絲. 직언을 잘하였으며 太常에 올랐으나 梁孝王의 원한을 사서 피살됨. 《漢書》에 傳이 있음.
【銅鏡】구리 거울.

참고 및 관련 자료

1. 漢나라 大臣 袁盎의 무덤에 대한 내용임.
2. 《漢書》 卷49 袁盎傳 참조.
3. 《太平廣記》 卷389
袁盎冢, 以瓦爲棺槨, 器物都無, 唯有銅鏡一枚.

(5) 진영공의 무덤 晉靈公冢

진晉 영공靈公의 무덤은 아주 화려하여 장관이었다. 네 귀퉁이는 모두 돌로 원숭이, 개 모양을 만들어 촛불을 받들고 있는 모습으로 만들어져 있었다. 그리고 석인石人 남녀 40여 개가 있어 모두 시립侍立한 현상이었으며 관棺과 기물器物은 다시 무어라 그 형상을 표현 할 수 없을 정도였고 시신도 아직 허물어지지 않았다. 그리고 그 시신의 구멍마다 금이나 옥으로 막았으며 그 밖의 물건들은 모두 부패하여 구별할 수가 없었는데 오직 두꺼비 형상 하나만 있어 그 크기가 주먹만

하였다. 그 뱃속은 비어 있어 다섯 흡合 정도의 물을 담을 만하였고
광채와 윤기는 방금 만든 것 같았다. 광천왕은 이를 가져다가 서적書滴
으로 사용하였다.

　晉靈公冢, 甚瑰壯, 四角皆以石爲玃犬撜燭, 石人男女四十餘,
皆立侍, 棺器無復形兆, 屍猶不壞, 孔竅中皆有金玉, 其餘器物,
皆朽爛不可別, 唯玉蟾蜍一枚, 大如拳, 腹空, 容五合水, 光潤如新,
王取以盛書滴.

【晉靈公】春秋時代 晉나라 군주. 晉文公의 손자이며 襄公의 아들. 이름은 夷皐.
재위는 B.C.620～B.C.607. 역사상 유명한 폭군으로 趙穿에게 피살됨.
【書滴】硯滴. 먹을 가는 물을 담는 그릇.

　참고 및 관련 자료

1. 晉 靈公의 무덤에 대한 내용.
2.《太平廣記》卷389
晉靈公冢, 甚瑰壯, 四角皆以石爲鷹犬捧燭, 石人男女四十餘, 皆立侍, 棺器無復
形兆, 尸猶不壞, 孔竅中皆有金玉, 其餘器物, 皆朽爛不可別, 唯玉蟾蜍一枚,
大如拳, 腹空, 容五合水, 光潤如新, 王取以成水書滴.

(6) 유왕의 무덤 幽王冢

유왕幽王의 무덤은 심히 높고 장대하였다. 연도羨道와 문은 모두 열려
있었으며 모두가 석악石堊이었다. 이 석악을 제거하자 그 깊이는 한
길이나 되었고 그 다음엔 운모雲母였으며 그 길이는 한 자정도 되었다.

그제야 백여 구의 시신이 보였는데 종횡으로 서로 베고, 깔고, 누운 모습이었다.

모두가 썩지 않은 상태였으며 오직 하나만 남자였고 나머지는 모두가 여자였다. 어떤 이는 앉아 있었고 어떤 이는 누운 모습이었으며 역시 서있는 이도 있었다. 그 의복과 형색은 살아 있는 사람과 다를 바 없었다.

幽王冢, 甚高壯, 羨門旣開, 皆是石堊, 撥除丈餘深, 乃得雲母, 深尺餘, 見百餘屍, 縱橫相枕藉, 皆不朽, 唯一男子, 餘皆女子, 或坐或臥, 亦猶有立者, 衣服形色不異生人.

【幽王】 周 幽王(?~B.C.771). 周 宣王의 아들. B.C.781~B.C.771년 재위. 이름은 宮涅. 西周 말기의 왕으로 포악무도하여 犬戎에게 망함.
【羨門】 墓의 문. 羨道의 문. '羨'은 '연'으로 읽음.
【石堊】 生石灰. 자연상태의 石灰. 白色土. 옛날 건축에 사용하였음.

> 참고 및 관련 자료

1. 西周 末期의 왕인 幽王의 무덤. 《太平廣記》에는 '幽公'으로 되어 있음.
2. 《續博物志》
幽王冢甚高壯, 雲母深尺餘, 百餘尸相枕藉, 皆不朽, 唯一男子, 餘皆女子.
3. 《太平廣記》 卷389
幽公冢, 甚高壯, 羨門旣開, 皆是石堊, 撥除丈餘, 乃得雲母, 深尺所, 迺得百餘尸, 縱橫相枕, 皆不朽, 唯一男子, 餘悉女子, 或坐或臥, 亦有立者, 衣服形色, 不異生人.

(7) 난서의 무덤 欒書冢

난서欒書의 무덤에는 관구棺柩와 명기明器들이 모두 썩어 남아 있는 것이 없었다. 한 마리 흰여우가 사람을 보고 놀라 달아나자 좌우 사람들이 이를 잡으려고 내리 쳤지만 놓치고 말았으며 그 여우의 왼쪽 다리에 상처만 입혔을 뿐이었다. 그런데 그 날 저녁에 광천왕의 꿈에 한 사나이가 나타났다. 수염과 눈썹이 모두 희었다. 그는 광천왕에게 다가와 이렇게 말하였다.

"무슨 까닭으로 나의 왼쪽 다리를 다치게 하였는가?"

그러면서 지팡이로 왕의 왼쪽 다리를 두드리는 것이었다. 왕이 깨어 나자 다리가 붓고 아프더니 종기가 생겼으며 죽을 때까지 낫지를 않았 다고 하였다.

欒書冢, 棺柩明器朽爛無餘. 有一白狐, 見人驚走, 左右遂擊之, 不能得, 傷其左脚. 其夕, 王夢一丈夫, 鬚眉盡白, 來謂王曰: 「何故傷吾左脚?」乃以杖叩王左脚. 王覺, 脚腫痛生瘡, 至死不差.

【欒書】(?~B.C.573) 春秋時代 魯나라 大夫인 欒武子를 가리킴.
【差】'瘥'와 같음. 병이 치유됨.

참고 및 관련 자료

1. 난서 무덤의 발굴과 그로 인한 득병의 고사를 기록한 것.
2. 《畿輔通志》 陵墓

欒書墓, 在欒城縣西北五里.

3. 《搜神記》 卷15. 375(15-17).

漢廣川王好發冢. 發欒書冢, 其棺柩盟器, 悉毀爛無餘. 唯有一白狐, 見人驚走.

左右逐之, 不得, 戟傷其左足. 是夕, 王夢一丈夫, 鬚眉盡白, 來謂王曰: 「何故傷吾左足?」乃以杖叩王左足, 王覺腫痛, 即生瘡. 至死不差.

4. 《太平廣記》卷449

漢廣川王好發冢, 發欒書冢, 棺柩盟器. 悉毀爛無餘. 喩有白狐一頭, 見人驚走, 左右逐之不得, 戟傷其足. 是夕, 王夢一丈夫, 鬚眉盡白, 來謂王曰: 「何故傷吾左足?」以杖叩王左足. 王覺, 腫痛, 因生瘡, 至死不差.

5. 《太平廣記》卷389

欒書冢, 棺柩明器, 朽爛無餘. 有白狐兒, 見人驚走, 左右逐戟之, 莫能得, 傷其左腳. 夕, 王夢一丈夫, 鬚眉盡白, 來謂王曰: 「何故傷吾腳?」仍以杖叩王左腳. 王覺, 腳腫痛生瘡, 至此不差.

126(6-3) 太液池五舟
태액지의 다섯 척 배

태액지太液池에는 명학주鳴鶴舟, 용여주容與舟, 청광주淸曠舟, 채릉주採菱舟, 월녀주越女舟가 있다.

太液池中有鳴鶴舟·容與舟·淸曠舟·採菱舟·越女舟.

【太液池】 지금의 陝西省 西安市 서북쪽에 있는 못. 103 참조.
【容與】 '安逸自得'의 뜻.

참고 및 관련 자료

1. 태액지에 있는 다섯 척의 배에 대한 기록.
2. 《三輔黃圖》
建章宮北池名太液, 周回十頃, 有采蓮女, 鳴鶴之舟.
3. 《初學記》 卷25
太液池有鳴鶴舟, 容與舟, 淸廣舟, 採菱舟, 越女舟.
4. 《廟記》를 인용한 것

127(6-4) 孤樹池
고수지

태액지太液池 서쪽에 또 다른 못이 있어 이름은 '고수지孤樹池'라 하였다. 그 못 가운데 섬이 있으며 섬에는 점나무粘樹 한 그루가 있다. 그 나무의 둘레는 60아름이며 쳐다보면 겹겹이 늘어진 것이 마치 뚜껑을 덮고 있는 것 같다. 그래서 이 나무 한 그루로 인해 '고수지'라는 이름이 붙여진 것이다.

太液池西有一池, 名孤樹池. 池中有洲, 洲上粘樹一株, 六十餘圍, 望之重重如蓋, 故取爲名.

【太液池】전출. 013 참조.
【孤樹池】'나무 한 그루 있는 못'이라는 뜻.
【粘樹】杉樹. 삼나무.

참고 및 관련 자료
1. '孤樹池'의 명칭에 관한 기록임.

128(6-5) 昆明池舟數百
곤명지의 수백 척 배

'곤명지昆明池'에 과선戈船, 누선樓船 등이 각각 수백 척이나 있다. 누선 위에는 다시 누로樓櫓를 만들었고 과선 위에는 과모戈矛를 만들었으며 네 귀퉁이에는 모두 깃발과 각종 휘장을 늘어뜨려 이들이 물가에 아름답게 비치게 하였다.

내 어릴 때 본 기억이 지금도 눈앞에 보는 듯이 선하다.

　昆明池中有戈船·樓船各數百艘. 樓船上建樓櫓, 戈船上建戈矛, 四角悉垂幡旒, 旍葆麾蓋, 照灼涯涘. 余少時猶憶見之.

【昆明池】원래 武帝가 水戰 연습을 위해 만든 연못. 002 참조.
【樓船】층배. 이층 이상의 배를 누선이라 함.
【樓櫓】적군을 살피기 위해 누선 위에 설치한 조망대.

　　참고 및 관련 자료

1. 어릴 때 본 '곤명지의 배'에 대한 기억을 기록함.

129(6-6) 玳瑁床
대모로 만든 침상

한언韓嫣은 대모玳瑁로 침상을 만들었다.

韓嫣以玳瑁爲床.

【韓嫣】武帝의 佞臣. 096 참조.
【玳瑁】거북처럼 생긴 동물로 그 껍질을 장식품으로 사용함.

참고 및 관련 자료

1. 佞臣 韓嫣의 사치를 밝힌 것임.
2. 《初學記》卷25
韓嫣以玳瑁爲牀.
3. 《漢書》卷93. 佞幸傳 韓嫣 참조.

130(6-7) 書太史公事
태사공 사마천에 관련된 사건을 적음

한漢나라는 주周나라 때의 사관史官 제도를 이어받아 무제武帝 때 이르러 '태사공太史公'이라는 관직을 두게 되었다. 이에 태사공 사마담司馬談은 조상 대대로 내려오던 태사太史가 되었고, 그 아들 사마천司馬遷이 나이 열세 살이었을 때 아버지는 그에게 수레를 타고 천하를 두루 돌아다니며 옛 제후들의 역사기록을 구해 오도록 하였다. 그리하여 공자孔子의 고문古文을 이어 세상의 일들을 서술하여 백 삼십 권의 전傳, 오십만 자字를 지었다.

사마담이 죽자 그 아들 사마천이 관직을 세습하게 되어 다시 태사공이 되었다. 그 직위는 승상丞相 바로 아래로 천하에서 올라오는 각종 문서, 계부計簿는 먼저 태사공에게 올라왔고 그 부본副本이 승상에게 보고되게 되어 있었다.

태사공은 역사를 서술하되 옛 《춘추春秋》의 방법으로 하였다. 사마씨司馬氏는 본래 옛 주周나라 사일史佚의 후손이었다. 그가 〈경제본기景帝本紀〉를 지으면서 경제의 단점은 물론 무제의 과실조차 극명하게 밝히자 무제는 노하여 그 부분을 삭제하여 없애 버렸다.

뒤에 사마천은 이릉李陵을 추천한 죄에 연좌되었고 이릉이 흉노匈奴에게 투항하자 무제는 사마천을 잠실蠶室에 가두었다. 그런데 사마천이 원망의 말을 하자 옥에 가두어 죽이려고 하였다. 이에 선제宣帝 때에 이르러서는 태사공의 관직을 태사령太史令으로 바꾸고 그들로 하여금 태사공 직책에서 다루던 문서만 관장하게 하였을 뿐이다. 그리고 사마천의 자손은 더 이상 등용하지 않았다.

漢承周史官, 至武帝置太史公, 太史公司馬談, 世爲太史, 子遷, 年十三, 使乘傳行天下, 求古諸侯史記, 續孔子古文, 序世事, 作傳百三十卷, 五十萬字. 談死, 子遷以世官復爲太史公, 位在丞相下. 天下上計, 先上太史公, 副上丞相. 太史公序事如古春秋法, 司馬氏本古周史佚後也. 作「景帝本紀」, 極言其短及武帝之過, 帝怒而削去之. 後坐擧李陵, 陵降匈奴, 下遷蠶室, 有怨言, 下獄死, 宣帝以其官爲令, 行太史公文書事而已, 不復用其子孫.

【太史公】太史令. 원래 漢代의 관직 이름. 文史와 星曆 등의 기록을 관장함.
【司馬談】(?~B.C.110) 西漢의 史學家로 司馬遷의 아버지.《史記》太史公自序 참조.
【司馬遷】《史記》의 저자. 097 참조.
【上計】매년 歲末에 지방 관원을 서울에 파견하여 그해 일년의 호구, 식량 등의 통계를 보고하는 일.
【春秋】儒家經典. '春秋筆法'은 역사의 襃貶을 정확히 기록한다는 뜻.
【史佚】周나라 초기의 史官.
【景帝本紀】《漢書》司馬遷傳에《史記》에서 "十篇이 빠졌으며 기록은 하였으나 남아 있지 않다(十篇缺, 有錄無書)"라 하였음. 顏師古의 注에 張晏의 說을 인용하여 〈景帝本紀〉가 바로 그 사라진 十篇 중의 하나로 元帝, 成帝때 褚少孫이 보충한 것이라 함.
【李陵】(?~B.C.74) 자는 少卿. 서한 때 장군 李廣의 손자로 天漢 2년(B.C.99)에 흉노를 치러 갔다가 투항함. 司馬遷은 이를 변호하다가 宮刑을 당한 것으로 알려짐.《史記》李將軍列傳.《漢書》司馬遷傳 참조.
【蠶室】원래는 누에고치 속을 뜻함. 혹은 궁형을 받은 사람이 사는 집. 뒤에 집필을 위해 은거하는 집. 또는 궁벽한 집필 장소를 뜻함.

1. 司馬遷의 《史記》의 저술에 관한 내용을 기록한 것으로 다른 史書의 내용과 차이가 있어 억측으로 쓴 것이 아닌가 함. 이를 두고 劉歆의 淵博한 지식으로 보아 이런 오류를 범할 수 없다고 여겨 《西京雜記》가 유흠의 作이 아니라는 논증의 근거가 됨.

2. 《史記》 卷130 太史公自序 참조.

3. 《漢書》 卷62 司馬遷傳 참조.

4. 本 《西京雜記》 卷4. 97(4-9) 참조.

5. 《漢書》 卷62 司馬遷傳(부분) 「報任安書」

適會召問, 卽以此指推言陵功, 欲以廣主上之意, 塞睚眦之辭. 未能盡明, 明主不深曉, 以爲僕沮貳師, 而爲李陵游說, 遂下於理. 拳拳之忠, 終不能自列, 因爲誣上, 卒從吏議. 家貧, 財賂不足以自贖, 交遊莫救, 左右親近不爲壹言. 身非木石, 獨與法吏爲伍, 深幽囹圄之中, 誰可告愬者! 此正少卿所親見, 僕行事豈不然邪? 李陵旣生降, 隤其家聲, 而僕又茸以蠶室, 重爲天下觀笑. 悲夫悲夫!

131(6-8) 皇太子官
황태자의 관직

황태자皇太子에 속한 관직을 '가신家臣'이라 부르며 황태자의 동작은 '종從'이라 칭한다.

皇太子官稱家臣, 動作稱從.

【家臣】 황제의 '臣'에 대칭되는 칭호로 격을 낮춘 것.
【從】 황제의 행동을 '幸'이라 하는데 대칭된 표현.

참고 및 관련 자료

1. 봉건사회의 엄격한 명분과 그에 대한 사용 칭호에 대한 기록임.

132(6-9) 兩秋胡曾參毛遂
동명이인의 추호와 증삼, 그리고 모수

　　두릉杜陵의 추호秋胡라는 사람은 《상서尚書》에 능통하였으며 옛날 글씨인 예서隸書에도 밝아 적공翟公으로부터 좋은 예우를 받았다. 그래서 적공은 그에게 형의 딸을 주어 아내로 삼으려 하였다. 이를 보고 어떤 사람이 적공에게 이렇게 말하였다.

　　"추호는 이미 결혼하였었으며 예교禮敎를 위반하여 그의 아내는 그만 물에 빠져 죽고 말았습니다. 그런 자에게 다시 처를 준다는 것은 말도 안됩니다."

　　그러자 치상馳象이란 자가 나서서 이렇게 말하였다.

　　"옛날 노魯나라에 추호라는 자가 있었는데 아내를 맞이한 지 석 달만에 멀리 나가 삼 년 동안 관직에 있게 되었습니다. 그가 휴가를 얻어 집으로 돌아오게 되었을 때 그의 아내는 마침 교외에서 뽕을 따고 있었습니다. 추호가 그곳을 지나다가 그 여자가 자신의 아내인 줄을 모르고 그 여자를 보고 한 눈에 반해 황금 1일鎰을 주면서 유혹하였습니다. 그러자 그 여자는 '나는 지아비가 있는 몸이오. 지금 제 남편은 외지에 나가 벼슬하여 아직 돌아오지 않아 나 홀로 깊은 규방에 거처하고 있소. 지금이 삼 년째이지만 아직 오늘 같은 이런 모욕을 당해본 적은 없소'라 하며 거들떠보지도 않고 계속 뽕을 따는 것이었습니다. 추호는 부끄럽게 여기고 물러서서 집에 도착하였습니다. 그리고 집안 사람들에게 '아내가 어디 갔느냐?'고 물었더니 '들에 뽕을 따러 가서 아직 돌아오지 않았다'는 것이었습니다. 그 여자가 돌아오자 그가 바로 방금 농을 걸었던 그 여인이었던 것입니다. 부부는 서로 부끄러워하다가 그 처는 그만 기수沂水에 가서 빠져 죽고 말았습니다. 그런데 지금의 추호는 옛날의 그 추호가 아닙니다.

또 옛날 노나라에 두 명의 증삼曾參이 있었고, 조趙나라에는 똑같은 이름의 모수毛遂가 둘이 있었습니다. 남쪽에 살던 증삼이 사람을 죽여 체포되자 어떤 사람이 북쪽에 사는 증삼의 어머니에게 잘못 알렸고, 야인野人 모수란 자가 우물에 빠져 죽자 객客이 이를 잘못 알고 평원군平原君에게 알렸습니다. 그러자 평원군은 '아! 하늘이 나를 버렸구나!'라고 탄식하였습니다. 이윽고 그가 전혀 다른 모수라는 것을 알게 되었습니다. 그러니 어찌 옛날 동명이인인 다른 추호가 예에 어긋난 짓을 하였다고 지금 추호의 혼례를 끊을 수 있겠습니까? 사물은 진실로 비슷하지만 전혀 다른 경우가 있습니다. 옥玉 중에 다듬지 않은 원석原石을 '박璞'이라 하며 말리지 않은 쥐 고기도 역시 '박璞'이라 부릅니다. 그 달의 초하루를 '삭朔'이라 하고 수레의 주목輈木도 역시 '삭朔'이라 합니다. 이름은 같지만 그 실질은 다른 것이니 마땅히 잘 변별해야 할 것입니다."

杜陵秋胡者, 能通尚書, 善爲古隷字, 爲翟公所禮, 欲以兄女妻之. 或曰:「秋胡已經娶而失禮, 妻遂溺死, 不可妻也.」馳象曰:「昔魯人秋胡, 娶妻三月而遊宦三年, 休, 還家, 其婦採桑於郊, 胡至郊而不識其妻也, 見而悅之, 乃遺黃金一鎰. 妻曰:『妾有夫, 遊宦不返, 幽閨獨處, 三年于玆, 未有被辱如今日也.』採不顧. 胡慚而退, 至家, 問家人妻何在. 曰:『行採桑於郊, 未返.』旣還, 乃向所挑之婦也. 夫妻並慚. 妻赴沂水而死. 今之秋胡, 非昔之秋胡也. 昔魯有兩曾參, 趙有兩毛遂. 南曾參殺人見捕, 人以告北曾參母. 野人毛遂墜井而死, 客以告平原君, 平原君曰:『嗟乎, 天喪予矣!』旣而知野人毛遂, 非平原君客也. 豈得以昔之秋胡失禮, 而絶婚今之秋胡哉? 物固亦有似之而非者. 玉之未理者爲璞, 死鼠未臘者亦爲璞; 月之旦爲朔, 車之輈亦謂之朔, 名齊實異, 所宜辨也.」

【杜陵】 옛날의 縣 이름. 032 참조.

【古隷】 隷書. 漢代에 성행하던 통용 문자.

【翟公】 西漢 때의 下邽人. 廷尉를 지냄.

【馳象】 人名. 자세한 사적은 알 수 없음.

【鎰】 화폐나 금을 세는 단위. 20兩(혹은 24兩)을 1鎰로 함.

【沂水】 山東에서 발원하여 江蘇로 흘러드는 물.

【秋胡】 인명. 同名異人. 여기서 고대 아내를 희롱한 내용은 《列女傳》에도 실려 있으며 뒤에 그를 애도한 〈秋胡行〉이라는 賦가 있음.

【曾參】 (B.C.505~B.C.536) 자는 子輿. 춘추시대 魯나라 사람으로 孔子의 제자. '曾參殺人'의 고사를 남김.

【毛遂】 전국시대 平原君의 食客. '毛遂自薦', '囊中之錐', '穎脫而出' 등의 고사를 남김. 《史記》 平原君列傳 참조.

【璞】 《戰國策》 秦策(三)에 실려 있는 고사. '璞'은 '朴', '樸'으로도 씀. 음을 그대로 적은 것.

【朔】 구체적인 典故는 알 수 없음.

⊂ 참고 및 관련 자료 ⊃

1. 명실과 우연의 일치에 대한 문제를 토론한 것임.

2. 《列女傳》 卷9 「魯秋潔婦」 068(5-9)

潔婦者, 魯秋胡子妻也. 旣納之五日, 去而宦於陳, 五年乃歸. 見路旁婦人採桑, 秋胡子悅之, 下車謂曰:「若曝採桑, 吾行道遠, 願託桑蔭下飡下齎休焉.」 婦人採桑不輟. 秋胡子謂曰:「力田不如逢豐年, 力桑不如見國卿; 吾有金, 願以與夫人.」 婦人曰:「嘻! 夫採桑力作, 紡績織絍, 以供奉衣食, 奉二親, 養夫子, 吾不願金. 所願卿無有外意, 妾亦無淫泆之志. 收子之齎與笥金.」 秋胡子遂去. 至家, 奉金遺母, 使人喚婦至, 乃嚮採桑者也. 秋胡子慚. 婦曰:「子束髮修身, 辭親往仕, 五年乃還, 當所悅馳驟, 揚塵疾至, 今也, 乃悅路旁婦人, 下子之裝, 以金予之, 是忘母也. 忘母不孝, 好色淫泆, 是汚行也. 汚行不義. 夫事親不孝, 則事君不忠; 處家不義, 則治官不理, 孝義並亡, 必不遂矣. 妾不忍見, 子改娶矣, 妾亦不嫁.」 遂去而東走, 投河而死. 君子曰:「潔婦精於善. 夫不孝莫大於不愛其親而愛其人, 秋胡子有之矣.」 君子曰:「見善如不及, 見不善如探湯, 秋胡子婦之謂也.」 詩云:

「惟是褊心, 是以爲刺.」此之謂也. 頌曰:「秋胡西仕, 五年乃歸. 遇妻不識, 心有淫思. 妻執無二, 歸而相知. 恥夫無義, 遂東赴河.」

3.《戰國策》秦策(二) (064)

昔者, 曾子處費, 費人有與曾子同名族者而殺人, 人告曾子母曰:「曾參殺人.」曾子之母曰:「吾子不殺人.」織自若. 有頃焉, 人又曰:「曾參殺人.」其母尚織自若也. 頃之, 一人又告之曰:「曾參殺人.」其母懼, 投杼踰牆而走. 夫以曾參之賢, 與母之信也, 而三人疑之, 則慈母不能信也.

4.《史記》卷71 樗里子甘茂列傳

昔曾參之處費, 魯人有與曾參同姓名者殺人, 人告其母曰:「曾參殺人.」其母織自若也. 頃之, 一人又告之曰:「曾參殺人.」其母尚織自若也. 頃又一人告之曰:「曾參殺人.」其母投杼下機, 踰牆而走. 夫以曾參之賢與其母之信也, 三人疑之, 其母懼焉.

5.《史記》卷76 平原君虞卿列傳 참조. 同名異人의 毛遂가 죽어 平原君이 탄식하였다는 고사는 실려 있지 않음.

6.《戰國策》秦策(三) (087)

應侯曰: 鄭人謂玉未理者璞, 周人謂鼠未腊者朴. 周人懷璞過鄭賈曰:「欲買朴乎?」鄭賈曰:「欲之.」出其朴, 視之, 乃鼠也. 因謝不取. 今平原君自以賢, 顯名於天下, 然降其主父沙丘而臣之. 天下之王尚猶尊之, 是天下之王不如鄭賈之智也, 眩於名, 不知其實也.

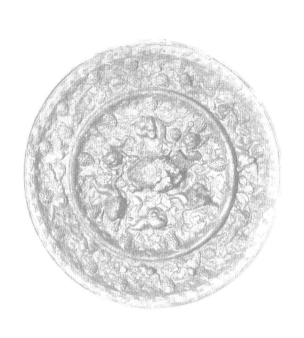

부 록

I. 西漢時代의 世系表

II.《西京雜記》序・題・跋

    (1)〈西京雜記跋〉晉, 葛洪

    (2)〈西京雜記序〉明, 黃省曾

    (3)〈刻西京雜記序〉明, 孔天胤

    (4)〈西京雜記序〉明, 柯茂竹

    (5)〈西京雜記跋〉明, 毛晉

    (6)〈新雕西京雜記緣起〉清, 盧文弨

III.《西京雜記》歷代 著錄

    (1)《隋書》經籍志

    (2)《舊唐書》經籍志

    (3)《新唐書》藝文志

    (4)《郡齋讀書志》宋, 晁公武

    (5)《直齋書錄解題》宋, 陳振孫

    (6)《宋史》藝文志

    (7)《四庫全書總目提要》清, 紀昀

    (8)《愛日精廬藏書志》清, 張金吾

    (9)《善本書室藏書志》清, 丁丙

    (10)《抱經樓藏書志》清, 沈德壽

    (11)《皕宋樓藏書志》清, 陸心源

    (12)《藏園群書經眼錄》傅增湘

    (13)《四庫提要辨證》余嘉錫

IV.〈四庫全書〉《西京雜記》

I. 西漢時代의 世系表

西漢世系表
(B.C. 202~A.D. 8)

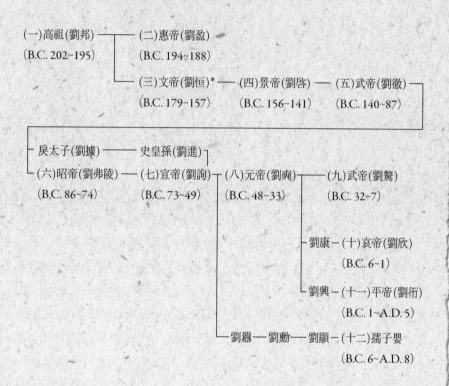

(一)高祖(劉邦) ── (二)惠帝(劉盈)
(B.C. 202~195)　　(B.C. 194~188)

　　　　　　 ── (三)文帝(劉恒)* ── (四)景帝(劉啓) ── (五)武帝(劉徹) ──
　　　　　　　　(B.C. 179~157)　　(B.C. 156~141)　　(B.C. 140~87)

── 戾太子(劉據) ── 史皇孫(劉進) ──
── (六)昭帝(劉弗陵) ── (七)宣帝(劉詢) ── (八)元帝(劉奭) ── (九)武帝(劉驁)
　　(B.C. 86~74)　　(B.C. 73~49)　　(B.C. 48~33)　　(B.C. 32~7)

　　　　　　　　　　　　── 劉康 ── (十)哀帝(劉欣)
　　　　　　　　　　　　　　　　(B.C. 6~1)

　　　　　　　　　　　　── 劉興 ── (十一)平帝(劉衎)
　　　　　　　　　　　　　　　　(B.C. 1~A.D. 5)

　　　　── 劉囂 ── 劉勳 ── 劉顯 ── (十二)孺子嬰
　　　　　　　　　　　　　　　　(B.C. 6~A.D. 8)

* 文帝 즉위 전 B.C. 187~180년의 8년간은 呂后의 집정시기이다.

Ⅱ.《西京雜記》序·題·跋

(1) 〈西京雜記跋〉 ···················· 晉, 葛洪

洪家世有劉子駿《漢書》一百卷, 無首尾題目. 但以甲乙丙丁紀其卷數, 先公傳之, 歆欲撰《漢書》, 編錄漢事, 未得締構而亡. 故書無宗本, 止雜記而已. 失前後之次, 無事類之辨. 後好事者以意次第之, 始甲·終癸爲十帙, 帙十卷, 合爲百卷. 洪家具有其書. 試以此記考校班固所作, 殆是全取劉書, 有小異同耳. 并固所不取, 不過二萬許言. 今抄出爲二卷, 名曰《西京雜記》, 以裨《漢書》之闕. 爾後洪家遭火, 書籍都盡. 此兩卷在洪巾籍中, 常以自隨, 故得猶在. 劉歆所記, 世人希有, 縱復有者, 多不備. 足見其首尾參錯, 前後倒亂, 亦不知何書. 罕能全錄, 恐年代稍久. 歆所撰遂沒, 并洪家此書二卷不知出所, 故序之云爾. 洪家復有《漢武帝禁中起居注》一卷·《漢武故事》二卷, 世人希有之者. 今并五卷爲一帙, 庶免淪沒焉.

(2) 〈西京雜記序〉 ···················· 明, 黃省曾

漢之西京, 惟固書爲該練, 非固之能爾, 爾其所資者贍也. 仲尼約之魯書, 馬遷鳩諸國史, 因本而成, 在古皆然也. 暇得葛洪氏《西京雜記》讀之, 云爲劉子駿所撰, 以甲乙第次百卷, 考比固作, 殆是全取劉書, 有小異同耳. 洪又鈔集固不錄者二萬許言, 命曰《西京雜記》. 予於是知固之《漢書》, 蓋根起於子駿也. 乃溯憶其所不錄之故, 大約有四, 則猥瑣可略, 閑漫無歸, 與夫杳昧而難憑, 觸忌而須諱者也. 其猥瑣者, 則霍妻遺衍之類是也. 其閑漫者, 則林異植之類是也. 其杳昧者, 則宣獄佩鏡·秦庫玉燈之類是也. 而其觸忌者, 則慶郎·趙后之類是也. 凡若此者, 被金置沙, 法所刪棄矣. 至於乘輿大駕, 儀在典章; 鮑·董問對, 言關理奧, 亦皆擯落而無采, 宜書而不書者, 何也? 豈不幸存於《雜記》歟? 但今所傳且失其半, 又非洪之故簡矣. 嗚呼! 後代之有, 安得如子駿者, 遐收滙集, 以待班固者出歟? 誠爲史家之一慨也. 吳郡黃省曾撰, 嘉靖十三年(1534)二月四日.(《漢魏叢書》本卷首)

(3) 〈刻西京雜記序〉 ······················ 明, 孔天胤

《西京雜記》以記漢故事名, 本敍謂是劉歆所編錄, 歆多聞博綜, 故所述經奇. 今關中固漢西京也. 鴻人達士, 慕漢之盛, 弔古登高, 往往嘆陵谷之變遷, 傷文獻之闕絶, 或得斷碑殘礎, 片簡只字, 云是漢者, 郎欣睹健羨, 如獲琪璧, 且且亟爲表識, 恐復湮滅, 好古之信也. 乃若此書所存, 言宮室苑囿, 輿服典章, 高文奇技, 瓌行偉才, 以及幽鄙而不涉滛怯, 爛然如漢之所極觀, 實盛稱長安之舊制矣. 故未央·昆明·上林之記, 詳於郡史; 卿·雲辭賦之心, 闕於本傳; 《文本》等八賦, 雅麗獨陳; 《雨雹對》一篇, 天人茂著. 餘如此類, 遍難悉數, 然以之考古, 豈不炯覽巨麗哉? 緣其書罕敷傳, 故關中稱多固圖籍, 亦獨闕之, 餘携有舊本在巾笥中, 會左史百川張公下車宣條, 敦修古藝憲之事, 余因出其書商之, 遂命工鋟鋅, 置省閣中, 以存舊而廣傳, 不知好古者視之果如何也? 嘉靖壬子(1552)夏四月上日河汾孔天胤識.

(《四部叢刊》影印明嘉靖孔天胤《西京雜記》本卷首)

(4) 〈西京雜記序〉 ····················· 明, 柯茂竹

昔太史公約《國語》·《戰國策》諸籍作《史記》, 然諸籍不以故弗存. 顧班史一成, 而劉子駿《漢書》遂廢, 獨葛稚川家有之, 乃於班氏所不著錄者掇爲《西京雜記》云. 余讀之, 耽其藻質而忘其俶詭, 東方朔之全乳哺, 是諷諫之術也; 齊賀之讓次卿, 是微巧之防也; 司馬長卿之論賦, 是文心之秘也; 董生之對鮑敞, 是天人之微也. 若此類, 班皆遺之, 亡其病班乎? 曰: 史尙簡嚴, 班史猶然繁也, 誠嚴, 卽遺奚病? 然則《雜記》非駢之與? 曰: 《雜記》見班史之本也, 美物者依其本, 乃自昔貴之矣.

(《秦漢圖記》本)

(5) 〈西京雜記跋〉 ····················· 明, 毛晉

卷末記洪家有劉子駿書百卷, 先公傳之云云, 按所謂先公者, 歆之於向也. 而《館閣書目》以爲洪父傳之, 非是. 陳氏云: "未必是洪作." 晁氏云: "江左人

以爲吳均依托爲之." 俱未可考: 至若邇來坊刻劉歆撰, 抑可笑矣. 據《唐書》藝文志亦只二卷, 今六卷, 後人所分也. 余喜其記書眞雜, 一則一事, 錯出別見, 令閱者不厭其小碎重疊云.

《津逮秘書》本·《學津討原》本）

(6) 〈新雕西京雜記緣起〉‥‥‥‥‥‥‥‥‥ 淸, 盧文弨

乾隆丙午(1786)之歲, 爲同年謝少宰東墅校梓《荀子》, 旣竣, 計剞劂之直, 尙剩絡數金, 思小書可以易訖工者, 有向來所校《西京雜記》, 因以授之. 費尙不足, 鍾山諸子從余游者率資爲助, 而工始完. 始余所欲校梓者, 以漢魏爲限斷. 今此書或以爲晉葛洪者, 或以爲梁吳均爲撰, 而何梓爲? 余則以此漢人所記無疑也. 《說苑》·《新序》, 其書皆在劉向前, 向校而傳之, 後人因名二書爲劉向著. 今此書之果出於歆, 別無可考, 卽當以葛洪之言爲據, 洪非不能自著書者, 何必假名於歆? 書中稱"成帝好蹴踘, 群臣以爲非至尊所宜, 家君作彈棋以獻." 此歆謂向家君也. 洪奈何以一小書之故, 至不憚父人之父, 求以取信於世也邪? 若吳均者, 亦通人, 其著書甚多, 皆見於《梁書》本傳. 知其亦必不屑托名於劉歆, 且其文卽俊拔有古氣, 要未可與漢西京埒, 則其不出於均又明甚. 《隋書》經籍志載此書於舊事篇, 不著姓名. 新舊《唐書》始題葛洪, 且入之地理類, 似全未寓目也. 夫冠以葛洪, 以洪鈔而傳之, 猶《說苑》·《新序》之稱劉向, 固亦無害, 其文則非洪所自撰. 凡虛文可以僞爲, 實事難以空造, 如梁王之集游士爲賦, 廣川王之發冢藏所得, 豈皆虛邪? 至陳振孫疑向·歆父子不聞作史, 此又不然. 歷朝撰造, 哀然成編, 所云百卷, 特前史官之舊, 向傳之歆, 歆欲編錄而未成, 其見於洪之序者如此. 本不謂其父子皆嘗作史也. 洪以爲本之劉歆, 則吾亦從而劉歆之耳, 于何疑焉? 諸子樂於成美, 且預校勘之勞, 今具列姓名於左方. ‥‥‥余貲卽雕《群書拾補》.

《抱經堂叢書》本）

Ⅲ.《西京雜記》歷代 著錄

(1)《隋書》經籍志

《西京雜記》二卷. (史部舊事類)

(2)《舊唐書》經籍志

《西京雜記》一卷. 葛洪撰. (史部故事類, 地理類)

(3)《新唐書》藝文志

葛洪《西京雜記》二卷. (史部故事類, 地理類)

(4)《郡齋讀書志》·················· 宋, 晁公武

《西京雜記》二卷. 晉葛洪撰. 初《序》焉洪家有劉子駿《漢書》百卷, 乃當時欲撰史, 錄事而未得締思, 無前後之次, 雜記而已. 後學者始甲乙之, 終癸爲十卷, 以其書校班史, 殆全取劉書耳. 所餘二萬許言, 乃鈔撮之, 析二篇, 以裨《漢書》之闕, 猶存甲乙衰次, 江左人或以吳均依托爲之.

(卷二上 史部 雜史類)

(5)《直齋書錄解題》·················· 宋, 陳振孫

《西京雜記》六卷. 晉句漏令丹陽葛洪稚川撰. 其卷末言洪家有劉子駿書百卷, 先父傳之. 歆欲撰《漢書》, 雜錄漢事, 未及而亡. 試以此記考校班固所作, 殆是全取劉書, 少有異同耳. 固所不取, 不過二萬餘言, 今鈔出爲二卷, 以裨《漢書》之闕. 所謂先父者, 歆之於向也, 而《館閣書目》以爲洪父傳之, 非是. 唐《藝文志》亦只二卷, 今六卷者, 後人分之也. 按班博聞深學, 江左絶倫, 所著書幾五百卷. 本傳具載其目, 不聞有此書, 而向·歆父子亦不聞嘗作史傳於世, 使班固有所因述, 亦不應全沒不著也. 殆有可疑者, 豈惟非向·歆所傳, 亦未必洪之作也.

(卷七 傳記類)

(6)《宋史》藝文志

葛洪《西京雜記》六卷. (傳記類)

(7)《四庫全書總目提要》⋯⋯⋯⋯⋯⋯⋯⋯ 清, 紀昀

《西京雜記》六卷. 舊本題晉葛洪撰, 洪有《肘後備急方》, 已著錄. 黃伯思《東觀餘論》稱"此書中事, 皆劉歆所說, 葛稚川采之. 其稱'余'者, 皆歆本文"云云. 今檢書後有洪跋, 稱其家"有劉歆《漢書》一百卷. 考校班固所作, 殆是全取劉氏, 有小異同, 固所不取. 不過二萬許言. 今鈔出爲二卷, 名曰《西京雜記》, 以補《漢書》之闕"云云. 伯思所說, 蓋據其文, 案《隋書》經籍志載此書二卷, 不著撰人名氏. 《漢書》匡衡傳顏師古注稱"今有《西京雜記》者, 出於里巷", 亦不信作著爲何人. 至段成式《酉陽雜俎》廣動植篇, 始載葛稚川就上林令魚泉問草木名, 今在此書第一卷中. 張彥遠《歷代名畫記》載毛延壽畫王昭君事, 亦引爲葛洪《西京雜記》, 則指爲葛洪者, 實其於唐. 故《舊唐書》經籍志載此書, 遂注曰: 晉葛洪撰. 然《酉陽雜俎》語資篇別載庾信作詩用《西京雜記》事, 旋自追改曰: "此吳均語, 恐不足用." 晁公武《讀書志》亦稱"江左人或以爲吳均依托", 蓋卽據成式所載庾信語也. 今考《晉書》葛洪傳, 載洪所著有《抱朴子》·《神仙》·《良吏》·《集異》等傳, 《金匱要方》·《肘後備急方》幷諸雜文, 共五百餘卷, 幷無《西京雜記》之名, 則作洪撰者, 自屬舛誤, 特是向·歆父子作《漢書》, 史無明文. 而以此書所紀, 與班書參校, 又往往錯互不合. 如《漢書》載文帝以代王卽位, 而此書乃云文帝爲太子. 《漢書》載廣陵王胥·淮南王安幷謀逆自殺, 而此書乃云胥格猛獸, 陷脰死, 安與方士俱去. 《漢書》楊王孫傳卽以王孫爲名, 而此書乃云名貴, 似是故謬其事, 以就洪《跋》中小有異同之文. 又歆始終臣莽, 而此書載吳章被誅事, 乃云章後爲王莽所殺, 尤不劉歆誣. 又《漢書》匡衡傳"匡鼎來"句, 服虔訓'鼎'爲'當', 應劭訓'鼎'爲'方'. 此書亦載是語, 而以鼎爲匡衡小名. 使歆先有此說, 服虔·應劭皆後漢人, 不容不見, 至葛洪乃傳, 是以陳振孫等皆深以爲疑. 然庾信指爲吳均, 別無他證, 段成式所述信語, 亦未見於他書, 流傳旣久, 未可遽更. 今故從原跋, 兼題劉歆·葛洪姓名, 以存其舊. 其書諸志皆作二卷, 今作六卷. 據《書錄解題》, 蓋宋人所分, 今亦仍之. 其中所述, 雖多爲小說家言, 而摭采繁富, 取材不竭. 李善注

《文選》, 徐堅作《初學記》已引其文, 杜甫詩用事謹嚴, 亦多采其語, 詞人沿用數百年, 久成故實, 固有不可遽廢者焉.

(卷140 子部小說家類一)

(8)《愛日精廬藏書志》·················· 清, 張金吾

《西京雜記》二卷(明活字本). 晉丹陽葛洪字稚川集.

(卷二十七 子部小說類)

(9)《善本書室藏書志》·················· 清, 丁丙

《西京雜記》六卷(明萬曆陝西布政司刊本), 丹陽葛洪稚川集. 前有萬曆乙亥(1575)莆柯茂竹堯叟序: "昔太史公約《國語》·《戰國策》諸史籍作記, 然諸籍不以故弗傳. 顧班史一成, 而劉子駿《漢書》遂廢, 獨葛稚川家有之, 乃於班氏所不錄者, 掇爲《西京雜記》." 幷列嘉靖十三年(1534)黃省曾序云: "暇得葛洪氏《西京雜記》讀之, 云爲劉子駿所撰. 以甲乙第次百卷. 又鈔班固所不錄者二萬許言." 殆皆本於洪之後序爾. 原本二卷, 今作六卷, 據《書錄解題》, 蓋宋人所分. 此萬曆壬寅(1602)陝西布政司重刊, 後盧氏抱經堂校定本直題漢劉歆撰, 引書中稱"成帝好蹴踘, 群臣以爲非至尊所宜, 家君作彈棋以獻" 以歆謂向爲家君也爲證, 洵讀書得間者矣.

(卷二十一 子部十一)

⑽《抱經樓藏書志》·················· 清, 沈德壽

《西京雜記》二卷(抄本). 晉丹陽葛洪稚川集.

〈西京雜記跋〉 晉, 葛洪

洪家世有劉子駿《漢書》一百卷, 無首尾題目. 但以甲乙丙丁紀其卷數. 先公傳之, 歆欲撰《漢書》, 編錄漢事, 未得締構而亡. 故書無宗本, 止雜記而已. 失前後之次, 無事類之辨. 後好事者以意次第之, 始甲終癸爲十帙, 帙十卷, 合爲百卷. 洪家具有其書. 試以此記考校班固所作, 殆是全取劉氏, 有小異同耳. 幷固所不取, 不過二萬許言. 今抄出爲二卷, 名曰《西京雜記》, 以裨《漢書》之闕. 爾後洪家遭火, 書籍都盡. 此兩卷在洪巾籍中, 常以自隨, 故得猶在. 劉歆所記, 世人希有, 縱復

有者, 多不備足. 見其首尾參錯, 前後倒亂, 亦不知何書. 罕能全錄, 恐年代稍久.
歆所撰遂沒, 并洪家此書二卷不知出所, 故序之云爾. 洪家復有《漢武帝禁中起
居注》一卷·《漢武故事》二卷, 世人希有之者. 今并五卷爲一帙, 庶免淪沒焉.

(卷四十六 子部 小說類一)

⑾《皕宋樓藏書志》⋯⋯⋯⋯⋯⋯⋯⋯⋯ 清, 陸心源

《西京雜記》二卷(舊抄本). 晉丹陽葛洪稚川集.

〈西京雜記跋〉 晉, 葛洪

　洪家世有劉子駿《漢書》一百卷, 無首尾題目. 但以甲乙丙丁紀其卷數, 先公傳之,
歆欲撰《漢書》, 編錄漢事, 未得締構而亡. 故書無宗本, 止雜記而已. 失前後之次,
無事類之辨. 後好事者以意次第之, 始甲終癸爲十帙, 帙十卷, 合爲百卷. 洪家具
有其書. 試以此記考校班固所作, 殆是全取劉氏, 有小異同耳. 并固所不取, 不過
二萬許言. 今抄出爲二卷, 名曰《西京雜記》, 以裨《漢書》之闕. 爾後洪家遭火,
書籍都盡. 此兩卷在洪巾籍中, 常以自隨, 故得猶在. 劉歆所記, 世人希有, 縱復
有者, 多不備足. 見其首尾參錯, 前後倒亂, 亦不知何書. 罕能全錄, 恐年代稍久.
歆所撰遂沒, 并洪家此書二卷不知出所, 故序之云爾. 洪家復有《漢武帝禁中起
居注》一卷·《漢武故事》二卷, 世人希有之者. 今并五卷爲一帙, 庶免淪沒焉.

(卷四十六 子部 小說類一)

⑿《藏園群書經眼錄》⋯⋯⋯⋯⋯⋯⋯⋯⋯ 傅增湘

　○《西京雜記》六卷(題晉葛洪撰). 明嘉靖沈與文野竹齋刊本, 十一行二
十字. 第六卷尾有"吳郡沈與文野竹齋校勘飜雕". 二行.(丁巳歲文德堂見)

　○《西京雜記》六卷(題晉葛洪撰) 明嘉靖三十一年(1552)關中官署刊本. 十一
行二十字, 前有嘉靖三十一年壬子(1552)孔天胤刊書序. 據序乃天胤以舊本付左
使百川張公刻於關中官署者. 此本爲天一閣佚出之書. 余甲寅秋獲之南中.

　○《西京雜記》六卷(題晉葛洪撰) 舊寫本. 十行二十字. 失名人以朱筆校過,
爲據汲古閣鈔本. 吳志忠復以《稗海》校一遍.(涵芬樓藏書. 己未)

(卷九 子部 三)

⑬《四庫提要辨證》⋯⋯⋯⋯⋯⋯⋯⋯ 余嘉錫

《隋志》不著撰人名氏者，蓋以爲此系葛洪所抄，非所自撰，故不題其名。唐人之指爲葛洪者，卽據書後洪自序，非臆說也。顏師古不信其說，故以爲出於里巷耳。宋晁伯宇《續談助》卷一《洞冥記》後引張柬之之言云：“昔葛洪造《漢武內傳》·《西京雜記》，虞義造《王子年拾遺錄》，王儉造《漢武故事》，幷操觚鑿空，恣情迂誕，以學者耽閱，以廣聞見，亦各其志，庸何傷乎？”柬之此文，專爲辨僞而作，而確信爲葛洪所造。《史通》雜述篇曰：“國史之任，記事記言，視聽不該，必有遺逸。於是好奇之士，補其所亡，若和嶠《汲冢紀年》·葛洪《西京雜記》，此之謂逸事者也。”是則指爲葛洪者，幷不只於段成式·張彥遠。（《續談助》，修《四庫書》時未見。）

《書錄解題》卷七云：“按洪傳聞深學，江左絕倫，所著書幾五百卷，本傳具載其目，不聞有此書。豈惟非向·歆所傳，亦未必洪之作也。”《提要》謂作洪撰者爲舛誤，蓋本於此。今考《抱朴子》外篇〈自序〉云：“凡著內篇二十卷，外篇五十卷，碑·頌·詩·賦百卷，軍書·檄·移·章表，箋記三十卷。又撰俗所不列者爲《神仙傳》十卷。又撰故向不仕者爲《隱逸傳》十卷。又抄五經·七史·百家之言·兵事·方伎·短雜·奇要三百一十卷。別有目錄。”《晉書》本傳亦云：“又抄五經·《史》·《漢》·百家之言·方伎·雜史三百一十卷。”卽用自敍之語，洪既嘗抄百家及短雜·奇要之書，則此書據洪自稱，亦是從劉歆《漢書》中抄出，安見不在三百一十卷之中？特因別有目錄，自敍不載其篇名，本傳遂承之耳。且多至三百餘卷，其書當有數十種，既非切要，而必臚列不遺，史家亦無此體，未可遽執本傳所無，遂謂非洪所作也。《冊府元龜》卷五百十五曰：“葛洪選爲散騎常侍，領大著作，固辭不就，撰《神仙傳》十卷·《西京雜記》一卷。”《元龜》之例，止采經史諸子及歷代類書，不取異端小說。(見《玉海》卷五十四。) 其言葛洪撰《西京雜記》，必別有本，可補本傳闕矣。

黃伯思《東觀餘論》卷下云：“此書中事，皆劉歆所記，葛稚川采之。其稱余者，皆歆本語。中有歆所記草木名，而段柯古作《酉陽》書，乃云稚川就上林令虞淵得朝臣所上草木名，非也。蓋段誤以歆自稱余爲稚川耳。又按《晉史》，葛未賞至長安，而晉官但有華林令而無上林令，其非稚川，決也。柯古博洽，時罕儔，猶舛

謬如此.”此所辨但謂書中稱'余', 是劉歆而非葛洪耳, 未賞言其爲也. 而姚際恒作
《古今僞書考》引《餘論》之說, 去其葛稚川采之劉歆之言及駁成式數語, 斷章
取義, 以證非葛洪所作(見卷二), 殆幾於不通文義, 其舛謬又去成式下遠甚.
(今人顧實重考《古今僞書考》, 於此條尙未能致辨.) 際恒《僞書考》負盛名, 而其學
實淺陋, 大抵如此. 程大昌《演繁露》卷十二云: “《西京雜記》所記制度, 多班固
所無, 又其文氣嫵媚, 不能古勁, 疑卽葛洪爲之.” 黄伯思·程大昌二人, 在南·
北宋間考證頗爲不苟, 均信爲葛洪所作, 然則未可據晁·陳二家之語便斷其僞也.

《書錄解題》云: “向·歆父子, 亦不聞其嘗作史傳於世. 使班固有所因述,
亦不應全沒不著也.” 《提要》本此而推衍之. 余考《文選》潘安仁《西征賦》云:
“長卿·淵·雲之文, 子長·政·駿之史.” 以政·駿與司馬子長幷言, 稱之爲史,
似劉向父子曾續《太史公序》, 然李善注只引《漢書》: “向著《疾讒》·《摘要》·
《救危》及《世頌》凡八篇, 又著《五行傳》·《列仙傳》·《新序》·《說苑》. 歆著
《七略》.” 幷不言別有史書. 至《史通》〈正史篇〉云: “《史記》所書年止漢武, 太初
已後, 闕而不錄. 其後劉向之子歆及諸好事者, 若馮商·衛衡·揚雄·史岑·
梁審·肆仁·晉馮·段肅·金丹·馮衍·韋融·蕭備·劉恂等相次撰續, 迄於哀·
平間, 猶名《史記》.”

《後漢書, 班彪傳》云: “武帝時司馬遷著《史記》, 自太初以後, 闕而不錄.
後好事者, 頗或綴集時事, 然多鄙俗, 不足以踵繼其書.” 注云: “好事者, 謂揚雄·
劉歆·陽城衡·褚少孫·史孝山之徒也.”

劉知幾與章懷所敍續《史記》之人, 互有不同, 而皆有劉歆. 是唐人相傳,
有此一說. 然不知其所本, 竊意向·歆縱嘗作史, 亦不過如馮商之續《太史公》,
成書數篇而已.(商書見《漢志》, 僅七篇.) 使如洪序所言, 歆所作《漢書》已有
一百卷, 則馮衍爲後漢人, 晉馮·殷肅(注云: 固集作段肅.)幷與班固同時, (固傳
載固奏記東平王蒼, 嘗薦此二人.) 何以尙須續作, 洪序云: “考校班固所作, 殆是
全取劉書.” 此又必無之事. 班固於太初以前, 全取《史記》, 又用其父班彪所作
後傳數十篇, 已不免因人成事, 若又采劉歆《漢書》一百卷, 則固殆無一字,
何須潛精積思至二十餘年之久, 永平中受詔至建初中乃成乎? 若果如此, 則當
世何爲甚重其書, 學者莫不諷誦,(見本傳.) 至於專門受業, 與五經相亞耶?
(見《史通》正史篇.) 《史通》采撰篇曰: “班固《漢書》, 太初已後, 又雜引劉氏

《新序》·《說苑》·《七略》之辭，此并當代雅言，事無邪僻，故能取信一時，擅名千載.” 然則《漢書》之采自劉氏父子者，僅《新序》·《說苑》·《七略》中之記漢事者而已. 與李善《文選注》正合，未嘗有所謂劉歆《漢書》也. 且諸家續《太史公書》，雖迄哀·平，然是前後相繼，不出一人. 至班彪所作後傳，亦是起於太初以後，未有彌綸一代者.

《漢書》敍傳曰:“固以爲唐·虞·三代，世有典籍，漢紹堯運以建帝業，至於六世，史臣乃追述功德，私作本紀，編於百王之末，廁於秦·漢之間. 太初以後，闕而不錄. 故探纂前記，綴輯所聞，以述《漢書》. 起元高祖，終於孝平王莽之誅.”

是《漢書》者，固所自名. 繼代爲書，亦固所自創. 今洪序乃謂劉歆所作，已名《漢書》，是并《敍傳》所言，亦出於劉歆之意，而固竊取之矣. 此必無之事也. 況文帝以代王即位，明見《史記》，此何等大事，豈有傳訛之理? 劉歆博極群書，以漢人敍漢事，何至誤以文帝爲太子?(見卷三) 故葛洪序中所言劉歆《漢書》之事，必不可信. 蓋依託古人以自取重耳.

至其中間所敍之事，與《漢書》錯互不合，有不僅如《提要》所云者. 明焦竑《筆乘》續集卷三云:“《西京雜記》是後人假託爲之. 其言高帝爲太上皇思樂故豐，放寫豐之街巷屋舍，作之櫟陽，冀太上皇見之如豐然，故曰新豐. 然《史》記漢十年，太上皇崩，諸侯來送葬，命酈邑曰新豐. 是改酈邑爲新豐，在太上皇既葬之後，與《雜記》所言不同.” 此事與《史》·《漢》顯相剌謬，不僅小有異同矣. 然其事亦非葛洪所杜撰.

《文選》卷三十鮑明遠〈數詩〉注引《三輔舊事》曰:“太上皇思慕鄉里，高祖徙豐·沛商人，立爲新豐也.” 《隋志》地理類有《三輔故事》二卷，注云晉世撰，兩《唐志》故事類均有韋氏《三輔舊事》一卷，章宗源《隋書經籍志考證》卷六，據《後漢書》韋彪傳，帝類召彪入，問以三輔舊事禮儀風俗之語，以爲即彪所撰. 雖不知然否，然自是東晉以前古書，故葛洪得鈔入《雜記》也. 其他亦往往采自古書，初非全無所本者.

《抱朴子》自敍中記其求寫書之事甚悉，又云:“廣覽衆書，自正經諸史百家之言，下至短雜文章近萬卷.” 《晉書》本傳亦言其“博聞深洽，江左絕倫”. 所見既博，取材自多. 此書蓋即抄自百家短書，洪又以己意附會增益之，託言家藏劉歆漢史，聊作狡獪. 以矜奇炫博耳.

沈欽韓《漢書疏證》卷三十二云：「《西京雜記》，葛洪所序，其大駕鹵薄，雜入晉制，如枚·鄒諸賦，非閭巷所能造也。」

孫詒讓《札迻》卷十一亦云：「《西京雜記》確爲稚川所假托。」二人皆博學深思者，而其言如此，其必有所見矣。

陶宗儀《說郛》卷二十五（據涵芬樓排印明鈔本），鈔有梁殷芸《小說》二十四條，而其中引《西京雜記》者四條，與今本大體皆合，惟字句互有長短。考《梁書》芸傳云：「大通三年卒（大通三年十月，改元中大通，芸蓋卒芸十月以前），時年五十九。」而《文學》吳均傳云：「普通元年卒，時年五十二。」兩者相較，均雖此芸早死九年，而其年齒實止長於芸者二歲。二人仕同朝，同以博學知名，慮無不相識者。使此書果出爲吳均依托，芸豈不知，何至遽信爲古書，從而采入其著作中乎？是則段成式所敍庚信之語，固已不攻自破。況《雜俎》廣動植篇（卷十六），采《雜記》中"余就上林令虞淵得朝臣所上草木名"一條，仍稱爲葛稚川，是庚信之說，成式已自不信，奈何後人遽執此單文孤證，信以爲實哉？

孝慈銘《孟學齋日記》乙集上云：

《西京雜記》，托名劉歆所撰，葛洪所錄。論者謂實出梁吳均之手，其文字固不類西漢人，且序言班固《漢書》，全出於此。洪采班《書》所未錄者，得此六卷（案原序實作二卷），然其中如趙飛燕女弟昭陽殿一段·傅介子一段，又皆班書所已錄。稚川之言，固未可信。至謂出於吳均，則未必然。觀所載漢事，如殺趙隱王者爲東郭門外官奴，惠帝後腰斬之，而呂后不知。元帝以王昭君故，殺畫工毛延壽·陳敞·劉白·龔寬·陽望·樊育等。高賀誚公孫弘。……高祖爲太上皇作新豐，匠人吳寬所營（此事已爲焦竑所駁，李氏失考）。

匡衡勤學，穿壁引光，又從邑人大姓無文不識家傭作讀之，成帝好蹴踘，家君（源注：歆稱其父向）作彈棋以獻。王鳳五月五日生，楊王孫名貴，平陵曹敞在吳章門下，好斥人過，後獨收葬章尸。郭威·揚子雲及向·歆父子論《爾雅》實出周公。所記張仲孝友之類，後人所足。霍將軍妻一產二子，疑兄弟先後。廣川王去疾好聚無賴少年，發掘冢墓諸條。皆必出於兩漢故老所傳，非六朝人所能憑空僞造。又如輿駕·飲酎·穰水·家臣諸制，尤足補漢儀之闕。其一二佚事，亦可考證《漢書》，如衛青生子命曰騧，後改爲登，登卽封發干侯者。公孫洪著《公孫子》，言刑名事，今《漢志》有《公孫弘》十篇，此類皆是黃俞邰序，稱其'乘輿大駕，儀在典章；鮑·董問對，言關理奧'者，誠不誣也.

惟所載靡麗神怪之事，乃由後人添入，或出吳均所爲耳. 其顯然乖誤者，如云：'霍廣妻遺淳于衍蒲桃錦·散花綾·走珠等，爲起第宅，奴婢不可勝數.' 按《漢書》言衍毒許后，步見過顯相勞問，亦未敢重謝衍，且此時方有人上書告諸醫侍疾無狀，顯恐急，語光署衍勿論，豈有爲起第宅，厚相賂遺之理. 又云：'廣陵王胥爲獸所傷，陷腦而死.' 按《漢書》武五子傳，胥以祝詛事發覺，自縊死. 又云：'太史公遷作《景帝本紀》，極言其短及武帝之過，後坐舉李陵，下遷蠶室，有恐言，下獄死.' 按遷作《史記》，在遭李陵禍之後，《史記》·《漢書》俱有明文，《漢書》又言，遷被刑之後爲中書令，尊寵任職，故有報故人任安一書. 而云下獄死，紕繆尤甚. 若果出叔庠(吳均字)，則史言均好學；將著史以自名，欲撰《齊書》，從梁武帝借《齊起居注》及群臣行狀，帝不許，使撰《通史》，起三皇，訖齊代，均草本紀，世家已畢，惟列傳未就而卒.

又注范曄《後漢書》九十卷，著《齊春秋》二十卷，《廟記》十卷，《二十州記》十六卷，《錢塘先賢傳》五卷. 是叔庠固深於史學者，豈於《史記》·《漢書》轉未覆照，致斯舛誤乎？蓋由漢代神官記載傳訛致然，故歷代引用皆不能廢，其趙飛燕女弟居昭陽殿一條云：'砌皆同沓黃金塗.' 正可證今本《漢書》趙后傳作'切皆銅沓冒黃金塗.' '冒'字爲涉注文而衍者也."

按李氏論中紕繆之處，較《提要》尤詳. 以其說考之，益可證所謂劉歆《漢書》之僞妄. 其駁司馬遷未嘗下獄死，誠是. 然非《雜記》之誤，此乃衛宏《漢舊儀注》之文，見《太史公自序集解》(平津館本《漢舊儀》無此條)，葛洪鈔《舊儀》入《雜記》耳. 其上文言武帝置太史公位在丞相上(《雜記》作下)，亦《舊儀》之語(《漢書》司馬遷傳注及《御覽》職官部引，見平津館本補遺). 可見《雜記》是雜采諸書，托之劉歆，又可見其記事多有所本，不皆杜撰也. 至謂吳均深於史學，此書非其所作，亦爲有識.

然又謂所載靡麗神怪之事，或出吳均所爲，則未免儀違兩可. 余今證以殷芸所引，張柬之所考，知其書決非六朝人所能憑空僞造. 葛洪去漢不遠，又喜鈔短雜奇要之書，故能弄此狡獪. 蓋其書題爲葛洪者本不僞，而洪之依托劉歆則僞耳. 近人根據葛洪後序，證今之《漢書》出於劉歆，此則因欲功擊古文，不惜牽引僞書，其說蓋不足辯.

又案梁玉繩《瞥記》卷五云：“今所傳《西京雜記》二卷，或以爲葛洪撰，或以爲吳均僞撰，據洪序以爲本之劉歆，洪特抄而傳之．案《南史》齊武諸子傳，蕭賁著《西京雜記》六十卷，豈別一書耶？

王伯厚以爲賁依托，見《困學紀聞》十二．”余考《困學紀聞》云：“《國衡傳》注云：‘今有《西京雜記》，其書淺俗，出於里巷，多妄說．’段成式云：‘庾信作詩，用《西京雜記》事，自追改，曰此吳均語，恐不足用．’今案《南史》，蕭賁著《西京雜記》六十卷，然則依托爲書，不止吳均也．”

詳王氏語意，蓋謂吳均之外，又有蕭賁亦爲此書，故曰依托之書，不止吳均．未嘗謂今本題葛洪撰者，爲賁所依托，梁氏之言，非伯厚意．然古今書名相同者多矣，蕭賁雖生葛洪之後，彼自著一書，亦名《西京雜記》，既未題古人之名，則不得謂之依托，伯厚之說亦非也．

翁元圻注云：“卷數多寡懸殊，當另是一書”其說是矣．盧文弨《新雕〈西京雜記〉緣起》（見抱經堂本卷首）云：“《隋書》經籍志載此書於舊事篇，不著姓名．新・舊《唐書》始題葛洪，且入之地理類，似全未寓目也．夫冠以葛洪，以洪鈔而傳之，猶《說苑》・《新序》之稱劉向，固亦無害，其文則非洪所自撰．凡虛文可僞爲，實事難以空造．如梁王之集游士爲賦，廣川王之發冢藏所得，豈皆虛耶？”

此說亦善，盧氏又謂“書中稱成帝好蹴踘，群臣以爲非至尊所宜，家君作彈棋以獻，以歆稱向家君也．洪奈何以一小書之故，至不憚父人之父．”

余謂此必《七略》中兵書略《蹴踘新書》條下之文，洪鈔入之耳．《世說新語》巧藝篇注引傅玄《彈棋賦序》曰：“漢成帝好蹴踘，劉向以謂勞人體，竭人力，非至尊所宜御．乃因其體，作彈棋．”疑其亦本之於《別錄》，否則葛忽剟竊傅玄耳．此書固非洪所自撰，然是雜抄諸書，左右采獲，不專出於一家．如卷上云：“或問揚雄爲賦，雄曰：‘讀千首賦乃能爲之．’”此乃鈔桓譚《新論》之文（見《北堂書鈔》卷一百二・《藝文類聚》卷五十六・《意林》卷三引），以《新論》著於後漢，即托名劉歆，不欲引之，故不言桓譚問，而改爲或問．采摭之迹，顯然可見，盧氏必欲以葛洪之言爲據，信劉歆果有《漢書》一百卷，謂百卷特前史官之舊，歆欲編錄而未成，是猶未免爲洪所愚矣．

（卷十七　子部八　小說家類一）

Ⅳ. 〈四庫全書〉《西京雜記》

欽定四庫全書
子部
西京雜記卷一至六

詳校官侍講學士臣平恕

侍讀臣孫球覆勘

總校官庶吉士臣侍朝
校對官庶吉士臣陳墉
謄錄監生臣楊愈柳

欽定四庫全書
西京雜記
子部十二
提要
小說家類一 雜事之屬

臣等謹案西京雜記六卷舊本題晉葛洪撰
考黃伯思東觀餘論稱此書中事皆劉歆所
說葛稚川采之其稱餘者皆歆本文云今
檢書後有洪跋稱其家有劉歆漢書一百卷
考校班固所作殆是全取劉氏有小異同固

欽定四庫全書
西京雜記 提要

所不取不過二萬許言今鈔出為二卷名曰
西京雜記以補漢書之闕據此則其書乃劉
歆原本洪特鈔錄為二卷耳舊題洪撰者非
也此書初見於隋書經籍志者二卷本不著
撰人名氏漢書匡衡傳顏師古註稱今有西
京雜記者出於里巷亦不言作者為何人至
段成式酉陽雜俎廣動植篇始載葛稚川記
上林令虞淵閟尹卝木名今在此書第一卷中

則指為葛洪者實起於唐之中葉舊唐書經
籍志宋史藝文志遂直註作晉葛洪撰蓋沿
此說致悞而酉陽雜俎語資篇別載庾信作
詩用西京雜記事旋自追改曰此吳均語恐
不足用兆公武讀書志亦摭江左人或以為
吳均依記今考晉書葛洪傳載洪所著有抱
朴子神仙良吏集異等傳金匱方肘後備
急方並諸雜文共五百餘卷並無西京雜記
之名則此書決非洪所撰特其中所記與班
書参校往往錯互不合則小有異同之語洪
跋固自言之未足為疑也今蕪題劉歆葛洪
姓名以從核實其書諸志皆分今本作二卷
六卷據書錄解題盖宋人所分今亦仍之其
所纂述雖多為小說家言而採撫繁富取材
不竭李善注文選徐堅作初學記已引其文
杜甫詩隷事謹嚴亦多採其語詞人沿用數

百年久成故實固有足取者矣乾隆四十一
年七月恭校上

總纂官臣紀昀臣陸錫熊臣孫士毅

總校官臣陸費墀

西京雜記卷一

漢　劉歆　撰
晉　葛洪　輯

漢高帝七年蕭相國營未央宮因龍首山製前殿建北
闕未央宮周迴二十二里九十五步五尺街道周迴
七十里臺殿四十三其三十二在外其十一在後宮
池十三山六池一亦在後宮門闥凡九十五

武帝作昆明池欲伐昆明夷教習水戰因而於上游戲
養魚魚給諸陵廟祭祀餘付長安市賣之池周迴四
十里

漢制宗廟八月飲酎用九醞太牢皇帝侍祠以正月旦
作酒八月成名曰酎一日九醞一名醇酎

京師大水祭山川以止兩丞相御史二千石禱祠如求
雨法

天子筆管以錯寶為跗毛皆以秋兔之毫官師路扈為
之以雜寶為匣廁以玉璧翠羽皆直百金

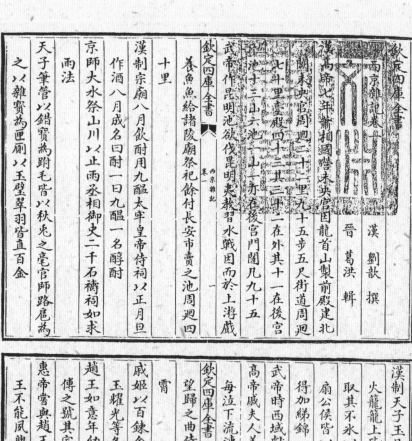

漢制天子玉几冬則加綈錦其上謂之綈几以象牙為
火籠籠上皆散華文後宮則五色綾文以酒為滴
取其不冰以玉為硯亦取其不冰夏設羽扇冬設繪
扇公侯皆以竹木為几冬則以細罽為橐以憑之不
得加綈錦

武帝時西域獻吉光裘入水不濡上時服此裘以聽朝

高帝戚夫人善歌擊筑帝常擁夫人倚瑟而絃歌畢
每泣下流漣夫人善為翹袖折腰之舞歌出塞入塞
望歸之曲侍婢數百皆習之後宮齊首高唱聲入雲
霄

戚姬以百鍊金為彄環照見指骨上惡之以賜侍兒鳴
玉耀光等各四枚

趙王如意年幼未能親外傅戚姬使舊趙王內傅趙媼
傅之號其室曰養德宮後改為魚藻宮

惠帝嘗與趙王同寢處呂后欲殺之而未得後帝早獵
王不能夙興呂后命力士於被中縊殺之及死呂后

不之信以綠囊盛之載以小軿車入見乃厚賜力士
力士是東郭門外官奴帝後知腰斬之后不知也
樂遊苑自生玫瑰樹下多苜蓿苜蓿一名懷風時人或
謂之光風風在其間常蕭蕭日照其花有光采故
名苜蓿為懷風茂陵人謂之連枝草
太液池邊皆是彫胡紫籜綠節之類菰之有米者長安
人謂為彫胡葭蘆之未解葉者謂之紫籜菰之有首
者謂之綠節其間鳧雛鴈子布滿充牣又多紫龜綠
鼈池邊多平沙沙上鵜鶘鷫鷞鴻鶤動輒成羣
終南山多離合草葉似江離而紅綠相雜莖皆紫色氣
如羅勒有樹直上百大無枝上結叢條如車蓋葉一
青一赤望之班駁如錦繡長安謂之丹青樹亦云華
蓋樹亦生熊耳山
漢帝相傳以秦王子嬰所奉白玉璽高祖斬白蛇劍劍
上七采珠九華玉以為飾雜厠五色琉璃為劍匣劍
在室中光景猶照於外與挺劍不殊十二年一加磨

瑩劜上常若霜雪開匣拔鞘輒有風氣光彩射人
漢綵女常以七月七日穿七孔鍼於開襟樓俱以習之
宣帝被收繫郡邸獄臂上猶帶史良娣合采婉轉絲繩
繫身毒國寶鏡一枚大如八銖錢舊傳此鏡照見妖
魅得佩之者為天神所福故宣帝從危獲濟及即大
位每持此鏡感咽移辰常以琥珀笥盛之緘以戚里
織成錦一日斜文錦帝崩不知所在
霍光妻遺淳于衍蒲桃錦二十四疋散花綾二十五疋
綾出鉅鹿陳寶光家寶光妻傳其法霍顯召入其
使作之機用一百二十鑷六十日成一疋直萬錢
又與走珠一琲綠綾百端錢百萬黃金百兩為起
宅奴婢不可勝數衍猶怨曰吾為爾成何功而報我
若是哉
濟陰王與居反始舉兵大風從東來直吹其旌旗上
天入雲而墮城西井中馬皆悲鳴不進左右李廓等
諫不聽後卒自殺

五鹿充宗受學於弘成子成子少時嘗有人過之授以
文石大如鴛卵成子呑之遂大明悟為天下通儒成
子後病吐出此石以授充宗充宗又為碩學也
始元元年黃鵠下太液池上為歌曰黃鵠飛兮下建章
羽蕭蕭兮行蹌蹌金為衣兮菊為裳唼喋荷荇出入
蒹葭自顧菲薄愧爾嘉祥
漢帝送死皆珠襦玉匣匣形如鎧甲連以金縷武帝匣
上皆鏤為蛟龍鸞鳳龜麟之象世謂為蛟龍玉匣
成帝設雲帳雲幄雲幕於甘泉紫殿世謂為三雲殿
漢披庭有月影臺雲光殿九華殿鳴鑾殿開襟閣臨池
觀不在簿籍皆繁華窈窕之所樓宿馬
趙飛鷰女弟居昭陽殿中庭彤朱而殿上丹漆砌皆銅
杏黃金塗白玉階壁帶往往為黃金缸含藍田璧明
珠翠羽飾之上設九金龍皆銜九子金鈴五色流蘇
帶以綠文紫綬金銀花鈕每好風日幡旄光影照耀
一殿鈴鑷之聲鷰動左右中設木畫屏風文如蜘蛛

絲縷玉几沭白象牙簟綠熊席毛長二尺餘人
眠而擁毛自蔽望之不能見坐則沒膝其中雜熏諸
香一坐此席餘香百日不歇有四玉鎮皆達照無瑕
缺窓扉多是綠琉璃亦皆達照毛髮不得藏焉樑柱
皆刻作龍蛇縈繞其間鱗甲分明見者莫不兢懷匠
人丁緩李菊巧為天下第一締構既成向其姊子樊
延年說之而外人稀知莫能傳者
積草池中有珊瑚樹高一丈二尺一本三柯上有四百
六十二條是南越王趙佗所獻號為烽火樹至夜光
景常欲燃
昆明池刻玉石為魚每至雷雨魚常鳴吼鬐尾皆動漢
世祭之以祈雨往往有驗
初修上林苑羣臣遠方各獻名果異樹亦有製為美名
以標奇麗　梨十紫梨青梨芳梨大谷梨細葉
梨縹葉梨金葉梨瀚海梨出瀚海北耐寒不枯太守王唐所獻　紫條梨
東王梨出海中　紫條梨　東七弱枝棗玉門棗棠棗青

華棗杨棗赤心棗西王棗出崑崙山　栗四枳栗榛栗瑰
粟峄陽粟嶧陽都尉曹龍所獻大如拳　桃十秦桃櫃核桃金城
桃綺葉桃紫文桃霜桃可食胡桃出西域櫻桃含桃
李
十五紫李綠李朱李黃李青綺李青房李同心李車下
李含枝李金枝李顏淵李出芉李燕李鸞李侯李　紫
三白柰紫柰花紫色綠柰花綠色查三蠻查查猴查
梐三青梐赤葉梐烏梐棠四赤棠白棠青棠沙棠
梅七朱梅紫葉梅紫花梅同心梅麗枝梅燕梅猴梅

杏二文杏材有蓬萊杏東郡都尉于吉所獻一株花雜五色六出云是仙人所食
樹十株　槐六百卅株　千年長生樹萬年長生
十株　扶老木十株　守宮槐十株　金明樹二十
株　安石榴十株　椂十株　白銀樹十株　黃銀樹
株　搖風樹十株　鳴風樹十株　琉璃樹七株　池
離樹十株　離婁樹十株　白俞栒杜栒挂蜀漆樹十
株　栒四株　椒七株　桔十株　欀四株　楓四株

余就上林令虞淵得朝臣所上草木名二千餘種隣人
石瓊就余求借一皆遺棄今以所記憶列於篇右
長安巧工丁緩者為常滿燈七龍五鳳雜以芙蕖蓮藕
之奇又作臥褥香鑪一名被中香鑪本出房風其法
後絕至緩始更為之為機環轉運四周而鑪體常平
可置之被褥故以為名又作九層博山香鑪鏤為奇
禽怪獸窮諸靈異皆自然運動又作七輪扇連七輪
大皆徑大相連續一人運之滿堂寒顫

趙飛鷰為皇后其女弟在昭陽殿遺飛鷰書曰今日嘉
辰貴姊懋膺洪冊謹上襚三十五條以陳踊躍之心
金花紫輪帽　金花紫羅面衣　織成上襦　織成下
裳　五色文綬　鴛鴦襦　鴛鴦被　鴛鴦褥金
錯繡襡　七寶綦履　五色文玉環　同心七寶釵
黃金步搖　合懽圓璫　琥珀枕　龜文枕　珊
瑚玦　馬腦彄　雲母扇　孔雀扇　翠羽扇　九
華扇　五明扇　雲母屏風　琉璃屏風　五層金

博山香爐　迴風扇　柳葉席　同心梅　含枝李

青木香　沈木香　香螺厄出南海一名丹螺　九真雄麝

香　七枝鐙

趙后體輕腰弱善行步進退女弟昭儀不能及也但昭儀弱骨豐肌尤工笑語二人並色如紅玉為當時第一皆擅寵後宮

元帝後宮既多不得常見乃使畫工圖形按圖召幸之諸宮人皆賂畫工多者十萬少者亦不減五萬獨王嬙不肯遂不得見後匈奴入朝求美人為閼氏於是上案圖以昭君行及去召見貌為後宮第一善應對舉止閑雅帝悔之而名籍已定帝重信於外國故不復更人乃窮案其事畫工皆棄市籍其家貲皆巨萬畫工有杜陵毛延壽為人形醜好老少必得其真安陵陳敞新豐劉白龔寬並工為牛馬飛鳥衆勢人形好醜不逮延壽下杜陽望亦善畫尤善布色樊青亦善布色同日棄市京師畫工於是差稀

武帝欲殺乳母乳母告急於東方朔朔曰帝恐而愔旁人言之盍死之速耳汝臨去但屢顧我我當設奇以激之乳母如言朔在帝側曰汝宜速去帝今已大豈

念汝乳哺時恩邪帝憫然遂舍之

五侯不相能賓客不得往來婁護辯傳食五侯間各
得其懽心競致奇膳護乃合以為鯖世稱五侯鯖以
為奇味焉

公孫弘起家徒步為丞相故人高賀從之弘食以脫粟
飯覆以布被賀怨曰何用故人富貴為脫粟布被我
自有之弘大慙賀告人曰公孫弘內服貂蟬外衣麻
枲內廚五鼎外膳一肴豈可以示天下於是朝廷疑
其矯焉弘嘆曰寧逢惡賓無逢故人

文帝自代還有良馬九匹皆天下之駿馬也一名浮雲
一名赤電一名絕羣一名逸驃一名紫鷰騮一名綠
螭驄一名龍子一名麟駒一名絕塵號為九逸有來
宣能御代王號為王良俱還代邸

武帝時身毒國獻連環羈皆以白玉作之瑪瑙石為勒
白光琉璃為鞍鞍在闇室中常照十餘丈如晝日自
是長安始盛飾鞍馬競加雕鏤或一馬之飾直百金

皆以南海白蜃為珂紫金為花以飾其上猶以不鳴
為患或加以鈴鑷飾以流蘇走則如撞鐘磬動若飛
幡祿後得師天馬帝以玫瑰石為鞍鏤以金銀鍮
石以綠地五色錦為蔽泥後稍以熊羆皮為之熊羆
毛有綠光皆長二尺者直百金卓王孫有百餘雙詔
使獻二十枚

昭帝時戲陵家人獻寶劍上銘曰直千金壽萬歲

司馬相如與卓文君還成都居貧愁懣以所著鶡鶡

裘就市人陽昌貰酒與文君為懽既而文君抱頸而
泣曰我平生富足今乃以衣裘貰酒遂相與謀於成
都賣酒相如親著犢鼻褌滌器以恥王孫王孫果以
為病乃厚給文君文君遂為富人文君姣好眉色如
望遠山臉際常若芙蓉肌膚柔滑如脂十七而寡為
人放誕風流故悅長卿之才而越禮焉長卿素有消
渴疾及還成都悅文君之色遂以發痼疾乃作美人
賦欲以自刺而終不能改卒以此疾至死文君為誄

傳於世

慶安世年十五為成帝侍郎善鼓琴能為雙鳳離鸞之
曲趙后悦之白上得出入御内絕見愛幸嘗著輕絲
履招風扇紫綈裘與后同居處欲有子而終無胤嗣
趙后自以無子常託以祈禱別開一室自左右侍婢
以外莫得至者上亦不得至焉以軺車載輕少年
為女子服入後宮者日以十數與之淫通無時休息
有疲怠者輒差代之而卒無子

太上皇徙長安居深宮悽愴不樂高祖竊因左右問其
故以平生所好皆屠販少年酤酒賣餅鬭雞蹴踘以
此為懽今皆無此故以不樂高祖乃作新豐移諸故
人實之太上皇乃悦故新豐多無賴無衣冠子弟故
也高祖少時常祭枌榆之社及移新豐亦還立為高
帝既作新豐并移舊社衢巷棟宇物色惟士女老
幼相攜路首各知其室放犬羊雞鴨於通塗亦競識
其家其匠人胡寬所營也移者皆悦其似而德之故

競加賞贈月餘致累百金
漢諸陵寢皆以竹為簾簾皆為水紋及龍鳳之像昭陽
殿織珠為簾風至則鳴如珩珮之聲
揚雄讀書有人語之曰無為自苦玄故難傳忽然不見
雄著太玄經夢吐鳳凰集玄之上頃而滅
司馬相如為上林子虛賦意思蕭散不復與外事相關
控引天地錯綜古今忽然如睡躍然而興幾百日而
後成其友人盛覽字長通牂牁名士嘗問以作賦相

如曰合纂組以成文列錦繡而為質一經一緯一宮
一商此賦之迹也賦家之心苞括宇宙總覽人物斯
乃得之於内不可得而傳覽乃作合組歌列錦賦而
退終身不復敢言作賦之心矣
董仲舒夢蛟龍入懷乃作春秋繁露辭
或問揚雄為賦雄曰讀賦千首乃能為之
匡衡字稚圭勤學而無燭隣舍有燭而不逮衡乃穿壁
引其光以書映光而讀之邑人大姓文不識家富多

書衡乃與其備作而不求償主人怪問衡曰願得

主人書遍讀之主人感嘆資給以書遂成大學衡能

說詩時人為之語曰無說詩匡鼎來匡說詩解人頤

鼎衡小名也時人畏服之如是聞者皆解頤歡笑衡

邑人有言詩者衡從之與語質疑邑人挫服倒屣而

去衡追之曰先生留聽更理前論邑人曰窮矣遂去

不返

長安有儒生曰惠莊聞朱雲折五鹿充宗之角乃歎息

欽定四庫全書　西京雜記　卷二　六

曰栗犢反能爾邪吾終恥溺死溝中遂裹糧從雲雲

與言莊不能對逡巡而去捫心謂人曰吾口不能劇

談而此中多有

武帝過李夫人就取玉簪搔頭自此後宮人搔頭皆用

玉玉價倍貴焉

杜陵杜夫子善取天下第一人或譏其費日夫子

曰精其理者足以大裨聖教

成帝好蹴踘羣臣以蹴踘為勞體非至尊所宜帝曰朕

好之可擇似而不勞者奏之家君作彈棋以獻帝大

悦賜青羔裘紫絲履服以朝觀

元封二年大寒雪深五尺野鳥獸皆死牛馬皆踡蹜如

蝟三輔人民凍死者十有二三

武帝為七寶牀雜寶案廁寶屏風列寶帳設於桂宮時

人謂之四寶宮

瓠子河決有蛟龍從九子自決中逆上入河噴沫流波

數十里

欽定四庫全書　西京雜記　卷二　七

文帝初多雨積霖至百日而止

王鳳以五月五日生其父欲不舉曰俗諺舉五日子長

及戶則自害不則害其父母叔父曰昔田文以

日生其父嬰勑其母勿舉其母竊舉之後為孟嘗

君號其母為薛公大家以古事推之非不祥也遂舉

之

惠帝七年夏雷震南山大木數千株皆火燃至末其下

數十畝地草皆燋黃其後百許日家人就其間得龍

骨一具蛟骨二具

高祖為泗水亭長送徒驪山將與故人訣去徒卒贈高
祖酒二壺鹿肚牛肝各一高祖與樂從者飲酒食肉
而去後即帝位朝晡尚食常具此二炙幷酒二壺

梁孝王好營宮室苑囿之樂作曜華之宮築兔園園中
有百靈山山有膚寸石落猨巖樓龍岫又有鴈池池
間有鶴洲鳧渚其諸宮觀相連延亘數十里奇果異
樹瑰禽怪獸畢備王日與宮人賓客弋釣其中

魯恭王好鬬雞鴨及鵝鴈養孔雀鵁鶄俸穀一年費二
千石

會稽歲時獻竹簟供御世號為流黃簟

朱買臣為會稽太守懷章綬還至舍亭而國人未知也
所知錢勃見其暴露乃勞之曰得無罷乎遺與紈扇
買臣至郡引為上客尋遷為掾史

余所知有鞠道龍善為幻術向余說古時事有東海人
黃公少時為術能制蛇御虎佩赤金刀以絳繒束髮
立興雲霧坐成山河及衰老氣力羸憊飲酒過度不
能復行其術秦末有白虎見於東海黃公乃以赤刀
往厭之術既不行遂為虎所殺三輔人俗用以為戲
漢帝亦取以為角抵之戲焉　又說淮南王好方士
方士皆以術見遂有畫地成江河撮土為山巖噓吸
為寒暑噴嗽為雨霧王亦卒與諸方士俱去

揚子雲好事常懷鉛提椠從諸計吏訪殊方絕域四方
之語以裨補輶軒所載亦洪意也

文帝時鄧通得賜蜀銅山聽得鑄錢文字肉好皆與天
子錢同故富侔人主時吳王亦有銅山鑄錢故有吳
錢微重文字肉好與漢錢不異

楊貴字王孫京兆人也生時厚自奉養死卒裸葬於終
南山其子孫掘土鑿石深七尺而下屍上復蓋之以
石欲儉而反奢也
傳介子年十四好學書嘗棄觚而歎曰大丈夫當立功
絕域何能坐事散儒後卒斬匈奴使者還拜中郎復
斬樓蘭王首封義陽侯
余少時聞平陵曹敞在吳章門下往往好斥人過以為
輕薄世人皆以為照章後為王莽所殺人無有敢收
葬者弟子皆更易姓名以從他師敞時為司徒掾獨
稱吳章弟子收葬其屍方知亮直者不見容於冗輩
中矣平陵人生為立碑於吳章墓側在龍首山南幕
嶺上
文帝為太子立思賢苑以招賓客苑中有堂隍六所客
館皆廣廊高軒屛風幃褥甚麗
廣陵王胥有勇力常於別囿學格熊熊後遂能空手搏之
莫不絕脰後為獸所傷陷腦而死

郭威字文偉茂陵人也好讀書以謂爾雅周公所制而
爾雅有張仲孝友張仲宣王時人非周公之制明矣
余嘗以問揚子雲子雲曰孔子門徒游夏之儔所記
以解釋六藝者也家君以為外戚傳稱史佚教其子
以爾雅爾雅小學也又記言孔子教魯哀公學爾雅
爾雅之出遠矣舊傳學者皆云周公所記也張仲孝
友之類後人所足耳
茂陵富人袁廣漢藏鏹巨萬家僮八九百人於北邙山
下築園東西四里南北五里激流水注其內搆石為
山高十餘大連延數里養白鸚鵡紫鴛鴦牦牛青兕
奇獸怪禽委積其間積沙為洲嶼激水為波潮其中
致江鷗海鶴孕雛產鷇延漫林池奇樹異草靡不具
植屋皆徘徊連屬重閣修廊行之移晷不能徧也廣
漢後有罪誅沒入為官園鳥獸草木皆移植上林苑
中
五柞宮有五柞樹皆連三抱上枝蔭覆數十畝其宮西

有青梧觀前有三梧桐樹樹下有石麒麟二枚刊
其脇為文字是秦始皇驪山墓上物也頭高一丈三
尺東邊者前左脚折折處有赤如血父老謂其有神
皆含血屬筋焉

高祖初入咸陽宮周行庫府金玉珍寶不可稱言其尤
驚異者有青玉五枝燈高七尺五寸作蟠螭以口銜
燈燈然鱗甲皆動煥炳若列星而盈室焉復鑄銅人
十二枚坐皆高三尺列在一筵上琴筑笙竽各有所

執皆綴花采儼若生人筵下有二銅管上口高數尺
出筵後其一管空一管內有繩大如指使一人吹空
管一人紐繩則眾樂皆作與真樂不異焉有琴長六
尺安十三絃二十六徽皆用七寶飾之銘曰璠璵之
樂玉管長二尺三寸二十六孔吹之則見車馬山林
隱轔相次吹息亦不復見銘曰昭華之琯有方鏡廣
四尺高五尺九寸表裏有明人直來照之影則倒見
以手捫心而來則見腸胃五臟歷然無破人有疾病

在內則掩心而照之則知病之所在又女子有邪心
則膽張心動秦始皇常以照宮人膽張心動者則殺
之高祖悉封閉以待項羽羽將以東後不知所在

尉陀獻高祖鮫魚荔枝高祖報以蒲桃錦四匹

戚夫人侍兒賈佩蘭後出為扶風人段儒妻說在宮
時見戚夫人侍高帝嘗以趙王如意為言而高祖思
之幾半日不言歎息悽愴而未知其術輒使夫人擊
筑高祖歌大風詩以和之文說在宮內時嘗以絃管
歌舞相歡娛競為妖服以趣良時十月十五日共入
靈女廟以豚黍樂神吹笛擊筑歌上靈之曲既而相
與連臂踏地為節歌赤鳳凰來至七月七日臨百子
池作于闐樂樂畢以五色縷相羈謂為相連愛八月
四日出雕房北戶竹下圍棊勝者終年有福負者終
年疾病取絲縷就北辰星求長命乃免九月九日佩
茱萸食蓬餌飲菊花酒令人長壽菊花舒時并採莖
葉雜黍米釀之至來年九月九日始熟就飲焉故謂

之菊花酒正月上辰出池邊盥濯食蓬餌以祓妖邪

三月上巳張樂於流水如此終歲焉戚夫人死侍兒
皆復為民妻也

何武葬北邙山薄龍阪王嘉冢東北一里

杜子夏葬長安北四里臨終作文曰魏郡杜鄴立志忠
款犬馬未陳奄先草露骨肉歸於后土氣魂無所不
之何必故丘然後即化封於長安北郭此為宴息及
死命刊石埋於墓側墓前種松栢樹五株至今茂盛

淮南王安著鴻烈二十一篇鴻大也烈明也言大明禮
教號為淮南子一曰劉安子自云字中皆挾風霜揚
子雲以為一出一入字直百金

公孫弘著公孫子言刑名事亦謂字直百金

司馬長卿賦時人皆稱典而麗雖詩人之作不能加也
揚子雲曰長卿賦不似從人間來其神化所至邪子
雲學相如為賦而弗逮故雅服焉

長安有慶虬之亦善為賦嘗為清思賦時人不之貴也

乃託以相如所作遂大見重於世

相如將獻賦未知所為夢一黃衣翁謂之曰可為大人
賦遂作大人賦言神仙之事以獻之賜錦四疋

相如將聘茂陵人女為妾卓文君作白頭吟以自絕相
如乃止

樊將軍噲問陸賈曰自古人君皆云受命於天云有瑞
應豈有是乎賈應之曰有之夫目瞤得酒食燈火花
得錢財乾鵲噪而行人至蜘蛛集而百事喜小兒

徵大亦宜然故目瞤則呪之火花則拜之乾鵲噪則
餧之蜘蛛集則放之況天下大寶人君重位非天命
何以得之哉瑞者寶也信也天以寶為信應人之德
故曰瑞應無天命無寶信不可以力取也

霍將軍妻一產二子疑所為兄或曰前生者為兄
生者為弟今雖俱日亦宜以先生為兄或曰居上者
宜為兄居下者宜為弟以先生今宜以前生為弟

時霍光聞之曰昔殷王祖甲一產二子曰囂曰良以

卯日生鼠以巳日生良則以鼠為兄以良為弟若以
在上者為兄鼠亦當為弟昔許釐莊公一座二女曰
妖曰茂楚大夫唐勒一座二子一男一女曰真夫
女曰瓊華皆以先生為長近代鄭昌時文長蒨並生
二男勝公一生二女李黎生一男一女並以前生者
為長霍氏亦以前生為兄鼠

校尉文章敏疾長卿制作淹遲皆一時之譽而長卿
首尾溫麗枚皋時有累句故知疾行無善迹矣揚子
雲曰軍旅之際戎馬之間飛書馳檄用枚皋廊廟之
下朝廷之中高文典冊用相如

西京雜記卷四

漢　劉歆　撰

晉　葛洪　輯

安定皇甫嵩真玄菟曹元理並明算術皆成帝時人真
嘗自算其年壽七十三真綏和元年正月二十五日
晴死書其壁以記之至二十四日晴時死其妻曰見
真算時長下一算欲以告之慮脫真音故不敢言今
果較一日真又曰北印青隴上孤櫃之西四尺所鑿
之入七尺吾欲瘞此地及真死依言往掘得古時空
槨即以葬焉

元理嘗從其友人陳廣漢廣漢曰吾有二囷米志其石
數子為吾計之元理以食筋十餘轉曰西囷六百七十四
十九石二升七合又十餘轉曰東囷九百九十七石
八斛遂大署囷門後出米西囷六百九十七石七斛
九升中有一鼠大堪一升東囷不差主合元理後歲
復過廣漢漢以米數告之元理以手擊株曰遂不知

元理復算曰諸蔗二十五區應妝一十五百三十六
枚蹲鴟三十七畝應妝六百七十三石千產二百
犧萬鷄將五萬雛羊豕鵝鴨皆道其數果菰有蔌卷
知其所乃曰此資業之廣何供饋之福邪廣漢憨曰
有蒼卒客無蒼卒主人元理曰上蒸獨一頭廚中
荔枝一株可為設廣漢再拜謝皋自入取之盡日
為歡其術後傳南季南季傳項瑠瑠傳子陸皆得其

分數而失玄妙焉

衛將軍青生子或有獻騧馬者乃命其子曰騧字叔異
其後改為登字叔異

哀帝為董賢起大第於北闕下重五殿洞六門柱壁皆
畫雲氣花蘤鱗山靈水怪或衣以綈錦或飾以金玉南
門三重署曰南中門南上門南更門東西各三門隨
方面題署亦如之樓閣臺榭轉相連注山池玩好窮
盡雕麗

平津侯自以布衣為宰相乃開東閤營客館以招天下
之士其一曰欽賢館以待大賢次曰翹材館以待大
才次曰接士館以待國士其有德任毗贊佐理陰陽
者處欽賢之館其有才堪九列將軍二千石者居翹
材館其有一介之善一方之藝居接士之館而躬自
菲薄所得俸祿以奉待之

南越王獻高帝石蜜五斛蜜燭二百枚白鷴黑鷴各一
雙高帝大悅報遺其使

滕公駕至東都門馬鳴踟蹰不肯前以足跑地久之滕公
使士卒掘馬所跑地入三尺所得石槨滕公以燭照
之有銘焉乃以水洗寫其文文字皆古異左右莫能
知以問叔孫通通曰科斗書也以今文寫之曰佳城
鬱鬱三千年見白日吁嗟滕公居此室滕公曰嗟乎
天也吾死即安此乎死遂葬焉

韓嫣好彈常以金為丸所失者日有十餘長安為之語
曰苦饑寒逐金九京師兒童每聞嫣出彈輒隨之望

九之所落輒拾焉

司馬遷發憤作史記百三十篇先達稱為良史之才其
以伯夷居列傳之首以為善而無報也為項羽本紀
以踞高位者非關有德也及其序屈原賈誼辭盲抑
揚悲而不傷亦近代之偉才

梁孝王遊於忘憂之館集諸遊士各使為賦枚乘為柳
賦其辭曰忘憂之館垂條之木枝逶遲而含紫葉萋
萋而吐綠出入風雲去來羽族既上下而好音亦黃
衣而絡足蜩螗屬響蜘蛛吐絲階草漠漠白日遲遲
于嗟細柳流亂輕絲君王淵穆其度御羣英而戲之
小臣瞽聵與此陳詞于嗟樂兮於是鐏盈縹玉之酒
爵獻金漿之醪　梁人作諸蔗千族盈滿六庖弱
絲清管與風霜而共雕鎗鍠啾唧蕭條寂寒偶人英
髦列襟袍小臣莫效於鴻毛空銜鮮而嗽醵雖復
河清海竭終無增景於邊樑
路喬如為鶴賦其辭曰白衣朱冠鼓翼池干舉脩距而

躍躍奮皓翅之鷖鳿宛脩頸而顧步啄沙磧而相惜
豈忘赤霄之上忽池藥而盤飲清流而不棄食稻
梁而未安故知野禽野性未脫籠檻賴吾王之廣愛
雖禽鳥兮抱恩方騰驤而鳴舞憑朱檻而為歡
公孫詭為文鹿賦其詞曰麀鹿濯濯來我槐庭食我槐
葉懷我德聲質如緗縟文如素蒸呦呦相名小雅之
詩歎丘山之比歲逮梁王於一時
鄒陽為酒賦其詞曰清者為酒濁者為醴清者聖明濁
者頑騃皆麴蘗丘之麥野田之米倉風莫預方金
未啟嗟同物而異味歟殊才而共侍流光醑醳甘滋
泥泥醲釀旣成綠瓷旣啟且筐且漉載篚載齊庶民
以為懽君子以為禮其品類則沙洛淥酃若下
高公之清關中白薄春澤縹醇醇酊千日一醒
哲王臨國綺靡多暇名醇醨之臣以速安廣
坐列雕屏綃綺為席犀璩為鎮曳長裾飛廣袖奮長
纓英偉之士党爾而即之君王憑玉几倚玉屏舉手

一勞四座之士皆若哺梁焉乃縱酒作倡盈覆觴

右曰宮申旁亦微揚樂只之深不狂於是錫名餔社

夕醉遺朝醒吾君壽億萬歲常與日月爭光

公孫乘為月賦其辭曰月出皦兮君子之光鵾雞舞於

蘭渚蟋蟀鳴於西堂君有禮樂我有衣裳猗嗟明月

當心而出隱員嚴而似鈎微倏俯堞而分鏡既少進以

增輝遂臨庭而高映炎日匪明皓壁非淨躔度運行

陰陽以正文林辭圃小臣不佞

羊勝為屏風賦其辭曰屏風鞈匝蔽我君王重葩累繡

杳壁連璋飾以文錦映以流黃畫以古烈顒顒昂昂

藩后宜之壽考無疆

韓安國作几賦不成鄒陽代作其辭曰高樹凌雲蟠紆

煩寃旁生附枝王爾公輸之徒荷斧斤援葛虆攀喬

枝上不測之絕頂伐之以歸耿者督直聲援摩礱鑾

貢金參楚入名工虗成斯几離奇髣髴似龍盤馬迴

鳳去鸞歸君王憑之聖德日躋鄒陽安國罰酒三升

賜枚乘路喬如絹人五匹

梁孝王入朝與上為家人之讌乃問王諸子王頻首謝

曰有五男即拜為列侯賜與衣裳器服王黌又分梁

國為五進五侯皆為王

河間王德築日華宮置客館二十餘區以待學士自奉

養不踰賓客

梁孝王子賈從朝年紉寶太后欲強冠婚之上謂王曰

兔堨弁矢王頓首謝曰臣聞禮二十而冠冠而字字

以表德自非顯才高行安可強冠之哉帝曰兔堨冠

笑餘曰帝又曰兔堨室矢王頓首曰臣聞禮三十壯

有室兔年蒙悼未有人父之端安可強室之哉帝曰

兔堨室矢餘曰賈朝至閭而遺其烏為帝室幼矢

白太后未可冠婚之

江都王勁捷能超七尺屏風

元后在家嘗有白鷰銜白石大如指隆后績筐中后取

之石自剖為二其中有文曰母天地后乃合之遂復

還合乃寶錄焉後為皇后常并置函笥中謂為天璽
也

漢朝以玉為虎子以為便器使侍中執之行幸以從中

書以武都紫況為璽室加綠綈其上

茂陵文固陽本瑯琊人善馴野雉為媒用以射雉每以

三春之月為茅障以自翳用艖矢以射之日連百數

茂陵輕薄者化之皆以雜寶錯厠翳障以青州蘆葦

為弩矢輕騎妖服追隨於道路以為歡娛也陽死其

子亦善其事董司馬好之以為上客

茂陵少年李亨好馳駿狗逐狡獸或以鷹鷂逐雉兔皆

為之佳名狗則有脩毫釐睫白望青曹之名鷹則有

青翅黃睟青冥金距之屬鷂則有從風鷂孤飛鷂楊

萬年有猛犬名青駁買之百金

成帝時交趾越巂獻長鳴雞伺雞即下漏驗之晷刻

無差雞鳴則一食頃不絶長距善鬭

許博昌安陵人也善陵博竇嬰好之常與居處其術曰

方畔揭道張張畔揭道方張究屈玄高高玄屈究張
又曰張道揭畔方方畔揭道張張究屈玄高高玄屈究

張三免童誦皆用六箸或謂之究以竹為之

長六分或用二箸博昌又作大博經一篇今世傳

高祖與項羽戰於垓下孔將軍居左費將軍居右皆假

為名

東方生善嘯每曼聲長嘯輒塵落帽

京兆有古生者學從橫揣摩弄矢搖九楗蒲之術為都

掾史四十餘年善訑諛二千石隨以諧謔皆握其權

要而得其懽心趙廣漢為京兆尹下車而黜之終于

家京師至今俳戲皆稱古掾曹

妻敬始因虞將軍請見高祖衣艖衣披羊裘虞將軍脫

其身上衣服以衣之欲曰敬本衣帛則衣帛見敬本

衣艖則衣艖見今捨艖褐假鮮華是矯常也不敢脫

羊裘而衣艖衣以見高祖

西京雜記卷四

能自攝

齊人劉道強善彈琴能作單鵠寡鳧之弄聽者皆悲不

馬遂得以為養郡縣表其閭舍

亦近太湖湖中後自生雕胡無復餘草蟲鳥不敢至

女郎自採擷還家導水鑿川自種供養每有嬴儲家

會稽人顧翶少失父事母至孝母好食雕胡飯常帥子

趙后有寶琴曰鳳凰皆以金玉隱起為龍鳳蟠螭古賢

列女之象亦善為歸風送遠之操

公孫弘以元光五年為國士所推尚為賢良國人鄒長

倩以其家資少自資致乃解衣裳以衣之釋所着冠

履以與之又贈以一束素絲一襚撲滿一枚書題

遺之曰夫人無幽顯道在則為尊雖生芻之賤也不

能脱落君子故贈君生芻一束詩人所謂生芻一束

山川阻脩加以風露次卿足下勉作功名竊在下風

有撲滿之敗可不誡歟故贈君撲滿一枚猗嗟盛歟

而不出積而不散故撲之土麤物也錢重貨也入

有入竅而無出竅滿則撲之土麤物也錢重貨也其

也故贈君素絲一襚撲滿者以土為器以蓄錢具其

立功勲效名節亦復如之勿以小善不足脩而不為

倍紀為縵倍縵為紽此自少之多自微至著也士之

其人如玉五絲為纁倍纁為纖倍纖為升倍升為紀

以俟嘉譽弘苟爛敗不存

漢朝輿駕祠甘泉汾陰備千乘萬騎太僕執轡大將軍

陪乘名為大駕

司馬車駕四中道

辟惡車駕四中道

記道車駕四中道

靖室車駕四中道

象車皷吹十三人中道

式道候二人駕一人〔左右〕

長安都尉四人騎〔左右各二人〕

長安亭長十人駕五人〔左右各〕

長安令車駕三中道

京兆尹車駕四中道

京兆掾史三人駕一〔分三〕

司隸部京兆從事都部

從事別駕一車〔分三〕

司隸校尉駕四中道

廷尉駕四中道

太僕宗正引從事駕四〔左右〕

太常光祿衛尉駕四〔三左右〕

太尉外部都督令史賊曹屬倉曹屬戶曹屬東曹掾西

曹掾一〔左右各三〕

太尉駕四中道

太尉舍人祭酒駕一〔左右〕

司徒列從如太尉王公騎〔令史持戟吏亦各八人鼓吹一部〕

中護軍騎中道〔左右各三行矢鼓吹各一部〕

步兵校尉長水校尉駕一〔右左三行戟楯各一部〕

騎隊十〔左右各五〕

隊百匹〔左右〕

射聲翊軍校尉駕三〔左右各一行戟刀楯各一部七人〕

前軍將軍〔左右各二行戟刀楯鼓吹各一部七人〕

驍騎將軍遊擊將軍駕三〔左右各一行戰刀楯鼓吹各一部七人〕

黃門前部鼓吹左右各一部十三人駕四

前黃麾騎中道

自此分為八校〔左右各四〕

護駕御史騎〔左〕

御史中丞駕一中道

謁者僕射駕四

武剛車駕四中道

九斿車駕四中道

雲罕車駕四中道

皮軒車駕四中道

闟戟車駕四中道

鸞旗車駕四中道

建華車駕四中道

虎賁中郎將車駕二中道右左

護駕尚書郎三人騎分三中道右

設駕尚書三中道

欽定四庫全書　西京雜記　卷五

相風烏車駕四中道

自此分為十二校左右各六

殿中御史騎左

輿兵中郎騎中道

高華中道

罩罕左右

御馬分三

節十六左八右八

華蓋中道

自此分為十六校右左八

剛鼓中道金根車

自此分為二十校滿道

左衛將軍

右衛將軍

華蓋自此後糜爛不存

元光元年七月京師雨雹鮑敞問董仲舒曰雹何物也

欽定四庫全書　西京雜記　卷五　六

何氣而生之仲舒曰陰氣脅陽氣天地之氣陰陽相

半和氣周迴朝夕不息陽德用事則和氣皆陽建巳

之月是也故謂之正陽之月陰德用事則和氣皆陰

建亥之月是也故謂之正陰之月十月陰雖用事而

陰不孤立此月純陰疑於無陽故謂之陽月詩人所

謂日月陽止者也四月陽雖用事而陽不獨存此月

純陽疑於無陰故亦謂之陰月自十月已後陽氣始

生於地下漸冉流散故言息也陰氣轉收故言消也

日夜滋生遂至四月純陽用事自四月巳後陰氣始
生於天上漸冉流散云息也陽氣轉收故言消也
日夜滋生遂至十月純陰用事二月八月陰陽正等
無多少也以此推移無有差應運動抑揚更相動薄
則薫蒿歇蒸而風雲雷電雪霙生焉上薄為
雨下薄為霧風雲雷電雪霙其雲氣也雷電相擊之
雷其相擊之光也電二氣也若有若實若無若
虛若方若圓相攢聚其體稍重故雨乘虛而隆風

多則合速故雨大而疎風少則合遲故雨細而審其
寒月則雨凝於上體尚輕微而因相襲敷成雪焉
寒有高下上暖下寒則上合為大雨下凝為冰霰雪
是也電霰之流也陰氣暴上兩則凝結成霰焉太平
之世則風不鳴條開甲散萌而已兩不破塊潤葉津
莲而已雷不驚人號令欲發而已電不眩目宣示光
耀而已霧不寒望浸溢被泊而已雪不封條凌殄毒
害而已雲則五色而為慶三色而成喬露則結味而

成甘結潤而成膏此聖人之在上則陰陽和風雨時
也政多紕繆則陰陽不調風發屋雨溢河雪至牛目
電殺驢馬此皆陰陽相薄而為禖沴之妖也歇曰四
月無陰何以明陰不孤立陽不獨存邪仲
舒曰陰陽雖異而所資一氣也陽用事此則氣為陽
陰用事此則氣為陰陰陽之時雖異而二體常存猶
如一昌之水而加火純陰也加火極熱則純
陽則無陰息火水寒則更陰矣純陰則無陽加火水

熱則更陽矣然則建巳之月為純陽不容都無陰
也但是陽家用事陽氣之極耳薺麥枯由陰殺也建
亥之月為純陰不容都無復陽也但是陰家用事
氣之極耳薺麥始生由陽升也其著者薺麥死於盛
夏欵冬花於嚴寒水極陰而有溫泉火至陽而有涼
焰故知陰不得無陽陽不得無陰也歇曰冬雨必
暖夏雨必涼何也曰冬氣多寒陽氣自上躋故人得
其暖而上蒸成雪夏氣多暖陰氣自下昇故人得其

涼而上蒸成雨矢欬曰雨既陰陽相蒸四月純陽十
月純陰斯則無二氣相薄則不雨乎曰欬則純陽純
陰雖在四月十月之一日但月中之一日耳欬日月中何日
日純陽用事未夏至一日純陰用事未冬至一日其不雨
旦夏至冬至其正氣也欬曰黙則未至一日其不雨
乎曰黙頗有之則妖也和氣之中自生災沴能使陰
陽改節暖涼失度欬曰災沴之氣其常存邪曰無也
時生耳猶乎人四支五臟中也有時及其病也四支
五臟皆病也欬邊延貫牆俛揖而退

武帝時郭舍人善投壺以竹為矢不用棘也投壺
取中而不求還故實小豆於中惡其矢躍而出也郭
舍人則激矢令還一矢百餘反謂之為驍言如博之
學梟於掌中為驍傑也每為武帝投壺輒賜金帛

武帝以象牙為簟賜李夫人

貫誼在長沙鵩鳥集其承塵長沙俗以鵩鳥至人家主
人死誼作鵩鳥賦齊死生等榮辱以遣憂累焉

李廣與兄弟共獵於冥山之北見臥虎焉射之一矢即
斃斷其髑髏以為枕示服猛也鑄銅象其形為溲器
示厭辱之也他日復獵於冥山之陽又見臥虎射之
沒矢飲羽進而視之乃石也其形類虎退而更射鏃
破簳折而石不傷嘗以問揚子雲子雲曰至誠則
金石為開余應之曰昔人有遊東海者既而風惡船
漂不能制船隨風浪莫知所之一日一夜得至一孤
洲共侶歡然下石植纜登洲煑食食未熟而洲沒在
船者斫斷其纜船復漂蕩向洲乃大魚怒掉揚
鬐吸波吐浪而去疾如風雲在洲死者十餘人又余
所知陳縞質木人也入終南山採薪還晚趨舍未至
見張丞相墓前石馬謂為鹿也即以斧揃之斧缺柯
折石馬不傷此二者亦至誠也卒有沉溺缺斧之事
何金石之所感偏子子雲無以應余

西京雜記卷五

西京雜記卷六

漢　劉歆　撰

晉　葛洪　輯

魯恭王得文木一枚以為器意甚玩之中山王為賦
曰麗木離披生彼高崖拂天河而布葉橫日路而摧
枝幼雛贏轂單雄寡雌紛綸翔集嘈嗷鳴啼載霜重雪
而稍勁風將等歲於二儀巧匠不識王子見乃命
班爾載斧伐斯隱若天崩谽谺如地裂花葉分披條枝
摧折既剝既刊見其文章或如龍盤虎踞復似鷺集
鳳翔青縞紫綬環璧珪璋重山累嶂連波疊浪奔電
屯雲薄霧濃零麗宗驥旅雜族雜葺蝎繡為綿蓮藻
芟文色比金而有裕賀參玉而無分裁為用器曲直
舒卷俯映池高松植巘制為樂器婉轉蟠紆鳳將
九子龍導五駒制為屏風翻弟穹隆制為杖几極麗
窮美制為枕案文章璀璨彪炳渙汗制為盤盂米玩
蹢躅猶豫君子其樂尺且恭王大悅顧盼而笑賜駿

馬二匹

廣川王去疾好聚無賴少年遊獵畢弋無度國內冢藏
一皆發掘余所知爰猛說其大父為廣川王中尉每
諫王不聽病免歸家說王所發掘冢墓不可勝數其
奇異者百數馬為余說十許事今記之如左

魏襄王冢皆以文石為椁高八尺許廣狹容四十人以
手捫椚滑液如新中有石牀石屏風宛然周正不見
棺柩明器蹤跡但牀上有玉唾壺一枚銅劍二枚金

玉雜具皆如新物王取服之

哀王冢以鐵灌其上穿鑿三日乃開有黃氣如霧觸人
鼻目皆辛苦不可入以兵守之七日乃歇初至一戶
無扃鑰石扉方四尺牀上有石几左右各三石人立
侍皆武冠帶劍復入一戶石扉有關鑰叩開見棺柩
黑光照人刀斫不入燒鋸截之乃漆雜兕革為棺厚
數寸累積十餘重力不能開乃止復入一戶亦石扉
開鑰得石牀方七尺石屏風銅帳鉤一具或在牀上

或在地下似是帳廉朽而銅鉤墜落牀上石枕一枚

塵埃胐胐甚高似是衣服牀左右石婦人各二十枚

皆立侍或有執巾櫛鏡鑷之象或有執盤奉食之形

無餘異物但有鐵鏡數百枚

魏王子且渠冢甚淺狹無棺柩但有石牀廣六尺長一

大石屏風冢下悉是雲母牀上兩屍一男一女皆年

二十許俱東首裸卧無衣衾肌膚顏色如生人鬢髮

齒爪亦如生人王畏懼之不敢侵近還擁閉如舊馬

欽定四庫全書 西京雜記 卷六 三

袁盎冢以瓦為棺槨器物都無唯有銅鏡一枚

晉靈公冢甚瑰壯四角皆以石為獲犬捧燭石人男女

四十餘皆立侍棺器無復形兆屍猶不壞孔竅中皆

有金玉其餘器物皆朽爛不可別唯玉蟾蜍一枚大

如拳腹空容五合水光潤如新王取以為書滴

幽王冢甚高壯羨門既開皆是石堊撥除丈餘深乃得

雲母深尺餘見百餘屍縱橫相枕籍皆不朽唯一男

子餘皆女子或坐或卧亦猶有立者衣服形色不異

藥書冢棺柩明器朽爛無餘有一白狐見人驚走左右

逐擊之不能得傷其左脚其夕王夢一丈夫鬚眉盡

白來謂王曰何故傷吾左脚乃以杖叩王左脚覺

脚腫痛生瘡至死不差

太液池中有鳴鶴舟容與舟清曠舟採菱舟越女舟太

液池西有一池名孤樹池池中有洲洲上黏樹一株

六十餘圍望之重重如蓋故取為名

欽定四庫全書 西京雜記 卷六 四

昆明池中有戈船樓船各數百艘樓船上建樓櫓戈船

上建戈矛四角悉垂幡旄葆麾蓋照灼涯涘余少

時猶憶見之

韓嫣以玳瑁為牀

漢永周史官至武帝置太史公太史公司馬談世為太

史子遷年十三使乘傳行天下求古諸侯史記續孔

氏古文序世事作傳百三十卷五十萬字談死子遷

以世官復為太史公位在丞相上天下上計先上太

史公副上丞相太史公序事如古春秋法司馬氏本

古周史侠後也作景帝本紀極言其短及武帝之過

帝怒而削去之後坐舉李陵降匈奴下遷蠶室有

怨言下獄宣帝以其官為令行太史公文書事而

已不復用其子孫

皇太子官稱家臣動作稱從

杜陵秋胡者能通尚書善為古隸字為翟公所禮欲以

兄女妻之或曰秋胡已經娶而失禮妻遂溺死不可

欽定四庫全書

西京雜記 卷六

五

妻也馳象曰昔魯人秋胡娶妻三月而遊宦三年休

還家其婦採桑於郊胡至郊而不識其妻也見而悅

之乃遺黃金一鎰妻曰妾有夫遊宦不返幽閨獨處

三年于茲未有被辱如今日也採不顧胡慚而退至

家問家人妻何在日行採桑於郊未返既還乃向所

挑之婦也夫妻並慚妻赴沂水而死今之秋胡非昔

之秋胡也昔魯有兩曾參趙有兩毛遂南曾參殺人

見捕人以告北曾參母野人毛遂墜井而死客以告

平原君平原君曰嗟乎天喪予矣既而知野人毛遂

非平原君客也豈得以昔之秋胡失禮而絕婚今之

秋胡哉物固亦有似之而非者玉之未理者為璞死

鼠未腊者亦為璞月之旦為朔車之輔亦謂之朔名

齊實異所宜辨也

欽定四庫全書

西京雜記 卷六

六

西京雜記卷六

跋

洪家世有劉子駿漢書一百卷無首尾題目但以
甲乙丙丁紀其卷數先公傳之散欲撰漢書編錄
漢事未得締搆而亡故書無宗本止雜記而已失
前後之次無事類之辨後好事者以意次第之始
甲終癸為十帙帙十卷合為百卷洪家具有其書
記以此記考校班固所作始是全取劉氏有小異
同耳并記固所不取不過二萬許言今鈔出為二卷

名曰西京雜記以裨漢書之闕爾後洪家遭火書
籍都盡此兩卷在洪巾箱中常以自隨故得猶在
劉歆所記世人希有復有縱有者多不備足見其首
尾參錯前後倒亂亦不知何書罕能全錄恐年代
稍久歆所撰遂没并洪家此書二卷不知出所故
序之云爾
洪家復有漢武帝禁中起居注一卷漢武故事二
卷世人希有之者今并五卷為一帙庶免淪没焉

임동석(苗浦 林東錫)

慶北 榮州 上苗에서 출생. 忠北 丹陽 德尙골에서 성장. 丹陽初中 졸업. 京東高 서울敎大 國際大 建國大 대학원 졸업. 雨田 辛鎬烈 선생에게 漢學 배움. 臺灣 國立臺灣師範大學 國文硏究所(大學院) 博士班 졸업. 中華民國 國家文學博士(1983). 建國大學校 敎授. 文科大學長 역임. 成均館大 延世大 高麗大 外國語大 서울대 등 大學院 강의. 韓國中國言語學會 中國語文學硏究會 韓國中語中文學會 會長 역임. 저서에《朝鮮譯學考》(中文)《中國學術槪論》《中韓對比語文論》. 편역서에《수레를 밀기 위해 내린 사람들》《栗谷先生詩文選》. 역서에《漢語音韻學講義》《廣開土王碑硏究》《東北民族源流》《龍鳳文化源流》《論語心得》〈漢語雙聲疊韻硏究〉등 학술 논문 50여 편.

임동석중국사상100

서경잡기 西京雜記

劉歆 撰·葛洪 輯 / 林東錫 譯註
1판 1쇄 발행/2009년 12월 12일
2쇄 발행/2013년 11월 11일
발행인 고정일
발행처 동서문화사
창업 1956. 12. 12. 등록 16-3799
서울강남구신사동563-10 ☎546-0331~6 (FAX)545-0331
www.dongsuhbook.com
잘못 만들어진 책은 바꾸어 드립니다.

*

*

사업자등록번호 211-87-75330
ISBN 978-89-497-0574-3   04080
ISBN 978-89-497-0542-2 (세트)

임동석중국사상100

서경잡기
西京雜記
부 록

劉歆 撰·葛洪 輯/林東錫 譯註